예수 그리스도를 따르는 여정
마르코 복음

La Sequela di Gesù Cristo nel Vangelo Secondo Marco by Ernest R. Martinez, S.J.
© Editrice Pontificia Università Gregoriana, ROMA, 2000²

Korean translation copyright © 2024 Catholic Publishing House

All rights reserved. No part of this book may be used or reproduced in any manner without written permission, except in the case of brief quotations embodied in critical articles or reviews.

예수 그리스도를 따르는 여정 마르코 복음

2024년 7월 5일 교회 인가
2024년 9월 19일 초판 1쇄 펴냄
2024년 10월 25일 초판 2쇄 펴냄

지은이 · 에르네스트 R. 마르티네즈
옮긴이 · 양해룡
펴낸이 · 정순택
펴낸곳 · 가톨릭출판사
편집 겸 인쇄인 · 김대영
편집 · 강서윤, 김소정, 김지영, 박다솜
디자인 · 송현철, 정호진, 강해인, 이경숙
마케팅 · 황희진, 안효진

본사 · 서울특별시 중구 중림로 27
등록 · 1958. 1. 16. 제2-314호
전자우편 · edit@catholicbook.kr
전화 · 1544-1886(대표 번호)
지로번호 · 3000997

ISBN 978-89-321-1914-4 03230

값 30,000원

성경 ⓒ 한국천주교중앙협의회, 2024.

이 책의 한국어 출판권은 (재)천주교서울대교구 가톨릭출판사에 있습니다.
저작권법에 의해 보호를 받는 저작물이므로 무단 전재와 무단 복제를 금합니다.

가톨릭의 모든 도서와 성물을 '가톨릭출판사 인터넷쇼핑몰'에서 만나 보실 수 있습니다.
http://www.catholicbook.kr | (02)6365-1888(구입 문의)

LA SEQUELA DI GESÙ CRISTO
NEL VANGELO SECONDO MARCO

예수 그리스도를 따르는 여정
마르코 복음

에르네스트 R. 마르티네즈 지음 | 양해룡 옮김

가톨릭출판사

서문

1997년에 영국 배우 아렉 맥코웬Alec McCowen은 런던 극장에서 연극 〈마르코 복음〉을 선보였다. 무대에 혼자 서서, 그는 단순히 연극적인 형태로 복음을 암송하였다. 그렇게 마르코 복음사가에 따른 예수 그리스도의 복음의 모든 활력과 모든 연극적인 것을 보여 주었다. 이는 우리 시대 특별한 연극으로 평가되어 TV로 방송되면서, 대중에게 공개되었다. 다양한 국적의 배우들은 그의 연출을 따랐고, 무대에서 복음을 암송하거나 읽었다. 그의 말(복음)을 이렇게 듣는 것이 매우 인상적이고, 이러한 방식으로 복음의 활력과 힘을 느끼는 것은 진정한 계시처럼 보였다.

쉬지 않고 한자리에서 마르코 복음을 듣거나 읽으면서 그 연극과 비슷하게 하는 것이 이 연구를 시작하는 좋은 방법이 되었다. 복음을 읽는 데는 한 시간 조금 넘게 걸린다. 자신을 위해 좋은 일을 해 보자. 혼자 또는 다른 사람과 함께 또는 그룹으로 복음을 읽는 것이다. 전에 읽지 않았던 버전으로 복음을 읽으면 더 많은 이익이 있을 것이다. 어떤 어려움이 있더라도, 읽는 것을 멈추거나 포기하지 마라.

목적은 앉은 자리에서 마르코 복음을 읽고, 처음으로 마르코 복음을 읽는 사람처럼 마르코 복음에 의한 예수님의 기쁜 소식의 모든 연극적 상황을 느끼는 것이다. 강독 후에 복음에 대한 개인적인 성찰을 작성하는 것이 좋다. 학술적인 성찰이 아니라, 단지 여러분의 마음에 와닿거나 마르코의 영성을 이해하기 위해 중요해 보이는 것에 관해서 말이다. 아마 처음으로 마르코 복음을 완독하는 사람들이 일부 있을 것이다. 페이지(쪽) 제목을 다음과 같이 하면 좋을 듯하다. '생애 최초 마르코 복음을 읽은 후 하는 성찰'

가끔 필자에게 어떤 복음이 가장 마음에 드는지 묻는 사람이 있다. "가장 좋아하는 복음은 지금 읽고 있거나 연구하는 복음"이라고 솔직히 답한다. 모든 복음은 자체로 아름답고 힘을 가진 것 같다. 모든 민족을 제자로 삼고 "아버지와 아들과 성령의 이름으로"(마태 28,19) 그들에게 세례를 주라는 예수님의 명령으로 끝나고, "내가 세상 끝 날까지 언제나 너희와 함께 있겠다."(마태 28,20)라는 그리스도의 약속을 남길 때, 마태오 복음의 위대함에 놀라지 않는 사람이 있겠는가? 루카 복음에서 되찾은 아들의 비유를 보자. 아버지의 모습에서, "그가 아직도 멀리 떨어져 있을 때에 아버지가 그를 보고 가

없은 마음이 들었다. 그리고 달려가 아들의 목을 껴안고 입을 맞추었다."(루카 15,20)라는 대목에서 감동받지 않을 사람이 있겠는가? 요한 복음에서 "아버지와 나는 하나다."(요한 10,30)라고 말할 때, 예수님의 위엄을 느끼지 않을 사람이 누구인가?

　마르코 복음에서 예수님께서 대사제 앞에서 "너희는 사람의 아들이 전능하신 분의 오른쪽에 앉아 있는 것과 하늘의 구름을 타고 오는 것을 볼 것이다."(마르 14,62)라고 선언할 때와 동일한 위엄이 지금 느껴진다. 예수님께서 나병환자에게 손을 내밀어 만지는 것을 두려워하지 않고 "깨끗하게 되어라."(마르 1,41)라고 말씀하실 때, 그분과 똑같은 연민이 느껴진다. 예수님께서 물을 걸으실 때도 "나다. 두려워하지 마라."(마르 6,50) 하고 엄숙하게 말씀하실 때도 같은 위엄이 느껴진다. 마르코는 주저하지 않고 예수님의 숨겨진 것을 드러낸다. "다음 날 새벽 아직 캄캄할 때, 예수님께서는 일어나 외딴 곳으로 나가시어 그곳에서 기도하셨다."(마르 1,35) 그러고는 오히려 예수님께서 외로이 기도하는 것을 우리에게 보여 준다. "아빠! 아버지! 아버지께서는 무엇이든 하실 수 있으시니, 이 잔을 저에게서 거두어 주십시오. 그러나 제가 원하는 것을 하지 마시고 아버지께서 원하시는 것을 하십시오."(마르 14,36) 그리고 그분은 복음의 끝에서 무덤에 있는 젊은이의 말에 담긴 예수님의 약속과 함께 우리를 떠나신다.

　"십자가에 못 박히신 나자렛 사람 예수님을 찾고 있지만 그분께서는 되살아나셨다. 그래서 여기에 계시지 않는다. …… 제자들과 베드로에게 이렇게 일러라. '예수님께서는 전에 여러분에게 말씀하신 대로 여러분보다 먼저 갈릴래아로 가실 터이니, 여러분은 그분을 거기서 뵙게 될 것입니다.'"(마르 16,6-7)

이 말씀은 연구의 주제로 고려해 볼 수 있다. 즉, 우리가 예수님을 찾자 그분은 부활하셨고, 우리보다 먼저 이방인의 갈릴래아로 가셨다. 우리는 그분의 제자이니 그분을 따라야 하고, 그분이 우리에게 말씀하신 대로 거기서 그분을 볼 것이다.

1. 영성

신약 성경의 영성에 관한 연구를 시작하기 전에, '영성'이라는 용어의 의미가 무엇인지 궁금증이 생긴다. '영성' 혹은 더 구체적으로 '그리스도교 영성'을 어떻게 이해해야 하는가? 이 주제에 이론적으로 깊이 논의하고 싶지도 않고, 어떤 논쟁을 해결하고 싶지도 않다. 신약 성경을 기초로 한 영성에 대한 설명만 하고 싶다.

로버트 메예Robert P. Meye는 "만물의 주님으로 인정하고 섬기는 예수 그리스도를 제외한다면, 그리스도교 영성에 가장 큰 영향을 미친 사람은 다른 누구보다 **바오로**"라고 강조한다. 불행하게도, '영성'의 정의나 '그리스도교 영성'의 정의에 대해서는 합의가 이루어지지 않았다. 그리스도교적으로 사용하는 단어는 바오로에게서 온 것 같다.

1코린 2,14-15에서 바오로는 사이키코스(ψυχικὸς, psychikòs)와 프네우마티코스(πνευματικός, pneumatikòs)를 구별한다. 사이키코스psychikòs는 자연적 또는 물질적(동물적) 삶을 살게 하는 정신, 즉 혼psychê에 의해 활력을 얻는 사람이다. 프네우마티코스pneumatikòs는 '영적인' 삶을 살게 하는 영pneûma, 특히 성령에 의해 살아 움직이는 사람이다. 그래서 '영적인 사람'이라고 번역될 수 있다.

1코린 3,1-3에서 바오로는 사이키코스psychikòs 대신에, 육체적 인간, 육신에 속한 인간, 본능적 인간인 사르키코이(σαρκικοί, sarkikoi')에 대해 언급한다. 육적인 사람은 그리스도 안에서 어린아이와 같으므로, 음식을 먹을 수 없기에 바오로는 그들에게 우유를 주어 마시게 하였다. 여전히 육적인 사람은 시기와 다툼이 있기 때문에, 인간 본성에 따라 걷거나 살아간다. 바오로는 성령에 따라 걷는 사람과 육체에 따라 걷는 사람을 비교한다(로마 8,4). 영적인 사람은 세상의 영이 아니라 자신 안에 살고 있는 하느님의 영을 받은 존재다.

그래서 **영적인 사람은 성령께 인도되고, 육신의 욕구를 채우지 않으며 성령을 따라간다**(갈라 5,13-26). 영적인 사람은 신앙 안에서 성장한 사람, 그리스도인의 삶에서 성숙한 사람, 그리스도 안에서 어른이 된 사람이다. 그러므로 바오로에게 영적인 사람은 성령의 사람, 즉 성령의 영감으로 살아가는 사람임을 알 수 있다.

그러나 '영성'이라는 단어는 역사가 길지 않다. 요제프 주드브라크Josef Sudbrack는 "17세기 프랑스의 **영성**은 전문적인 의미로 하느님과 인간의 인격적인 관계의 특징으로 이해된다."라고 말한다.

찰스 라이리Charles C. Ryrie는 '영성은 무엇인가?'라고 묻는다. 그는 진정한 성경적 영은 세 가지 요소를 의미한다는 글을 작성했다. 첫째, **다시 태어남**. 즉, 인격적 구원자로서 주님이신 예수 그리스도를 믿는 사람들에게 자유롭게 주어지는 새로운 삶의 체험이다. 둘째, 삼위일체의 다른 위격이 작용하고 신앙인이 책임을 지고 있더라도 영성에서 핵심적 역할을 하시는 **성령**에 의해 인도된다. 셋째, 참되고 합당한 영적 분별을 위한 지식과 체험을 습득하기 위한 **시간**이다. 나는 이것이 성숙한 그리스도인에게만 합당하다고 단언한다.

'성숙'이라는 단어가 영성 개념의 열쇠를 가지고 있다고 믿는다. 그리스도인의 성숙은 성령께서 일정 기간 동안 신앙인 안에서 만들어 내는 발전이기 때문이다. ……

여기 영성의 정의를 제안한다. 영성은 성령으로 성숙 중에 있는 관계다.

이와 관련하여 크리스토퍼 키슬링(Christopher kiesling, O.P.)은 '삼위일체의 위격에 관하여'라는 논문을 썼다.

이 논문은 영적 삶을 삼위일체의 각 위격과의 관계 안에서 발전하는 것으로 이해하는 신학을 언급한다.

그리스도교 신앙에 따르면 아버지, 아드님, 성령과 각각 떨어져 있는 실제적인 하느님은 존재하지 않는다.

동시에 다른 두 위격과 맺는 관계 없이, 우리는 삼위일체 위격과의 관계를 맺을 수 없다.

[왜냐하면] 삼위일체 위격들은 관계에서 각 위격과 정확히 다르고 구분되기 때문이다.

필자는 이것이 바오로 서간에서 기술된 것과 같은 그리스도인의 영성적 삶을 위해 매우 중요한 고려 사항이며, 앞에서 라이리 교수가 제안한 그리스도교적 영성의 정의를 보완하는 데 필요한 사항이라고 생각한다.

우리의 하느님께서는 한 분뿐이시지만, 삼위이시기도 하며, 이것이 우리가 그분과 관계를 맺는 방식이다. 바오로의 글에 대한 우리의 연구에서 이 진리는 분명히 두드러진다. 따라서 앞에서 나온 정의는 이렇게 수정되어야 한다고 생각한다.

그리스도교 영성은 성부, 성자, 성령과의 성숙한 관계이고 성숙 중에 있는 관계다.

2. 복음의 역사적 진리에 관한 가르침

마르코 복음 연구를 시작하기 전에 〈복음의 역사적 진리에 관한 지침〉이라는 교황청 성서위원회의 문헌을 살펴봐야 한다. 2항을 읽어 보자.

    주석가는 복음이 우리에게 언급하는 것에 대한 타당성을 확인하기 위해, 예수님의 가르침과 삶이 우리에게 도달하기까지 거쳐 온 세 가지 단계에 주목한다.
    주님이신 그리스도께서는 처음부터 당신을 따르는 제자들을 선택하여, 그들이 당신의 행적과 말씀을 듣고 그분 삶과 가르침의 증인이 되도록 하셨다. 그분의 가르침이 말씀으로 드러날 때, 그분은 당시 사용되던 생각과 표현의 형식을 따랐다. 그렇게 듣는 사람의 사고방식에 맞추었으며, 그 가르침이 제자들의 마음에 확고하게 각인되어 쉽게 이해되도록 하셨다. 그리스도를 믿는 믿음으로 나아가는 것과 구원의 메시지를 받아들이게 하는 목적으로 정리되고 실천된, 예수님 생애에서 일어난 기적들과 사건들을 잘 이해한 집단이 제자들이다.
    사도들은 무엇보다도 주님의 죽으심과 부활을 선포하며 예수님을 증언하였고, 예수님에 대한 일화와 말씀을 충실히 전하고 다양한 청중들의 필요를 염두에 두고 설교하였다. 예수님께서 죽음에서 부활하시고 그분의 신성이 명백히 드러난 후, 신앙은 그 사건을 잊지 않고 기억을 굳건히 했다. 예수님께서 실천하시고 가르치신 것 위에 신앙이 세워졌기 때문이다. 당시 제자들이 예수님을 주님이시며 하느님의 아드님으로 흠숭한 예배로 인해 그분의 변모를 바라보고 '신화적인' 인물로 여기지 않았으며, 그분의 가르침을 왜곡하지 않았다. 그러므로 사도들이 그리스도의 영광스러운 사건과 진리의 성령의 빛에 따라 그들이 가졌던 완전한 이해를 품고 예수님께서 실제로 말씀하고 행하신 것을 청중들에게 전해 주었음을 부인해서는 안 된다. 그래서 예수님께서 친히 부활하신 후 구약 성경과 당신의 말씀을 그들에게 '해석'해 주셨듯이, 제자들은 청중의 필요에 따라 사실과 말씀을 설명해 주었다. …… 특정한 목적과 청중의 사고방식에 적합한 방법으로 설교하였다. 그리스도를 주제로 하는 설교에 사용된 이러한 설명 방법은 규명하고 살펴봐야 한다. 그것은 교리, 비유, 증언, 찬송, 영광송, 기도, 기타 유사한 문학 형식으로 성경 안에 구성되고, 그 당시 사람들이 사용하던 것이다.

이 지침은 처음에 구전되다가 나중에 서면으로 기록되었다. 실제로 주님과 연관된 '이야기를 엮는 데 많은 이가 손을 대었던'(루카 1,1) 작업은 바로 일어났다. 거룩한 저자들은 교회 선익을 위해 각 복음이 가진 목적에 상응하는 방법으로 네 복음을 통해 이야기를 전달했다. 전해지는 많은 것 중에서 몇 가지를 선택하여 때로는 종합하고, 때로는 개별 교회의 상황에 주의를 기울이면서 자신들이 가르치는 내용의 타당성을 독자들이 알도록 모든 수단을 동원하여 특정 요소를 개발했다. 실제로 저자들은 자유로이 사용할 수 있는 모든 자료 중에서 신자들의 다양한 조건과 복음이 제안한 목적에 적합한 것을 특별한 방식으로 선택하여, 그 조건과 목적을 충족시키는 방식으로 설명했다. 이제 진술의 의미는 문맥에 따라 달라지기 때문에 복음사가들은 구세주의 말씀과 사실을 전하면서 다른 주장을 제시할 때, 독자의 유익을 위해 그렇게 했다고 생각해야 한다. 그래서 주석가는 주어진 방식과 주어진 맥락에서 말이나 행동을 설명하는 복음사가의 의도가 무엇인지 추적해야 한다. 실제로 복음사가들이 주님의 말씀과 행동을 다른 순서로 전하고, 말씀을 문자 그대로가 아니라 의미를 유지하면서 약간 다양하게 표현하는 것은 이야기의 진실에 어긋나지 않는다.

우리는 복음을 읽을 때 이야기의 세 번째 단계에 있다는 것을 언제나 기억해야 한다.
첫 번째, **예수님 생애** 이야기
두 번째, 최초의 제자들이 복음을 **처음 설교한** 이야기, 즉 초대 교회 이야기
세 번째, 이 구전 전통을 **복음**이라고 기록해서 등재한 이야기
이러한 복음에서, 복음사가의 눈을 통해 예수님의 이야기를 읽는다. 이 이야기의 모든 단계에서 우리는 **청중의 사고방식과 능력에 맞게 단어를 적용한다**는 동일한 사실을 발견한다. 지침은 이 점을 잘 강조한다. 따라서 마르코의 신학과 영성, 그리고 예수님에 대한 그의 가르침을 발견하기 위해서는 마르코가 **예수님의 복음을 서술한 특별한 방식**과 그가 복음을 청중의 사고방식과 능력에 어떻게 적용했는지를

잘 연구해야 한다.

3. 신약 성경의 하느님(θεός)

마르코 복음의 구조를 연구하기 전에, 우선 신약 성경에서 사용하는 '하느님'이라는 단어를 잘 살펴봐야 할 것이다. 그리스어로 하느님(θεός, theós)은 정관사(ὁ, ho)와 함께 사용한다(ὁ θεός, ho theós). 칼 라너는 '신약 성경에서의 하느님Theos nel Nuovo Testamento'이라는 논문에서 이 주제를 폭넓고 깊게 연구했다. 그 결론을 요약해 본다.

……삼위일체 하느님(ὁ θεός, ho theós)을 명확하게 언급하는 본문은 신약 성경에서 결코 발견되지 않는다. 반면에 하느님ho theós이 삼위일체 위격으로서의 아버지를 의미하는 많은 본문들이 있다. [구약 성경의 모든 구원 역사는 예수님을 파견한 하느님, 즉 아버지에게 속한다(사도 3,12-26; 히브 1,1 참조). 사도 4,24 이하, 에페 3,9 이하, 히브 1,2에서 만물의 창조주이신 하느님께서는 '아드님'("종", "그리스도")과의 구별을 통해서 분명히 아버지로 파악된다. 그러나 창조와 구원의 역사를 아버지 하느님께 돌린다면, 실제로 이 이중적인 신적 활동(창조와 구원) 영역에 포함되지 않은 것은 사실상 하느님ho theós이라고 주장할 수 없다.]

이 외에도 하느님ho theós이 거룩한 삼위일체의 두 번째 위격으로 언급된 여섯 개의 텍스트가 있다. 결국, 신약 성경에서 하느님ho theós은 성령pneûma hàgion으로 언급된 적이 없으며, 하느님ho theós을 언급할 때 앞서 언급한 여섯 개의 텍스트를 제외하고는 아버지인 삼위일체 첫 번째 위격을 가리킨다는 것을 기억하자.

우리의 논문은 그리스도의 인격과 본질에 대해 엄격하고 정확한 신학적 확증이 필요한 곳에서 그분이 '하느님의 아드님ho huiòs toû theoû' 이라고 불린다는 것을 찾을 수 있다고 확증한다. 이러한 구절은 '아버지의 아드님'을 신학적인 의미에서 '하느님의 아드님'이라고 말한다.

공식적인 기도인 전례는 언제나 아드님을 통해 아버지를 부르며 이 아버지를 단순히 하느님이라고 부른다. 우리의 모든 설명으로 볼 때 이것 역시 신약 성경에 대해 언급하는 방식인 것으로 나타난다.

라너가 언급한 여섯 개의 텍스트는 다음과 같다. 로마 9,5; 요한 1,1.18; 20,28; 1요한 5,20; 티토 2,13이다. 바오로 서간에서 예수님을 이해하기 위해 로마 9,5를 살펴보겠다. 라너의 근본적 관점은 '하느님theós'이라는 단어, 또는 관사가 있는 '하느님ho theós'은 신약 성경에서 항상 '하느님 아버지'를 의미한다는 것이다. 앞서 언급한 여섯 개의 텍스트는 아마도 이 규칙의 예외일 것이며, 하느님theós이라는 단어를 하느님의 아드님 예수 그리스도에게 부여한 것으로 보인다. 그러나 관사가 있는 단어, 즉 하느님ho theós은 어떤 경우에도, 약간의 수정도 없으며 결코 예수 그리스도에게 귀속되지 않는다. 그것은 성령을 칭할 때도 사용되지 않았다.

 필자는 라너가 예수님의 신성, 즉 그분이 참하느님이라는 사실에 대해 결코 의구심을 제기하지 않는다는 점을 강조하고 싶다. 유일한 문제는 신약 성경에서 '하느님'이라는 칭호로 예수님을 언급하는지다. 우리는 예수님의 신성과 이를 확증하는 방법을 매우 분명하게 구별해야 한다. 같은 논문에서 라너는 다음과 같이 쓴다.

 어쨌든 결정적인 주장은 그리스도를 하느님theós이라고 부르는 이 본문들은 신약 성경에서 어떤 방식으로든 그리스도의 신적 본성을 표현하고 싶어 함에도 불구하고, 절대적으로 널리 퍼져 있는 다른 본문들과 동등할 수 없다는 사실에 있다. 만약 하느님theós이 준일반적인 의미를 갖고 있었다면 예상할 수 있던 것처럼 하느님이라는 용어에 의존하지 않았다. 대신에 그리스도는 '하느님의 아드님', '하느님의 참아드님', '주님'(κύριος, kyrios), '하느님의 말씀', '하느님의 형상'(εἰκών, eikon), '하느님의 각인, 성격'(χαρακτήρ, charaktêr), '하느님의 복사 내지 반영'(ἀπαύγασμα, apaúgasma)이라고 불렸다. 하느님의 형태로 존재하며, '하느님과 함께 있는 존재', 하느님과 동등하시고, 신적으로 충만하다고 그리스도에 관해 말한다.

 이것들은 모두 그리스도의 신성을 표현하기 위한 말이며, 더 나아가 그리스도가 자신을 나타내기 시작하셨을 때처럼 이러한 진술을 매우 유보적으로 만들려는 교훈적인 의도가 전혀 없이 아주 명확하게 표현된 것이다. 그러나 이렇게 이 모든 수많은 과정에서 그리스도를 하느님theós으로 부르기를 피한다. 이것은 신약 성경의 언어에서 하느님이라는 용어가 처음에는 오직 아버지만 의미하는 것을 인정함으로써만 설명될 수 있다. 우선 그것은 일반적이고 중립적인 의미를 가지고 있지 않다. 그것은 아버지에게 적용되고 동일한 권리와 동등한 증거로 또한 아들에게도 적용되지만, 무엇보다도 먼저 아버지를 의미한다. 나중에야 조심스럽게, 몇몇 텍스트(요한 20,28; 로마 9,5; 1요한 5,20)의 '아버지'에게서 분리되어 감히 그리스도에게 적용되는 방식으로 변형된다. 그리스도의 신성을 고백하는 데 사용되는 그러한 형식에서 새로운 표현을 사용할 용기가 있었지만 일상 언어에서는 용어의 일반적인 의미를 더 고수한다. 다음으로 성령은 결코 하느님theós으로 불리지 않았다.

1) 하느님 이름의 대체

신약 성경에서 '하느님'이라는 단어에 대한 연구와 관계되고 우리의 연구를 위해서도 중요한 것은 **예수님 시대에 유다인들이 하느님을 언급했던 방식**이다.

"주 너의 하느님의 이름을 부당하게 불러서는 안 된다."(탈출 20,7; 신명 5,11)라는 계명 위에 기초한 하느님 이름에 대한 존경은 "야훼"라는 이름과 "하느님"이라는 단어의 사용조차 회피해야만 했다. 야훼(YHWH, Yahweh/Jahveh)라는 이름 대신에 그리스어 '주님kyrios'으로 번역된 '주님Adonai'으로 대치되었다. 그리고 '하느님'이라는 단어 대신에 부정 복수형 또는 동사의 수동형을 대리인으로 인식하는 완곡한 표현을 사용했다.

예수님 또한 이러한 합의에 익숙해졌다. 예를 들어 '주님의 기도'에서 '하늘에 계신 우리 아버지'(마태 6,9)다. 이것은 하느님께서 머무르시는 곳을 언급하려는 것이 아니다. 사실은 '주님의 기도'에서 찾아볼 수 없는 '하느님'이라는 단어를 피하기 위해 "하늘에 계신"으로 대체되는 경건한 방식이다. 이 구절은 '아버지'와 '하느님'을 동일시하고 "우리 아버지, 당신은 하느님이시다."라는 의미다. 예수님의 세례에서 "하늘"이라는 단어의 사용도 비슷하다. "하늘에서 들려온"(마르 1,11) 음성은 '하느님의 음성'을 의미한다. 마태오는 일반적으로 마르코, 루카, 요한에 항상 있는 "하느님의 나라"(예를 들어 마르 1,15; 루카 10,9; 요한 3,3) 대신에 "하늘나라"를 언급한다. 다양한 유럽 언어에서 몇몇 공동 표현도 '하느님'이라는 단어 대신에 '하늘'이라는 단어를 사용한다. 예를 들어, '하늘의 사랑을 위해', '하늘 덕분에', '하늘은 우리를 도와준다', '하늘은 알고 있다', '하늘의 사랑'이다. 또한 요한 3,27에서도 유사한 표현을 찾아볼 수 있다. 종종 누군가를 의미하는 이름이라는 단어도 이런 식으로 하느님의 인격을 가리키는 데 사용되었다. 그래서 "아버지의 이름이 거룩히 빛나시며"는 "하느님이 거룩히 드러내시며sia tu, Dio, santificato"를 의미한다. **이렇게 이것은 완곡한 표현의 예다.**

부정 복수, 3인칭 복수는 때때로 하느님의 이름 대신 사용했다. 예를 들어 '그들이 줄 것이다dôsousin', 즉 '하느님께서 주실 것이다'(루카 6,38), '그들은 청한다apaitoûsin', 즉 '하느님께서 청하신다'(루카 12,20), '그들은 맡긴다paréthento', 즉 '하느님이 맡기신다'와 '그들은 청한다aitêsousin', 즉 '하느님께서 청할 것이다'(루카 12,48). 아마도 '그들을 맞아들여라déxôntai'(루카 16,9), '그들은 한다poioûsin'(루카 23,31)도 같은 의미일 것이다. 부정 복수형은 랍비 문헌에서 보통 이렇게 사용된다. 이러한 동사는 다음의 예와 같이 동사의 수동형으로 번역되는 경우가 자주 있다.

동사의 수동형 또한 '하느님'이라는 단어를 피하기 위해 사용되었다. 하느님이 주어로 암시되는 이러한 형태는 **신학적 수동태 또는 신적 수동태**라고 불린다. 그러나 요아킴 예레미아스Joachim Jeremias는 신학적 수동태의 사용이 탈무드 문헌에서 거의 전혀 없는 반면에, 공관 복음 전통의 차원에서 예수님의 말씀에는 자주 사용된다고 지적한다(마르코에서는 기록된 말의 관습, 마태오와 루카의 특별한 자료와 요한 12,23; 13,31; 19,11 그리고 3,27을 보라). 이러한 사실은 유례가 없으며 예수님께서 자신을 칭하는 방식을 보여 준다고 해석되어야 한다.

신학적 수동태는 마태오 복음의 병행구와 비교하여 마르코 복음 본문에서도 분명히 볼 수 있다.

마르 13,20　주님께서 그 날수를 줄여 주지 않으셨으면, 어떠한 사람도 살아남지 못할 것이다. 그러나 주님께서는 몸소 선택하신 이들을 위하여 그 날수를 줄여 주셨다.

마태 24,22　그 날수를 줄여 주지 않으시면 어떠한 사람도 살아남지 못할 것이다. 그러나 선택된 이들을 위하여 그 날수를 줄여 주실 것이다.

이 두 본문은 같은 내용을 말하지만, 마태오 복음에서는 신학적 수동태를 사용하고, 주어인 하느님은 생략된다. 또한 마르 10,40과 비교해서 마태 20,23을 보라.
　이러한 어법은 바오로의 저서에서 자주 등장한다. 매우 중요한 의미가 있는 두 구절은 부활 사건에서 하느님의 행동을 언급하기 위해 신학적 수동태를 사용한다. 1코린 15,3-4에 "그리스도께서는 성경 말씀대로 우리의 죄 때문에 돌아가시고 묻히셨으며, 성경 말씀대로 사흘날에 **되살아나시어**"라고 기록되어 있다. 의심 없이 이것은 **하느님에 의해** 되살아나셨음을 의미한다.
　더욱이 로마 4,25에서는 두 가지 신학적 수동태가 있다.
　"우리를 위한 것이기도 합니다. 우리 주 예수님을 죽은 이들 가운데에서 일으키신 분을 믿는 우리도 그렇게 인정받을 것입니다. 이 예수님께서는 우리의 잘못 때문에 죽음에 **넘겨지셨지만**, 우리를 의롭게 하시려고 **되살아나셨습니다**."(로마 4,24-25)

바오로는 예수님께서 우리 구원을 위해 하느님에 의해 넘겨지셨고(로마 8,32. 참조) 우리를 의롭게 하시려고 **하느님에 의해** 되살아나셨다(로마 4,24. 참조)고 말하고 싶은 것이 명백하다. 예수님의 부활 이후에도 그분과 관련된 하느님의 행동이 발견된다.

좋은 예는 사도 1,9에서 찾을 수 있다. 여기서 '하느님'이라는 단어에 대한 또 다른 대체가 예수님의 '승천'을 설명하는 구절에서도 발견된다. "예수님께서는 이렇게 이르신 다음 그들이 보는 앞에서 하늘로 **오르셨는데**, 구름에 감싸여 그들의 시야에서 사라지셨다."(사도 1,9) 이것은 예수님께서 하느님에 의해 올라가셨음을(루카 24,51 참조), 그리고 구름이 아니라 하느님께서 예수님을 그들의 눈앞에서 데려가셨음을 의미한다. "그때에 구름이 일어 그들을 덮더니 그 구름 속에서 …… 하는 소리"(마르 9,7)가 났을 때, 마치 예수님께서 변모하시는 장면처럼, "구름"이라는 단어는 하느님을 언급하는 방식과 연관되었을 뿐이다. 여기서 이른바 예수님의 '승천'은 예수님의 부활처럼 하느님의 행위이며, 사적 행위로서 예수님께 속한 것이 아니다. 사실상 이 사건을 하느님에 의한 예수님의 **승천**이라고 칭하는 것이 더 정확할 것이다. 성경에서 '승천anàlêmpsis'이라는 단어는 유일하게 예수님께만 사용되었다. "하늘에 올라가실 때(승천, analêmpseôs)가 차자, 예수님께서는 예루살렘으로 가시려고 마음을 굳히셨다."(루카 9,51. 성 예로니모의 불가타 성경은 이를 '그분의 승천assumptionis eius'으로 번역한다) 루카 복음에 따른 이러한 관점에서 보면 예수님께서는 죽음, 부활, 승천이 일어날 예루살렘으로의 여정을 시작한다. "너희를 떠나 승천하신ho analêmphtheís 저 예수님께서는……."(사도 1,11, 불가타 성경은 분사로 이것을 번역한다. 즉 '승천하신 분qui assumptus est') 사도 1,2과 1,22에서 예수님께서는 **승천하셨다**anelêmphthê(불가타는 '승천하셨다assumptus est'라는 동사로 번역한다). 마르코에 의한 복음 마지막에서는 "주 예수님께서는 …… **승천하시어**……."(마르 16,19, 불가타는 다시 동사를 사용하여 '승천하셨다assumptus est')라고 추가한다. 이것들은 신학적 수동태의 예이며, 그 의미는 확실히 **예수님께서 하느님에 의해 하늘로 승천하셨다**는 것이다.

4. 마르코 복음. 갈라 1,6-9

우리는 **신약 성경 영성의 예로서 마르코 복음**을 연구할 것을 제안한다. 이와 관련하여 필자는 과정에 대한 설명을 상기하고 싶다.

이 과정은 세 가지 기본 질문을 중심으로 진행된다. 첫째, 우리가 따르는 분은 누구인가? 둘째, 우리는 그분을 어떤 '길'에서 따르는가? 셋째, 그분을 어떻게 따라야 하는가? 우리는 마르코 복음에서 다양한 주제를 연구할 것이다. 그것들은 예수님의 정체성과 다양한 칭호, 예수님과 아버지의 관계, 예루살렘으로 가는 (예수님) 여정의 목적, 아버지의 뜻, 예수님의 모범, 제자에 대한 그분의 가르침, 예수님의 제자 공동체, 예수님의 죽음과 부활 등이다. 마르코가 세 가지 질문에 응답하기 위해 어떻게 복음을 구성하는지 그리고 우리와 우리의 신앙을 위해 이 모든 것이 의미하는 것이 무엇인지 탐구할 것이다.

우리의 목적을 위해 마르코 복음을 일반적으로 소개하는 데는 크게 관심이 없다. 이 주제에 관한 현대의 좋은 주석이나 신약 성경 입문서를 읽어 볼 수 있다. '마르코'라고 말할 때, 마르코 복음의 저자를 의미한다. 그가 누구인지 확실히 알지 못하지만, 천재였음을 안다. 예수님의 인격을 파악했고, 예수님과 관련된 자신의 지식을 모든 사람에게 전하고 싶어 했음을 안다. 그의 이름을 확실히 모르지만 생동감 넘치는 신앙을 가지고 있었으며, 열성적 제자였고, 예수님을 열렬히 사랑했음을 안다. 누구를 위해 이 복음을 작성했는지 정확히 모르지만, 그가 우리를 가르치기 위해, 그리스도를 믿도록 하기 위해, 바로 나를 위해 작성했음을 안다.

복음을 작성한 사람이 누구인지를 아는 것은 더 이상 중요하지 않다. 이 글이 복음, 즉 예수님의 기쁜 소식과 원래의 전통에 부합한다는 것이 중요하다. 갈라티아 신자들에게 바오로가 한 언급은 이 주제에 매우 잘 맞는다.

"그리스도의 은총 안에서 여러분을 불러 주신 분을 여러분이 그토록 빨리 버리고 다른 복음으로 돌아서다니, 나는 놀라지 않을 수 없습니다. 실제로 다른 복음은 있지도 않습니다. 그런데도 여러분을 교란시켜 그리스도의 복음을 왜곡하려는 자들이 있습니다. 우리는 물론이고 하늘에서 온 천사라도 우리가 여러분에게 전한 것과 다른 복음을 전한다면, 저주를 받아 마땅합니다. 우리가 전에도 말한 바 있지만 이제 내가 다시 한번 말합니다. 누가 여러분이 받은 것과 다른 복음을 전한다면, 그는 저주를 받아 마땅합니다."(갈라 1,6-9)

그러니 마르코 복음이 예수 그리스도의 기쁜 소식을 우리에게 전달해 준다는 사실이 중요하다. 처음부터 교회는 이 진리를 확신했지만, 저자가 누구인지는 구체적으로 밝히지 않았다. 그러나 전통은 그것이 이방인 출신의 그리스도인을 위해 로마에서 작성되었다고 주장한다. 그는 사도행전 12장에서부터 15장까지에서 바오로의 동반자로 언급되고, 베드로의 첫 번째 서간의 결론에 언급된 마르코라고도 하는 요한과 동일시된다. 걸출한 학자들에 따르면, 마르코 복음은 시몬 베드로가 죽은 후 65년경, 예루살렘이 멸망한 해인 70년 이전에 작성되었다. 마르코 복음은 이러한 전통을 부인할 이유가 없다.

5. 문학적 구조

우리가 살펴본 것에 따르면, 마르코의 신학과 영성, 예수님에 관한 그의 가르침을 밝히기 위해서는 **마르코가 예수님의 기쁜 소식을 서술한 특별한 방법과 그가 청중의 지성과 능력에 복음을 어떻게 적용시켰는지**를 잘 연구할 필요가 있다.

우선 **마르코가 복음을 어떻게 구성했는지**를 연구해야 한다. 주석가들이 형성한 구조에 대한 다양한 제안이 있다. 그중 일부는 지리학적 구조 위에 기초한다. 즉, 갈릴래아에서, 그 밖에서, 예루살렘으로 가는 여정에서, 예루살렘에서의 예수님 직무를 언급한다. 그러나 복음은 이러한 구조로 이해되지 않는다. 다양한 형태의 신학적 구조 역시 제안되었다. 몇 년 전에 교황청 성서연구원의 이냐스(Ignace de la Potterie, S.J.) 교수는 약간의 문학적 단서를 기초로 한 신학적 구조를 제안했다. 에드워드(Edward j. Mally, S.J.)는 약간의 수정과 설명을 통해 이 구조를 다시 제안했다. 여기에서 우리는 더 많은 설명과 수정 사항을 제시할 것이다.

1) 셈족 포괄

이 구조를 잘 이해하기 위해서 학자들이 '셈족 포괄'이라고 부르는 문학 형태에 주의를 기울여야 한다. 이것을 다음과 같이 정의할 수 있다. "셈족 포괄은 저술의 단락을 포함, 제한하는 문학적 방법이거나 단락의 문학적 통일성이 나타나도록 단락 처음과 끝에 동일하거나 유사한 단어나 생각이 나타나는 글을 표현하는 문학적 방법이다." 포괄은 또한 일반적으로 모든 단락에서 중요한 주제를 보여 준다.

이러한 문학적 형태는 성경에서 공통적으로 나타난다. 시편을 보자. 시편 8, 103[102], 113, 118, 135편에서는 찬양이 지배적이다. 마태 1,23과 28,20에서 하느님의 현존과 우리와 함께 계시는 그리스도를 찾을 수 있다. 루카 1,9와 24,53에서는 성전이라는 주제를 볼 수 있다. 사도 1,3과 28,31은 예루살렘에서 시작하고 로마로 대표되는, 전 세계로 확장하는 하느님 나라를 설명한다. 요한 18,1과 19,41은 "정원"이라는 단어와 더불어 예수님의 수난과 부활의 모든 내용을 포함한다. 요한 19,19에는 "쓰여 있었다", 요한 19,22에는 "내가 한번 썼으면", 요한 19,23-24은 "군사들"이라는 말이 있다. 요한 19,25.27은 예수님의 "어머니"로, 요한 19,28.30에서는 "다 이루어졌다"라는 말로, 요한 19,31.42은 "준비일"(이튿날 안식일)이라는 단어로 예수님의 수난과 부활을 담았다. 이것들은 성경의 일부 예일 뿐이다. 성경이 아닌 노래, 단편 소설, 연극, 영화 등에서 동일한 문학 형식을 보는 것은 드문 일이 아니다.

마르코 복음은 1장 2절에서 "천사"와 13절에서 "천사들"이라는 단어를 사용하면서, 이 제목 바로 다음에 작은 '셈족 포괄'로 시작한다. 번역에서는 이렇게 포괄된 것이 잘 드러나지 않는다. 2절의

"천사"가 자주 "사절"로 번역되기 때문이다. 이러한 포괄은 1절에서 13절까지가 프롤로그로 기능하는 단위이며, 새로운 단락은 14절부터 시작된다는 것을 보여 준다.

2) 마르코 복음의 구조

---------- **1편 메시아의 신비**(1,1-8.30) ----------

A. 프롤로그(1,1-13)

    1. 제목, "<u>하느님의 아드님</u> 예수 그리스도의 복음(<u>메시아</u>)"(1,1)

    2. 요한 세례자의 설교(1,2-8)

    3. <u>예수님의 세례</u>: "너는 <u>내가 사랑하는 아들</u>"이다.

    4. 유혹(1,12-13)

B. 말씀과 행적을 통한 예수님의 활동(1,14—8,26)

    1. 첫 번째(1,14—3,6)

        a. 예수님의 설교 **요약**(1,14-15)

        b. 첫 번째 **제자들을 부르심**(1,16-20)

        c. **말씀과 행적을 통한 예수님의 활동**(1,21—3,5)

            (1) 가르침과 치유(1,21-45)

            (2) 논란과 반대가 커져 감(2,1-12.13-17.18-22.23-28; 3,1-5)

        d. 바리사이의 예수님 배척과 살해 음모(3,6)

    2. 두 번째(3,7—6,6a)

a. 예수님의 치유 요약(3,7-12)

b. 열두 사도의 조직(3,13-19)

c. 말씀과 행적을 통한 예수님의 활동(3,20—5,43)

 (1) 예수님의 참가족(3,20-21[22-30]31-35)

 (2) 비유를 통한 가르침

  (4,1-34)(4,1-9[10-13]14-20)(4,10[11-12]13)

 (3) 기적들(4,35—5,43)(5,21-24[25-34]35-43)

d. 고향 사람들의 예수님 배척(6,1-6a)

3. 세 번째(6,6b—8,21)

a. 예수님의 설교 요약(6,6b)

b. 제자들의 선교와 세례자 요한의 죽음(6,7-13[14-29]30)

c. 말씀과 행적을 통한 예수님의 활동: 빵에 관한 단락(6,30—8,26)

(1) 빵의 첫 번째 기적(6,30-44)	(1a) 빵의 두 번째 기적(8,1-9)
(2) 호수 건넘, 바다 걷기, 하선 (6,45-56)	(2a) 호수 건넘, 하선(8,10)
(3) 바리사이들과의 논쟁(7,1-23)	(3a) 바리사이들과의 논쟁(8,11-13)
(4) 빵에 관해 시리아 페니키아 여자와 한 대화(7,24-30)	(4a) 빵에 관해 제자들과 한 대화 (8,14-21)(8,14[15]16)
(5) 귀먹고 말 더듬는 이의 치유 (7,31-37)	(5a) 눈먼 이의 치유(8,22-26)

d. 제자들이 예수님을 제대로 알아보지 못함(8,14-21)

C. 2편으로 넘어가기: 벳사이다의 눈먼 이 치유(8,22-26), 베드로의 고백: "스승님은 그리스도이십니다.", 예수님의 꾸짖음(8,27-33)

2편 사람의 아들에 관한 신비(8,31—16,8)

A. 사람의 아들의 길 - 제자의 길(8,27—10,52)

   1. 첫 번째(8,31—9,29)

      a. 예수님의 죽음과 부활에 대한 첫 번째 공식적인 예고(8,31-32a)

      b. 베드로의 오해(8,32b-33)

      c. 제자들을 가르치심(8,34—9,1)

      d. 에피소드와 보완적 가르침(9,2-29)

        (1) 변모 사건(9,2-13)

   2. 두 번째(9,30—10,31)

      a. 예수님의 죽음과 부활에 대한 두 번째 공식적인 예고(9,30-31)

      b. 제자들의 오해(9,32)

      c. 제자들을 가르치심(9,33-50)

      d. 에피소드와 보완적 가르침(10,1-31)

   3. 세 번째(10,32-45)

      a. 예수님의 죽음과 부활에 대한 세 번째 공식적인 예고(10,32-34)

      b. 제자들의 오해(10,35-41)

      c. 제자들을 가르치심: 사람의 아들은 섬기러 왔고, 자기 목숨을 바치러 왔다(10,42-45)

      d. 예리코에서 눈먼 바르티매오의 치유 - 제자의 길(10,46-52)

B. 예루살렘에서 예수님의 활동(11,1—12,44)

　　1. 예루살렘 입성(11,1-11)

　　2. 무화과나무 저주와 성전 정화(11,12-14[15-19]20-25)

　　3. 논쟁과 가르침(11,27—12,40)

　　4. 예수님의 공적 직무에 대한 결론: 과부의 봉헌(12,41-44)

C. 수난에 관한 이야기로 전환: 종말론적 대화(13,1-37)

D. 예수님의 수난과 부활(14,1—16,8)

　　1. 베타니아에서 기름부음과 유다의 배반(14,1-2[3-9]10-11)

　　2. 최후의 만찬(14,12-25)

　　3. 겟세마니에서의 기도와 예수님의 잡히심

　　　(14,26-52)(14,50[51-52]53)

　　4. 예수님의 재판과 베드로의 부정

　　　(14,53—15,15)(14,54[55-65]66-72)

　　5. 예수님께서 십자가에 못 박히심(15,16-32)(15,15[16-20]21-22)

　　　(15,24a[24bc]25)

　　6. **예수님의 죽음**: "참으로 이 사람은 <u>하느님의 아드님</u>이셨다."(15,33-

　　　41)(15,35[36a]36b)(15,37[38]39)

　　　예수님의 무덤(15,42-47)

　　7. **부활 선포**: "<u>되살아나셨다</u>", 갈릴래아에서 "그분을 뵙게 될 것입니

다."(16,1-8)

[추가된 정경의 결말(16,9-20)]

3) 주요 주제들

"하느님의 아드님, 예수 그리스도의 복음"이라는 마르코 복음의 첫 구절을 읽을 때, 이미 그것의 신학적 관심이 무엇인지 알 수 있다. "하느님의 아드님"이라는 명칭은 일부 중요한 고대 필사본에서 발견되지 않으므로 그것이 진짜인지 확실하지 않다. 이 사실은 구조에서 그다지 중요하지 않다. 예수님의 세례에 대한 서문의 11절에서 하늘의 음성, 즉 하느님의 음성이 "너는 내가 사랑하는 아들이다."라고 선언하기 때문이다. 그러므로 마르코는 복음의 시작부터 하느님 자신의 음성을 통해, 예수님께서 실제로 하느님의 아드님이라고 선포한다. 마르코 복음에서 예수님이 죽기 전에는 어느 누구도 그분이 하느님의 아드님이심을 고백하지 않는다. 그러나 예수님께서 돌아가신 직후, 십자가 앞의 백인대장은 **"참으로 이 사람은 하느님의 아드님이셨다."**(마르 15,39)라고 말한다. 사건의 과정을 설명하는 이러한 방식은 다른 복음에서는 찾아볼 수 없다(마태 16,16; 루카 1,32.35; 23,47; 요한 1,34.49; 11,27 참조). 이를 보면 마르코는 문자 그대로 '하느님의 아드님'이라는 명칭 아래 복음을 배치시켰음을 알 수 있다. 이 명칭이 말하고자 하는 것은 처음에는 명확하지 않았지만, 복음에서는 이를 발전시키고 끝에서 그 의미를 분명하게 밝힌다. 이것은 마르코 복음에서 가장 많이 포진해 있으며, **전체 복음의 주요 주제가 하느님의 아드님이신 예수님**이라고 말할 수 있게 한다.

마르코가 쓴 첫 번째 명칭은 "그리스도", "메시아" 또는 "기름부음받은 이"(1절)이다. 마르코 복음 중간에 베드로가 예수님께 "스승님은 그리스도이십니다."(마르 8,29)라고 말할 때까지 이 명칭이 마르코 복음에서 발견되지 않는다는 것은 놀라운 일이다. 베드로의 고백 이전에 마태오 복음에서 "메시아"라는 명칭은 여섯 번, 루카 복음에서는 네 번 나온다. 반면에 마르코는 "그리스도"라는 명칭이 복음의 전반부 마지막에 포함되거나 제한되길 원했다. 그래서 마르코 복음의 **1편은 메시아의 신비 혹은 메시아로서 예수님의 정체성이라는 주제에 관한 것이다.**

베드로가 고백한 즉시, 예수님께서는 "하느님의 아드님"의 죽음과 부활에 대한 첫 번째 공식적인 예고를 선포하신다. 복음은 예수님의 죽음과 부활에 대한 이야기로 끝난다. 따라서 **복음의 2편은 죽음과 부활을 통한 하느님의 아드님, 예수님의 신비**라는 주제에 관한 것이다. **프롤로그 이후 첫 장은 동일한 구조를 가진 세 부분**으로 나뉜다.

  a. 예수님의 말씀과 행적의 요약
  b. 제자들에 관한 것
  c. 말씀과 행적에서 드러나는 예수님의 활동 이야기
  d. 처음에는 그분의 적대자들에 의해, 그다음에는 같은 유다인들에 의해, 그리고 그분의 정체를 알지 못한다는 의미에서 제자들에 의해 배척됨

첫 번째 부분에서 예수님에 대한 반대가 커지는 것이 다섯 가지

논쟁 에피소드에서 미묘하게 설명된다. 그들은 마음이 점차 완고해지고 예수님과 그분의 정체성에 대해 눈이 머는 것을 보게 된다. 동시에 모든 곳에서는 유다인들이 기다렸던 메시아, 로마인들을 추방할 정치적 구원자로서 잘못 이해된 메시아가 아니라, 하느님의 아드님으로서 계시되고, 말씀과 행동으로 드러내신 메시아로서의 정체성이 점차 계시된다. 이 부분에서 요한 세례자의 죽음이 언급될 때 이미 예수님의 죽음에 대해 언급한다.

빵에 관한 이야기에서 빵을 많게 하신 두 가지 기적에는 놀라운 병행이 존재한다. 여기서 마르코는 예수님께서 누구신지 알리고 싶었지만, 제자들은 빵을 많게 하신 기적과 물 위를 걷는 기적 이후에도 예수님의 정체성을 깨닫지 못한다. 마르코는 제자들이 '빵의 기적을 깨닫지 못하고 오히려 마음이 완고해졌다'(마르 6,52)고 명확히 언급한다. 두 번째 빵을 많게 하신 기적 후에도, 예수님께서는 그들을 눈먼 이라고 책망하신다. "아직도 이해하지 못하고 깨닫지 못하느냐? 너희 마음이 그렇게도 완고하냐? 너희는 눈이 있어도 보지 못하고 귀가 있어도 듣지 못하느냐? 너희는 아직도 깨닫지 못하느냐?"(마르 8,17-18.21)

이 시점에서 **복음의 2편**으로 넘어간다. 예수님께서는 벳사이다에서 눈먼 이를 서서히 고치시는데, 이는 눈먼 제자들이 점차 치유되는 상징이다. 베드로가 예수님을 그리스도라고 고백했을 때, 그들의 치유는 시작되었지만 완전하지는 않았다. 그들은 예수님을 메시아라고 이해하지만 여전히 이것이 의미하는 모든 것을 이해하지 못했다. 그래서 사람의 아들의 신비와 예수님의 정체성에 관해 완전한 계시를 다루는 복음의 2편으로 넘어간다. 그러므로 베드로의 고백은 메시아 신비에 대한 1편의 마지막이며, 동시에 사람의 아들의 신비에 관한 2편의 시작이다.

베드로의 고백은 예수님과 제자들이 카이사리아 필리피 근처 마을을 함께 걸어가는 길에서(en tê hodô) 일어난다. 베드로의 고백 직후, 예수님께서는 어느 누구에게도 당신에 관하여 말하지 말라고 제자들에게 당부하신다. 이 시점부터 그분은 제자들에게 사람의 아들과 그의 **수난, 죽음과 부활에 대하여 가르치기 시작한다.** 예수님께서는 "사람의 아들"의 수난, 죽음과 부활에 대한 첫 번째 공식적인 예고를 선포한다. 베드로는 예수님께서 당신의 일을 말씀하시는 것임을 이해하고 그러한 굴욕과 패배를 받아들이길 원하지 않는다. 이러한 태도는 예수님과 그의 사명에 대해 완전히 오해하는 것이기에 예수님께서는 베드로와 제자들에게 가르치기 시작하신다. 여기서 또한 동일한 구조를 가진 **세 부분**이 구성된다.

  a. 예수님의 수난, 죽음과 부활에 대한 공식적인 예고
  b. 이것의 의미에 대한 이해
  c. 그분의 제자가 되는 의미에 대한 예수님의 가르침

이 편은 즉시 발생하는 또 다른 눈먼 이의 치유로 끝난다. 이것은 수난 앞에서 눈먼 제자들의 완전한 치유를 상징한다.

치유받은 예리코의 눈먼 이가 길에서(en tê hodô, 10,52) 예수님을 따라가는 것은 매우 의미심장하다. "길hodós"이라는 단어는 초기 그리스도인에게 "주님이신 예수님의 길", "그리스도인의 삶", "그리스도교"를 의미했다. 그 길에 속한 사람들은 그리스도인이다. 예를 들어, 사울이 주님의 제자들을 박해할 때, 대사제에게 "길에 속한tês hodoû óntas" 즉 그리스도의 길에 속한 모든 사람을 다마스쿠스에서 결박하고 예루살렘으로 인도할 권한을 달라고 요청했다(사도 9,1-2). 그러므로 **마르코는 셈족 이중 포괄로 이 전체 부분을 포함했음을 알 수 있다. 1) 벳사이다의 소경과 예리코의 소경의 치유, 2) 8,27과 10,52에서의 "길을"이라는 구절. 이 단락은 사도들의 눈이 서서히 뜨이는 것과 동시에 제자의 길, 사람의 아들의 길에 관한 가르침을 다룬다. 예수님께서는 그리스도인 제자에게 어떻게 당신을 따라야 하는지 가르치신다.**

예리코의 눈먼 이와 눈먼 제자들의 치유 이후, 마르코는 예수님께서 예루살렘에서 최후의 순간에 도달하심과 그분이 수난 전에 하신 활동을 다양하게 언급한다. 예수님의 공생활은 전적인 봉헌의 상징인 **성전에서의 과부 이야기**로 끝난다. 마르코는 수난 이야기의 한 과정으로서 종말론적 담론을 이어 간다.

복음 전체는 예수님의 죽음과 부활, 사람의 아들에 관한 예수님의 예고가 성취된 것으로 끝난다. 마르코가 첫 번째 구절에서 예수님의 정체성을 언급하고자 했던 것이 복음의 끝에서 분명해져야 한다. 이제 예수님을 진리 안에서 그대로 볼 수 있다. 마음이 완고하고 앞을 제대로 보지 못하여, 예수님의 정체성을 알기 어려웠던 제자들도 이제는 부활하신 그분의 참된 모습을 보게 되리라는 예수님의 약속을 깨닫게 된다. 그분은 목자로서 갈릴래아에 당신의 제자들보다 먼저 가신다. 무덤에 있던 젊은이의 마지막 말은 마르코의 신앙과 희망에 관한 것으로 표현된다. "여러분에게 말씀하신 대로, 그분을 거기에서 보게 될 것입니다." 이렇게 복음은 16장 8절로 끝난다.

그러나 일부 다른 저자들은 복음이 이렇게 끝나서는 안 되며, 마르코의 마지막 부분을 잃어버렸을지도 모른다고 판단했다. 그래서 다양한 최종 부분이 추가되었다. '긴 최종'이라고 불리는 것은 사실 '추가된 결말의 전망'(마르 16,9-20)이다. 그러므로 마르코에 따른 복음 구조에는 포함되지 않지만, 그것은 정경이며 교회에서 영감을 받은 것으로 받아들인다.

이제 마르코의 신학적이고 영성적인 천재성을 아주 잘 볼 수 있겠다. 분명히 우리는 복음의 위대한 주제들을 가볍게 다루었을 뿐, 하느님의 종과 예수님의 다른 명칭 같은 주제들을 모두 언급하지는 않았다. 그러나 몇몇 주제들은 **명확해야 한다.** 즉, 마르코는 하느님의 아드님, 메시아와 사람의 아들로서 예수님의 정체성을 다룬다. 이 복음은 예수님의 죽음과 부활의 끝을 가리킨다. 그분의 제자들 중 마음이 완고하고 눈이 먼 사람들이 있을지라도, 복음은 부활을 믿는 눈으로 이방인의 땅에서 예수님을 볼 수 있다는 희망을 우리에게 남겨 준다.

차례

서문	5
1. 영성	8
2. 복음의 역사적 진리에 관한 가르침	12
3. 신약 성경의 하느님(θεός)	15
1) 하느님 이름의 대체	18
4. 마르코 복음. 갈라 1,6-9	23
5. 문학적 구조	26
1) 셈족 포괄	26
2) 마르코 복음의 구조	28
3) 주요 주제들	32

제1장 우리가 따르는 그분은 누구인가?
마르코 복음에서 나타나는 예수님의 정체성

1. 예수님, 하느님의 아드님	50
1) "하느님의 아드님 예수 그리스도의 복음의 시작"(마르 1,1)	50
2) 말라키와 이사야의 인용(마르 1,2-3)	54

3) "너는 내가 사랑하는 아들, 내 마음에 드는 아들이다."(마르 1,9-11)   **56**
     (1) 하느님께 '아버지'라고 청원하시는 예수님의 기도   **60**
     (2) "아빠ἀββα"   **62**
   4) "하느님 한 분 외에 누가 죄를 용서할 수 있단 말인가?"(마르 2,7)   **68**
   5) "그들이 신랑을 빼앗길 날이 올 것이다."(마르 2,19-20)   **70**
   6) "사람의 아들은 안식일의 주인이다."(마르 2,28)   **70**
   7) "바람과 호수(바다)까지 그분에게 복종한다."(마르 4,41)   **72**
   8) "소녀야, 일어나라!"(마르 5,21-43) 야이로의 딸, '샌드위치 구조'   **76**
   9) 오천 명을 먹이시다(마르 6,34-44)   **78**
   10) "물 위를 걸으시어 그들에게 다가오시다."(마르 6,45-52)   **82**
     (1) "나다."(ἐγώ εἰμι)   **87**
     (2) 예수님 말씀에서 나온 "나다"(마르 6,50; 13,6; 14,62)   **90**
   11) "오직 하나의 빵"(마르 8,14)   **95**
     (1) 역사적 의도와 비교되는 신학적 의도   **95**
     (2) "너희는 아직도 깨닫지 못했다."(마르 8,21)   **96**

2. 예수님, 메시아   **100**
   1) 너는 메시아(그리스도)이다(마르 8,27-30)   **103**

3. 예수님, 사람의 아들 ... 106

4. 주님의 종, 고난받는 종인 예수님 ... 109
   1) "넘겨질 것이다" — 파라디도나이 PARADIDÓNAI 동사 ... 112
   2) "많은 이"(RABBÎM, πολλοί) ... 114
   3) 종의 무고함 ... 116
   4) "무법자 중 하나로 헤아려진" 종 ... 117
   5) 종의 침묵 ... 118
   6) 종의 무덤 ... 119
   7) 종의 찬양 ... 120

5. 요약 — 우리가 따르는 분은 누구인가? ... 122

제2장 우리는 어떤 길에서 하느님의 아드님, 예수 그리스도를 따르는가?

1. "나를 따라오너라."(마르 1,17), "나를 따라라."(마르 2,14) ... 127
   1) 엘리사와 부자의 예 ... 132

2. 하느님의 뜻을 실현하는 것 ... 135
   1) 사막에서의 유혹. 기도 ... 135
   2) 예수님의 참제자는 그분의 진정한 가족이다(마르 3,33-35) ... 139
   3) "내게서 물러가라. 너는 하느님의 일은 생각하지 않는다."(마르 8,33) ... 146

(1) 성경에 따르면 — δεῖ, μέλλειν　　146
　　(2) 베드로의 고백　　148
　　(3) "내게서 물러가라"Ὕπαγε ὀπίσω μου"
　　　　"내 뒤를 따르려면ὀπίσω μου ἀκολουθεῖν"(마르 8,33-34)　　150
　　(4) 세 번째 공식적인 예고의 서문　　152
　　(5) 예수님께서 오신 목적　　153
　　(6) 겟세마니(마르 14,32-41)　　154

3. 요약 — 마르코 복음에서 나타난 예수님의 길　　159

제3장　어떻게 예수 그리스도를 따라야 하는가?

1. 하느님 나라. 회개　　164

2. 예수님께서 부르신 사람들, 예수님과 함께한 사람들　　167
　1) 세리들과 죄인들　　170
　2) 유다인과 이방인　　179
　　(1) 첫 번째 빵을 많게 하는 기적. 유다인을 위한 빵(마르 6,34-44)　　179
　　(2) 시리아 페니키아 여인(마르 7,24-30)　　180
　　(3) 두 번째 빵의 기적. 이방인들을 위한 빵(마르 8,1-10)　　182
　3) "그분과 함께 있다."(마르 3,14)　　184

3. 예수님에 대한 반대가 커짐 … 189
1) 희망 … 193
(1) 비유(마르 4,1-34) … 193
(2) "왜 겁을 내느냐? 아직도 믿음이 없느냐?"(마르 4,40) … 198

4. 제자에 대한 예수님의 가르침 … 203
1) 죽음과 부활에 대한 첫 번째 공식적인 예고와 가르침(마르 8,31-38) … 203
(1) "자신을 버리고 — 제 십자가를 져라."(마르 8,34) … 205
(2) 예수님의 삶의 원칙 … 209
2) 죽음과 부활에 대한 두 번째 공식적인 예고와 가르침(마르 9,30-37) … 215
3) 죽음과 부활에 대한 세 번째 공식적인 예고와 가르침(마르 10,32-45) … 223
4) 제자에 대한 다른 가르침들 … 226
(1) 내적 태도 … 226
(2) 무화과나무의 저주와 성전 정화(마르 11,11-26) … 233
(3) 하느님 사랑과 이웃 사랑(마르 12,28-34) … 239
(4) 가난하지만 관대한 과부(마르 12,41-44) … 245

5. 예수님의 수난과 죽음과 부활 … 248
1) 예수님의 죽음에 관한 마르코의 신학적 전망 … 249
2) 예수님 시대 유다인의 하루 시간 … 251
3) 마르코가 계획한 수난 시간 … 252
(1) 전례적 윤곽 … 255
4) "어두워졌다."(마르 15,33) … 257
(1) 이집트의 아홉 번째 재앙(탈출 10,21-23) … 259
5) "저의 하느님, 저의 하느님"(마르 15,34) … 262

6) EXÉPNEUSEN — 예수님의 죽음 265
7) 성전의 휘장 267
   (1) 거룩함, 분리, 성전 268
   (2) 지성소τὸ ἅγιον τῶν ἁγίων. 속죄판τὸ ἱλαστήριον 273
   (3) 속죄의 날 YÔM KIPPURÎM(레위 16,1-34) 275
   (4) "휘장이 찢어졌다."(마르 15,38) 277
   (5) 신약 성경의 이와 비슷한 가르침들 280
8) "참으로 이 사람은 하느님의 아드님이셨다."(마르 15,39) 283
9) 돌, 마리아 막달레나와 다른 여인들 287
10) "나자렛 사람 예수님을 찾고 있지만
    — 그분은 되살아나셨다!"(마르 16,1-8) 289

제1장

우리가 따르는 그분은 누구인가?

마르코 복음에서 나타나는
예수님의 정체성

마르코 복음에서 가장 중요한 질문은 '예수님께서는 누구신가'일 것이다. 이 질문은 다양한 형태로 드러난다. 제자들은 예수님께서 폭풍을 잠재우시자, 이렇게 질문한다. "도대체 이분이 누구시기에 바람과 호수까지 복종하는가?"(마르 4,41) 예수님께서는 스스로 당신의 제자들에게 물어보신다. "사람들이 나를 누구라고 하느냐?"(마르 8,27) 그들의 대답을 들으신 후 개인적으로 다시 질문하신다. "그러면 너희는 나를 누구라고 하느냐?"(마르 8,29) 최고 의회 앞에서 대사제는 예수님께 질문한다. "당신이 찬양받으실 분의 아들 메시아요?"(마르 14,61) 빌라도도 그분에게 질문한다. "당신이 유다인들의 임금이오?"(마르 15,2)

"그러면 그분은 누구시냐?"라는 질문에 대한 답은 다양하다. 요한 세례자는 '나보다 더 강한 분' 혹은 '능력 있는 분'(마르 1,7)이라고 말한다. 사람들은 예수님을 "세례자 요한, 엘리야, 옛 예언자들과 같은 예언자."(마르 6,14-15)라고 답한다. 일반적으로 사람들은 예수님을 "스승님"(마르 4,38; 5,35)이라 불렀고 당신 자신을 이러한 칭호로 드러내셨다(마르 14,14). 때때로 "랍비"(스승님, 선생님, 마르 9,5; 11,21; 14,45), 더 높은 형태로 "라뿌니"(스승님, 마르 10,51), "다윗의 자손"(마르 10,47.48), 그리고 "주님kyrie"이라고 불렸지만, 후자는 여기서 신성한 의미가 아닌 명예적 칭호(마르 7,28; 11,3, 예수님께서 당신 스스로 주님이라고 칭함)로만 사용된 것 같다. 예수님과 동시대에 살던 사람들은 그분을 "목수"나 "마리아의 아들"(마르 6,3)이라고 불렀다. "나자렛 사람"(마르 1,24; 10,47; 14,67; 16,6)으로 알려져 있으며, 삶의 마지막에는 "유다인들의 임금"(마르 15,26)으로, 십자가 아래에서 조롱받는 "이스라엘의 임금"(마르 15,32)으로도 알려졌다.

예수님의 정체성을 아는 데 더 중요한 것은 하늘에서 들려온 음성이다. "너는 내가 사랑하는 아들, 내 마음에 드는 아들이다."(마르 1,11) 변모하신 산 구름 속에서 다시 "이는 내가 사랑하는 아들이니 너희는 그의 말을 들어라."(마르 9,7)라는 하느님의 음성이 들려온다. **예수님의 정체성과 하느님과의 관계는 여기에서 하느님 자신에 의해 절대적인 방식으로 밝혀진다.** 더러운 영 혹은 마귀는 그분이 누구인지 알은체한다. "저는 당신이 누구신지 압니다. 당신은 하느님의 거룩하신 분이십니다."(마르 1,24), "당신은 하느님의 아드님이십니다."(마르 3,11), "지극히 높으신 하느님의 아들 예수님."(마르 5,7)

확실히 이러한 마귀의 말은 그들의 신앙을 증언하는 것이 아니지만, 예수님의 정체성이라는 근본적인 주제의 맥락에서 울려 퍼진다. 베드로는 두 가지 형식으로 응답한다. "스승님은 그리스도이십니다."(마르 8,29)와 불행히도 "나는 당신들이 말하는 그 사람을 알지 못하오."(마르 14,71)이다. **예수님께서는 자신을 다양한 칭호로 부르신다.** "사람의 아들"(마르 2,10.28; 8,31.38; 9,9.12.31; 10,33.45; 13,26; 14,21.41.62)이라는 칭호를 가장 선호하신 듯하지만, "신랑"(마르 2,19), "목자"(마르 14,27), 그리고 참으로 절대적인 형태인 "아들"(마르 13,32)로도 언급하신다. 그리고 아마도 마르코는 예수님께서 신성한 의미를 담은 "주님ho kyrios"이라고 당신 자신을 언급하기를 원했을 것이다. 그런데 마르코 복음에서 예수님만이 구약 성경의 야훼Jahveh, 즉 "나다."(마르 6,50; 13,6; 14,62)라는 이름을 당신의 입술에 올리셨다는 사실이 중요하다. 마르코에서 나타난 예수님의 정체성을 밝히려는 이러한 모든 시도는 제자들의 질문에 다양한 방식으로 응답한다.

"그러면 그분은 누구시냐?"

베드로가 복음 서두에 말한 것은 사실이다. "모두 스승님을 찾고 있습니다."(마르 1,37) 복음의 끝에 우리는 같은 것을 듣는다. '너희는 십자가에 못 박히신 나자렛 사람 예수님을 찾고 있다.'(마르 16,6) 마르코는 모든 독자들이 백인대장처럼 고백하길 바란다.

"참으로 이 사람은 하느님의 아드님이셨다."(마르 15,39)

1. 예수님, 하느님의 아드님

1) "하느님의 아드님 예수 그리스도의 복음의 시작"(마르 1,1)

"그러면 너희는 나를 누구라고 하느냐?"라는 예수님의 질문에 마르코는 어떻게 대답하는가. 마르코는 복음 첫 구절에서 예수님을 "그리스도"와 "하느님의 아드님"이라고 답한다. 이것은 확실히 마르코의 대답이다. 그러나 이것으로는 충분하지 않다. 두 번째 질문이 있기 때문이다. "이러한 칭호는 무엇을 의미하는가?"

그리스토스(Χριστός, Christós), "그리스도"는 "기름부음받은 이"를 의미한다. 즉, 이스라엘이 기다려 온 "메시아Mashiach"다. 구약 성경에서 **기름부음받는 것은 축성 예식이었다**. 사제에게 기름을 부었다(탈출 28,41). 예언자(1열왕 19,16), 이스라엘과 유다의 임금들(1사무 10,1-9; 16,1-13)이 사제에게 기름부음받았다. 이러한 예식의 목적은 두 가지였다. 먼저, 이 사람들이 특별한 역할을 하도록 하느님에 의해 선별된 사람들이라고 표시하는 것이다. 다음으로는 그들이 자신의 역할을 수행할 수 있도록 하느님의 영을 받는다. 다윗은 "야훼의 메시아" 혹은 그리스어로 "주님의 그리스도"('70인역', 2열왕 19,21), 즉 "주님의 기름부음받은 이"(2사무 19,22)라고 불렸으며, "메시아", "그리스도"라고 불릴 후손을 기대했다(1사무 2,10; 시편 2,2; 20[19],7). 민족들은 모두 다윗의 아들, 주님의 메시아를 기대하고 희망했다. 그분은 힘 있는 왕이시고, 로마인을 추방하고 정치적이고 세속적인 새로운 다윗 왕국을 건설할 구원자일 것이다. 마르코가 자신의 복음 첫 구절에서 말하고자 한 것은 이것일 것이다. 예수님께서는 민족들이 그토록 기다려 온 메시아인가?

'하느님의 아드님'(υἱὸς θεοῦ, huiòs theoû)이란 칭호는 무엇을 의미하는가? 구약 성경에서 천사 혹은 하늘의 존재는 "하느님의 아들들"(창세 6,2; 욥 1,6)이라 불렀다. 이스라엘 백성은 하느님의 아들(탈출 4,22; 호세 11,1)이며, **다윗의 후손도 하느님의 아들**(2사무 7,14; 시편 2,7)이다. 이방인들, 그리스도 시대 그리스 사람과 로마 사람, 위대한 영웅들은 그들의 신화에 따라 "하느님의 아들들"이라 간주되었다. 이것은 마르코가 첫 구절에서 말했듯이 예수님께서 다른 모든 사람들과 마찬가지로 하느님의 아드님이라는 것을 의미하는가? "그리스도(메시아)"라는 칭호와 같이 "하느님의 아드님"이라는 칭호는 여전히 모호하다. 그러므로 우리는 복음의 나머지 부분에서 예수님께 적용된 칭호들이 마르코에게 어떤 의미가 있는지 연구할 필요가 있다.

마르코는 '70인역' 성경의 첫 단어인 '한처음에En arché'를 떠올리게 하는 "처음Arché"(혹은 시작)이라는 말로 복음을 시작한다. 이것은 기쁜 소식의 시작이다. 마르코는 자신의 글에서 그리스어 "좋은eu"과 "소식angélion"(천사/전달자가 전한 소식)에서 적절하게 "복음evangelo" 혹은 "복음il vangelo"이라는 제목을 붙인 신약 성경의 유일한 저자다. 그것은 책을 의미하는 것이 아니라, 바오로가 말했듯 예수님의 "기쁜 소식" 혹은 예수님의 "좋은 소식"을 의미한다(갈라 1,7; 필리 1,27). 그리고 "**예수 그리스도의 복음**"이라는 제목의 소유격은 무엇을 의미하는가? 의미가 객관적 소유격이나 주관적 소유격으로 제한된다면 문장의 풍부함이 사라진다. 제르빅M. Zerwick이 언급한 것처럼 '일반적인' 소유격으로 해석하는 것이 좋다.

따라서 바오로가 "그리스도의 복음εὐαγγελιον τοῦ Χριστοῦ"이라는 표현을 사용할 때에도 이 소유격은 객관적이거나 주관적으로 분류되어서는 안 된다. 그 이상이기 때문이다. 다음의 서너 가지의 생각 중 어느 것도 표현의 완전한 의미에서 제외될 수 없다. "그리스도의 복음"이라는 표현을 사용한 이유는 이렇다. (1) 그리스도께서 가져오시고 처음으로 선포하신 기쁜 소식이다(주관적 소유격). (2) 그리스도에 관한 기쁜 소식이다. (3) 그리스도 안에서(ἐν Χριστῷ, in Cristo) 사도들에 의해 선포된 기쁜 소식이다. 그리스도의 위임과 설교자와 청중 모두에게 역사하시는 그리스도의 임재와 도움으로 전파된 좋은 소식이다.

마르코는 곧바로 예수님을 메시아와 하느님의 아드님으로 동일시한다. 14절에서 "하느님의 복음tò euangélion toû theoû"을 언급하는데 이것은 다시 '하느님에 관한 기쁜 소식'과 '하느님에게서 오는 기쁜 소식'을 의미하는 일반 소유격이다. 사실, 예수님께서는 하느님 나라의 도래를 선포하시고 "복음을 믿어라." 하고 말씀하신다. 여기서 "복음"은 예수님께서 선포하신 하느님 나라가 온다는 기쁜 소식을 의미한다.

그래서 마르코의 글을 '마르코의 복음'이라고 말하는 것은 옳지 않다. 오히려 '마르코에 따른 복음', 즉 '마르코에 따른 예수님의 복음'이라고 말해야 한다. 이것은 다른 복음들도 같다.

마르코에 따르면, 복음은 기쁜 소식들을 선포하기에 기뻐해야 할 이유가 된다. 우리는 이것을 제2이사야의 위로의 책의 첫 장에서 본다(이사 40,9-11).

높은 산에 올라가서 기쁜 소식을 시온에 전하여라. 예루살렘에 기쁜 소식을 전하는 전달자가 되어 힘껏 소리를 높여라. 목소리를 높이되, 두려워하지 마라! 유다 도시에 말하여라. '여기 여러분의 하느님이 계시다.' 보라, 주님Jahveh은 권능으로 오시고, 당신 팔로 다스리신다. 목자처럼 그분은 양 떼를 먹이고 당신 팔로 모으신다. 그분은 어린양을 가슴에 안고 천천히 어미 양을 인도하신다(이사 52,7-10; 61,1-3 참조).

"예수"라는 이름조차 기쁨의 동기가 된다. "예수"라는 이름은 여호수아Yᵉhôshúʻa에서 후에 축약된 형태인 아람어와 히브리어(예수아, Yeshûʻa)에서 파생된 그리스어 Ἰησοῦς와 라틴어 예수Jesus에 해당된다. 하느님의 이름, 야훼(Yahweh, Jahveh)의 축약형을 사용하는데, "Yah는 구원" 혹은 "Yah는 구원하다"를 의미한다. 이것은 알렐루야(hallʻlû-Yah), "야훼Yah(weh)를 찬미하라", "주님을 찬미하라"와 같다. 성경에서 여호수아/예수(Giosuè/Gesù)라는 이름이 처음으로 발견된 것은, 이집트를 탈출한 후 이스라엘의 주요 전투에서 모세가 아말렉을 물리치기 위해 여호수아/예수를 앞세운 탈출기다(탈출 17,8-16). 그래서 여호수아/예수는 백성의 구원을 위한 도구다. 이스라엘을 약속의 땅으로 이끌 때, 백성에게 최종 해방 혹은 구원을 가져다준 이는 모세가 아니라, 여호수아/예수다(여호 1,2.6; 3,1—4,24). **마르코는 이 이름을 언급하지 않지만, 복음에서 예수님께서 "구원"이심은 분명하다.**

2) 말라키와 이사야의 인용(마르 1,2-3)

마르코는 '이사야 예언자의 글에 기록된 대로'라고 곧바로 적는다. 사실, 그는 서로 다른 예언서의 두 본문을 여기에 모았다. 먼저 말라 3,1을 인용하면서, 말라키가 언급한 메신저가 엘리야 예언자임을 알린다(말라 3,23-24[4,5-6]). 마르코는 요한 세례자를 주님의 길을 준비하는 엘리야라고 표현하고 싶어 한다. 마르 1,6은 요한이 구약 성경에서 "허리에는 가죽띠를 두른"(2열왕 1,8) 엘리야처럼 옷을 입은 것을 묘사한다. 말라키서에서 가져온 구절을 이렇게 인용한 후, 마르코는 '70인역' 버전의 이사 40,3을 인용하면서 주님의 길을 준비해야 한다고 다시 말한다.

주목해야 하는 것은 마르코가 예언서의 텍스트를 바꾸는 방법이다. 말라 3,1에서 말씀하시는 분은 "야훼"시다. "보라, 내가 나의 사자를 보내니 그가 **내 얼굴 앞에서**(내 앞에서) 길을 닦으리라(epiblépsetai, 정리하다)." 반면에, 마르 1,2은 "보라, 내가 **네 얼굴 앞에**(네 앞에서) 내 사자를 보내니 그가 너의 길을 닦아 놓으리라kataskeuàsei."라고 적혀 있다. "얼굴"이라는 말은 인격 그 자체다. 그래서 마르코는 "내 얼굴 앞에"라는 구절을 **"예수님에 앞서"**(7-11 참조)로 바꾼다.

이사 40,3에서 비슷한 내용을 읽을 수 있다. "한 소리가 외친다. '너희는 광야에 주님의 길을 닦아라(etoimásate, appronate). 우리 하느님을 위하여 사막에 길을 곧게 내어라.'" 마르코는 마지막 말을 제외하고 바르게 이 구절을 인용한 뒤 **"그분의 길"**이라고 말하고 다시 예수님을 언급한다.

그러면 마르코는 무엇을 했는가? 그는 야훼, 하느님께서 당신 자신을 언급하는 성경의 두 구절을 취했으며, 이 구절들을 지금 예수님을 언급하는 형태로 바꾸어 버렸다. 성경은 하느님의 길을 닦는 것을 언급하고 마르코는 예수님의 길을 닦는 것을 언급한다. 마르코는 예수님께서 '야훼' 하느님이시다, 라고 말하지 않고 예수님께서는 신이시다, 라고도 말하지 않는다. 그러나 여기서 문제가 생긴다. "어떻게 평범한 사람을 그렇게 말할 수 있는가?" 예수님께서 어떤 식으로든 하느님과 동등하지 않다면 신성 모독에 가깝다. 예수님께서는 하느님의 아드님이시라고 막 작성했다. 애매한 상태로 남아 있는 이러한 칭호에 내용을 채워 넣기 시작한다. 마르코는 여기서 예수님의 신성을 암시한다. 적어도 예수님께서는 다른 모든 유다인들과 같은 하느님의 아드님이 아니시다.

마르코가 이 칭호 바로 뒤에 구약 성경을 인용했다는 사실은 이 예수 그리스도, 하느님의 아드님을 구약 성경을 언급하지 않고는 이해할 수 없다는 증거다. 좀 더 이야기를 하자면, 마르코는 예수님에 관해서 언급하지 않는다면 구약 성경을 이해할 수 없다고 이야기하고 싶었다. 이러한 작은 언급에서 마르코는 예수님의 정체성 문제를 우리의 중심에 가져다 놓았다. 그리고 예수님에 관한 기쁜 소식을 언급하기 위해, 직접 인용뿐 아니라 자주 암시적으로 구약 성경을 계속 사용할 것이다. 그래서 마르코의 신학적 의도를 밝히기 위해 일반적으로 구약 성경을 다시 살펴볼 필요가 있다.

3) "너는 내가 사랑하는 아들, 내 마음에 드는 아들이다."(마르 1,9-11)

마르코 복음에서 예수님의 정체성에 관한 중요한 증거는 의심할 여지 없이 이것이다. 예수님께서 세례를 받으시는 것과 변모하시는 사건에서 하느

님께서 자신을 증명한 것이다. 마르 1,7-8에서 요한 세례자가 증언한 이후, 마르코는 다음과 같이 쓴다.

> 그 무렵에 예수님께서 갈릴래아 나자렛에서 오시어, 요르단에서 요한에게 세례를 받으셨다. 그리고 물에서 올라오신 예수님께서는 곧 하늘이 갈라지며 성령께서 비둘기처럼 당신께 내려오시는 것을 보셨다. 이어 하늘에서 소리가 들려왔다. "너는 내가 사랑하는 아들, 내 마음에 드는 아들이다."(마르 1,9-11)

예수님의 변모 사건을 읽어 보자.

> 구름이 일어 그들을 덮더니 그 구름 속에서, "이는 내가 사랑하는 아들이니 너희는 그의 말을 들어라." 하는 소리가 났다(마르 9,7).

이것이 하느님의 음성임은 의심의 여지가 없다. "하늘"과 "구름"이라는 어휘의 사용은 이미 우리가 본 것처럼, 하느님을 경건하게 언급하는 방식이다. '소리가 구름과 하늘에서 났다'는 '하느님의 소리가 들렸다'는 것을 의미한다.

세례에서 하느님께서는 명백하게 당신의 아들로서 예수님을 인식한다. 그러나 이 장면에는 더 많은 것이 있다. 마르코가 말하고자 하는 모든 것을 이해하기 위해서, 구약 성경을 새롭게 볼 필요가 있다. 세례 때 하느님의 음성은 이사 42,1-4의 하느님 소리와 유사한 어휘를 사용한다. 사실, 거의 인용했다고 말할 수 있다.

여기에 나의 종이 있다. 그는 내가 붙들어 주는 이, 내가 **선택한** 이, 내 마음에 드는 이다. 내가 그에게 나의 영을 주었으니 그는 민족들에게 공정을 펴리라. 그는 외치지도 않고 목소리를 높이지도 않으며 그 소리가 거리에서 들리게 하지도 않으리라. 그는 부러진 갈대를 꺾지 않고 꺼져 가는 심지를 끄지 않으리라. 그는 성실하게 공정을 펴리라. 그는 지치지 않고 기가 꺾이는 일 없이 마침내 세상에 공정을 세우리니 섬들도 그의 가르침을 고대하리라(이사 42,1-4).

이것은 보통 '주님의 종의 노래'라고 불린 네 노래(이사 42,1-4[5-9]; 49,1-6[7-13]; 50,4-9[10-11]; 52,13—53,12) **중 첫째 노래**다. 구약에서 또 다른 구절들(시편 2,7; 창세 22,2)이 있다. 이것들은 예수님의 세례 때 하느님 말씀의 근원 혹은 영감으로서 여러 저자들에 의해 인용된다. 비록 어휘들이 비슷할지라도, 그것들의 배경은 세례의 배경과는 전혀 다르다. 반면에 첫 번째 주님의 종의 노래의 배경은 이사야서의 이 구절이 참된 출처임을 보여 준다.

1. 하느님 사명을 받은 종의 생애가 시작되고 예수님의 공생활 혹은 공적 삶이 시작된다.

2. 하느님께서는 종 위에 성령을 내리시고, 성령께서는 예수님 위에 내리신다.
3. 하느님께서는 이러한 형상이 당신의 "종"이라 선언하고, 예수님을 당신의 "아들"이라고 선언한다.

마태오는 다른 배경에서 이사야서의 이 구절을 인용하고 다음과 같이 번역한다. "보아라, 내가 선택한 나의 종 내가 사랑하는 이, 내 마음에 드는 이다."(마태 12,18) 여기서 "내 마음에 드는"으로 번역된 히브리어 "b^{e}chîrî"는 '70인역'에서처럼 "내가 선택한"이라고도 번역될 수 있다. 루카 복음을 보면 예수님의 변모 사건에서 하느님께서는 "이는 내가 선택한 아들이니 너희는 그의 말을 들어라."(루카 9,35)라고 선언했다. 히브리어('ebed)를 번역하기 위해 마태오 복음과 '70인역'에서 사용된 그리스어 παῖζ(pais)는 "종", "소년", "아들"을 의미한다. 이 모든 본문은 이사 42,1-4의 본문의 변형임을 알 수 있다(마르 9,7; 마태 3,17; 17,5; 루카 3,22; 2베드 1,17 이것들도 같다). 요한 복음에도 유사한 어휘가 있다. 요한 세례자는 "보라, 하느님의 어린양이시다."라고 말하고 그리스어 "amnòs"를 사용한다. 즉, 이것은 아람어 "talyah"의 번역일 가능성이 있다. 이는 "어린양", 혹은 "어린이", 혹은 "종"(여성 형태의 '탈리타 쿰! 소녀야, 일어나라!', 마르 5,41 참조)을 의미한다. 그래서 요한 1,29에서 예수님께서는 야훼의 종과 어린양으로 표현되었다(이사 53,7 참조).

마르코 복음에서 세례 때 들려오는 하느님의 소리는 예수님께서 당신의 아들이고 동시에 이사야서의 종과 비슷한 사명을 가진 당신의 종임을 선언한 것이다. 세례는 그분 위에 성령께서 내려오심으로 예수님 사명에 대한 축복이고 하느님의 종으로서 예수님께 맡겨진 역할을 암시하는 것이다. 그러나 마르코는 그분께서 단순히 종이 아니라 하느님의 아드님이라고 선언하면서, 하느님과 예수님과의 관계를 명확히 했다. 이렇게 마르코는 예수님의 정체성과 그분의 권위를 정착하기 시작하였다.

(1) 하느님께 '아버지'라고 청원하시는 예수님의 기도

예수님과 하느님은 어떤 관계인가? 예수님께서는 어떻게 기도하셨는가? 복음에서 특별한 상황이 존재한다. 예수님께서 하느님께 하시는 여섯 번의 기도에서 열세 번 혹은 열네 번 정도 "아버지"라고 청원하시는 것을 들을 특권이 있다.

1. 환호의 기도, 마태 11,25-26(루카 10,21과 병행)
2. 라자로의 무덤에서 하는 기도, 요한 11,41
3. 그리스인들이 예수님 오시기를 바라는 기도, 요한 12,28
4. 사제의 기도, 요한 17,1.5.11.21.24.25
5. 겟세마니에서의 기도, 마르 14,36(마태 26,39; 루카 22,42과 대비); 마태 26,42
6. 십자가 위에서의 기도, 루카 23,46(그리고 루카 23,34 참조)

이러한 기도에서, 복음사가들은 "아버지"라는 청원의 세 가지 형태를 그리스어로 사용한다. πάτερ(páter, 마태 11,25; 루카 22,42; 23,[34].46; 요한 11,41; 12,27.28; 17,1.5.11.21.24.25), πάτερ μου(páter mou, '나의 아버지 Padre mio', 마태 26,39.42), 그리고 ὁ πατήρ(ho patêr, 마르 14,36; 마태 11,26). 이러한 기도 외에도 예수님께서는 습관적으로 하느님을 자주 "아버지"라고 부르신다. 그러나 그리스어는 예수님의 언어가 아니었다.

그분은 그리스어가 아닌 아람어로 기도하셨다. 예수님께서는 어떻게 당신의 언어로 하느님께 청원했는가? 이 질문에 바로 답할 수 있는 유일한 텍스트가 있다. 즉, 마르코가 보전保全한 "아빠Abbà"라고 부른, 예수님께서 겟세마니에서 하신 기도다. 그러나 예수님의 이러한 기도는 오직 예수님과 하느님 사이에서 온전히 사적으로 이루어졌다. 증인은 아무도 없다. 마르코는 마치 그 자리에 있었고 예수님의 마음을 읽거나 들을 수 있다는 듯 그분의 언어인 아람어를 인용했다. 어떻게 그럴 수 있었을까? 확실히 마르코는 겟세마니의 기도를 보전했던 초기 그리스도교 전통에서 이 모든 것을 알았고, 예수님의 기도 방식이라는 보물에서 "아빠abbà"라는 어휘를 발견했다. 바오로는 아드님의 영, 자녀의 영을 받은 갈라티아인들과 로마인들에게 서간을 쓸 때 이러한 전통을 확인하고, 하느님의 자녀들인 우리도 "아빠abbà"라고 외칠 수 있다(갈라 4,6과 로마 8,15 참조)고 고백한다.

(2) "아빠ἀββα"

예수님께서는 당신의 아버지와 어떤 관계를 맺었는지 알게 되셨다. "나의 아버지께서는 모든 것을 나에게 넘겨주셨다. 그래서 아버지 외에는 아무도 아들을 알지 못한다. 또 아들 외에는, 그리고 그가 아버지를 드러내 보여 주려는 사람 외에는 아무도 아버지를 알지 못한다."(마태 11,27; 루카 10,22와 병행) 이 확언 이후 예수님께서 하느님을 아버지páter 혹은 아버지ho patêr로 부르는 환희의 기도가 나온다. 마태오와 루카에 따르면, 예수님께서는 여기서 영원하신 아버지와 그분과의 인격적 관계를 특별히 이야기한다. 이 확언은 단순히 아버지와 자녀의 상호 인식에 관한 일반적인 말이 아니다.

예수님께서는 여기서 당신의 아버지에게 가지고 있는 예외적이며 상호적인 인식뿐만 아니라 아버지에게서 드러나길 바라는 권위와 권리도 확신하신다. 당신의 아버지를 제자들에게 보여 주고, 아버지와 밀접한 관계를 맺었음을 드러내신다. 그분을 드러내는 방법은 단순한 아빠abbà라는 어휘다. 이 단어는 신약 성경의 매우 심오한 신학적 확언 중 하나다.

이 단어는 우리와 하느님이 맺는 새로운 관계를 예수님을 통해 다른 어떤 것보다도 확연히 드러내 준다. 예수님께서 사용하신 동일한 어휘인 아빠'abbā'는 신약 성경에서 세 번 등장한다.

1. 예수님의 입에서(마르 14,36)

2. 우리 마음 안에서 외치심(갈라 4,6)

3. 기도하는 그리스도교인의 외침에서(로마 8,15)

겟세마니에서 기도하는 동안 예수님의 입에서 그것을 듣는다.

"아빠! 아버지! 아버지께서는 무엇이든 하실 수 있으시니, 이 잔을 저에게서 거두어 주십시오. 그러나 제가 원하는 것을 하지 마시고 아버지께서 원하시는 것을 하십시오."(마르 14,36)

특별히 마르코는 이 단어를 번역하고 "ἀββα ὁ πατήρ(Abba ho patêr)", "Abbà — Padre!"라고 말한다. 우리는 이 구절을 읽고 듣는 데 너무 익숙해서 그 독특하고 놀라운 특성을 거의 알아차리지 못하고 생각하지도 않는다. 그러나 예수님께서 기도 중에 하느님을 "아빠"라고 부르신 것은 매우 놀라운 일이다. 마르코 복음과 마태오 복음의 그분은 십자가의 최후 기도를 할 때 시편 22[21],2을 인용하면서 "저의 하느님, 저의 하느님, 어찌하여 저를 버리셨습니까?"(마르 15,34; 마태 27,46)라고 부르짖을 때를 제외하고는 항상 이렇게 기도하셨다. 기도에서 하느님을 "아빠"라고 부르신 예수님의 습관은 매우 의미가 있다. 구약 성경과 고대 팔레스티나의 유다이즘 기도에서는 '저의 아버지'라고 부른 적이 없기 때문이다.

여전히 더욱 의미 있고 독특한 것은 예수님께서 하느님을 부르기 위해 사용되었던 어휘가 아람어의 일반적인 단어인 "아빠ʻabbà"
라는 것이다. 예레미아스는 다음과 같이 적는다.

> 하느님을 아빠Abbà라는 단어로 칭하는 일이 유다인의 기도에서는 없다. 그뿐 아니라 전례에서 행해진 기도와 탈무드의 수많은 구절에서 전해지는 자유 기도에서도 전혀 발견되지 않는다고 확신한다.
> 그러므로 우리는 가장 중요한 사실에 직면해 있다. 유다인의 기도는 하느님을 부를 때 "아빠"라는 단어를 사용하길 완전히 무시하는 반면, 예수님께서는 언제나 아버지께 이러한 방식으로 말씀하셨다(십자가 위에서 기도하실 때를 제외하고). 그러므로 아빠Abbà라는 단어를 사용함으로써 예수님의 음성을 감지할 수 있음이 분명하다.

그래서 예레미아스는 "아빠Abbà"라는 말이 "예수님의 음성", "예수님의 진정한 말"임을 확인한다. 즉 우리는 그 말을 예수님께서 직접 사용하셨음을 인식하게 된다. 우리가 주목한 것처럼, 이 말은 하느님께 청원하는 것으로 고대 유다이즘의 기도, 전례 기도, 비공식적 기도에서도 절대로 찾을 수 없다. 그 이유는 이 단어의 사용과 기원에 있다. 그 기원은 아기의 최초 발음에 있다고 볼 수 있다. 예레미아스는 교부들, 요한 크리소스토모, 몹수에스티아의 테오도루스, 안티오키아 출신의 키로스 테오도레투스 등이 살았던 곳에서 사람들은 아마도 시리아에서 온 보모의 지도를 받으며 부유한 가정에서 자라 아람어의 서부 시리아 방언을 사용했을 것이라고 한다. 교부들은 어린 시절의 아이들이 일반적으로 아버지를 아빠'abbā'라고 불렀다고 언급한다. 특별히 예레미아스는 탈무드를 인용한다.

"아기가 밀의 맛을 보기 위해서(유아일 때)만 아빠'abbā'와 엄마'immā'라는 말을 배운다." (즉 이것은 그 아기가 더듬거리며 내는 최초의 소리다.)

원래 'abbā'는 유아기의 중요한 형태다. 어형의 변화가 없고, 소유 접미사를 사용하지 않는다.

특별히 "아빠"라는 단어는 어린아이만 사용할 수 있는 것이 아니라 성인도 아버지를 부를 때 사용할 수 있다. 그러나 이러한 친숙한 용법을 가진 이 단어를 유다인들이 하느님께 청원할 때 결코 사용하지 않는 이유가 있다. 아마 그것은 그들에게 불경한 일이었기에 상상할 수 없었을 것이다. 예레미아스는 다음과 같이 언급한다.

유다인의 기도가 "아빠'abbā'"라는 호칭을 모르는 이유가 있다. 즉, 유다인이 느끼기에 예의에 어긋나서 이러한 친근한 단어로 하느님께 청하는 것은 받아들여질 수 없다. 따라서 예수님께서는 혁신을 가져오셨다. 그분은 마치 단순하고 친밀하며 신뢰가 가득 찬 어린아이가 아버지와 대화하는 것처럼 하느님과 대화했다. "아빠'abbā'"라는 호칭으로 예수님께서는 하느님과의 관계에 대한 본질을 나타내셨다.

유다인들이 이 단어로 하느님을 부르지 않았던 더 근본적인 이유는 케임브리지 대학교의 저명한 랍비이자 성서학자인 존 라이트풋John Lightfoot의 글에서 찾을 수 있다. 1661년 마르 14,36에 대한 그의 주석에서 이미 칼데이caldaica(아람어)의 단어 "아빠(Abba, אבא)"는 "양아버지를 포함하기도 하는 친아버지만을 나타낸다. 즉, '나의 아버지'를 의미한다."라고 적었다. 이 단어는 친아버지를 의미하며, 특별히 국가의 아버지, 어르신, 선생님, 박사, 행정관을 의미하는 히브리어인 '아삐(Abi, אבי)'와 비교된다. 따라서 '민족(지파)의 아버지'와 같은 상징적 아버지에 관해서 타르쿰(Targum, 아람어 성경)은 "랍비(선생님)", "마리(mari, 주님)"와 같은 다른 단어로 번역하지, 결코 "아빠"로 번역하지 않는다. 예를 들어, 2열왕 2,12에서 엘리야가 불 수레를 타고 하늘로 올라갈 때, 엘리사가 "나의 아버지, 나의 아버지'abí, 'abí"라고 외치는 순간, 타르쿰은 이를 "랍비, 랍비"라고 번역한다. 반면에 이사 8,4에서, 친아버지와 친어머니에 대해 다음과 같이 말한다. 즉, "이 아이가 아삐('abí, 나의 아버지)와 임미('immí, 나의 어머니)라 부르기 전에"를, 타르쿰은 "이 아이가 아빠('abba', אבא), 엄마('imma', אמא)라 부르기 전에"로 번역한다. 에사우는 동생 야곱이 자신을 속이고 아버지 이사악에게 축복받았다는 것을 알고 통곡하면서 아버지에게 말했다. "아버지('ābí, 나의 아버지), 저에게, 저에게도 축복해 주십시오."(창세 27,34) 이를 타르쿰은 "아버지'Abba', 저에게도 축복해 주십시오."(창세 27,34)라고 번역한다.

라이트풋의 이러한 주석은 또한 아빠'abbā'라는 단어를 예수님께서 기도하실 때 사용한 이유를 알려 준다. **예수님께서는 하느님을 비유적 아버지가 아니라 '나의 아버지'인 친아버지로 알았기 때문이다.**

예레미아스와 마르셀W. Marschel은 아람어 단어 "아빠"가 실제로 예수님의 기도에서 "아버지"라는 단어의 모든 다양한 그리스어 형태인 páter, páter mou, ho patêr 및 patêr의 기초임을 보여 주는 설득력 있는 이유를 제시한다. 더욱이 예레미아스는 예수님께서 개인 기도와 '주님의 기도'라 부르는 공동체 기도에서도 같은 방식으로 하느님을 부르도록 가르쳤음을 보여 준다. 예수님의 모범을 따라(마태 6,9; 루카 11,2 참조), 하느님을 우리의 아빠abbà라고 부르며, 예수님과 유사한 하느님과의 관계, 즉 "아빠"라고 부르는 아버지의 품에 안긴 아들처럼, 친밀하고 신뢰가 넘치는 친숙한 관계를 맺도록 우리를 초대했다.

예수님의 가르침이 얼마나 특별하고, 대담하고 독창적인지는 아마 오늘날에도 우리가 공식적인 기도를 할 때 그분의 가르침을 전혀 따르지 않는다는 사실에서 더 잘 이해할 수 있을 것이다. 전례를 거행하며 주님의 기도를 바칠 때 "아빠Abbà"도, "하늘에 계신 아빠Papà"도, "아빠Babbo", "친애하는 아버지"라고도 부르지 않으며, 언제나 매우 공식적으로 "우리 아버지"라고 부른다. 주일 미사 때 "아빠"라고 부르는 것을 듣는다면 얼마나 놀라울까! 또는 예수님의 가르침의 특별한 본질을 더 잘 이해하는 방법은 예수님께서 말씀하신 것처럼 개인 기도에서, 골방에서 문을 닫은 다음 은밀히 아버지께 기도할 때(마태 6,6 참조), 하느님을 "아빠Papà", 혹은 "아빠Babbo"라고 부를 만큼 친숙한지, 깊은 확신을 가지고 있는지 생각해 보는 것이다. 이는 예수님께서 가르치시고 바오로가 상기했던 기도법이다.

여러분은 사람을 다시 두려움에 빠뜨리는 종살이의 영을 받은 것이 아니라, 여러분을 자녀로 삼도록 해 주시는 영을 받았습니다. 이 성령의 힘으로 우리가 "아빠! 아버지Abbà — Padre!" 하고 외치는 것입니다(로마 8,15-17).

이렇게 예수님께서 기도하시는 방식은 명백히 하느님과 그분과의 유일한 관계를 드러낸다. 여기서 다시 마르코가 예수님을 가리키기 위해 사용한 "하느님의 아드님"이라는 칭호가 의미하는 바를 우리에게 보여 준다.

4) "하느님 한 분 외에 누가 죄를 용서할 수 있단 말인가?"(마르 2,7)

마르코는 **권력을 지닌 자들이 점점 더 예수님을 반대하고 있음을 보여주는 다섯 가지 사건**을 설명하면서 2장을 시작한다. 처음 사건은 예수님의 정체성에 관해서 마르코가 어떻게 이해했는지 잘 보여 준다. 그들이 예수님께 중풍 환자를 데리고 올 때, 우리는 다음과 같은 이야기를 읽는다(마르 2,5-12 또한 탈출 34,6-7; 이사 43,24-25 참조).

예수님께서 그들의 믿음을 보시고 중풍 병자에게 말씀하셨다. "얘야, 너는 **죄를 용서받았다.**" 율법 학자 몇 사람이 거기에 앉아 있다가 마음속으로 의아하게 생각하였다. '이자가 어떻게 저런 말을 할 수 있단 말인가? 하느님을 모독하는군. **하느님 한 분 외에 누가 죄를 용서할 수 있단 말인가?**' 예수님께서는 곧바로 그들이 속으로 의아하게 생각하는 것을 당신 영으로 아시고 말씀하셨다. "너희는 어찌하여 마음속으로 의아하게 생각하느냐? 중풍 병자에게 '너는 죄를 용서받았다.' 하고 말하는 것과 '일어나 네 들것을 가지고 걸어가라.' 하고 말하는 것 가운데에서 어느 쪽이 더 쉬우냐? 이제 사람의 아들이 땅에서 **죄를 용서하는 권한을 가지고 있음을 너희가 알게 해 주겠다.**" 그러고 나서 중풍 병자에게 말씀하셨다. "내가 너에게 말한다. 일어나 들것을 들고 집으로 돌아가거라." 그러자 그는 일어나 곧바로 들것을 가지고, 모든 사람이 보는 앞에서 밖으로 걸어 나갔다. 이에 모든 사람이 크게 놀라 하느님을 찬양하며 말하였다. "이런 일은 일찍이 본 적이 없다."(마르 2,5-12)

이야기의 핵심은 **하느님만이 죄를 용서하실 수 있다는** 것이다. 율법 학자는 이것을 명확히 알고 있다. 그럼에도 예수님께서는 스스로를 사람의 아들이라 칭하면서 죄를 용서할 권한을 가졌음을 보여 준다. 마르코는 하느님의 권한과 예수님의 권한이 동일하다고 말한다. 그것은 예수님께서 하느님의 아드님이라는 마르코의 주장에 실체나 내용을 부여하는 방식이다. 그분은 죄를 용서하는 권한에 있어서 아버지와 동등하다는 의미에서 아들이시다. 예수님께서는 하느님만 하실 수 있는 일을 하신다.

5) "그들이 신랑을 빼앗길 날이 올 것이다."(마르 2,19-20)

구약에서 하느님은 신랑의 형상으로 이스라엘은 신부의 형상으로 알려져 있다(호세아서, 이사 54,5-6; 62,4-6 참조). 마르코는 어떻게 예수님께서 신랑과 동일시되는지 짧은 비유로 설명한다. "그들이 신랑을 빼앗길 날이 올 것이다."(마르 2,19-20 참조) 신랑의 이러한 형상은 구약 성경에서 드러난 메시아에게는 사용되지 않았다. 그러나 이 장에서 마르코는 이스라엘의 신랑이신 하느님과 마찬가지로 예수님을 신랑과 동일시하고, 죄를 용서하시고 안식일의 주인으로 이 (하느님의) 형상 옆에 둔다.

6) "사람의 아들은 안식일의 주인이다."(마르 2,28)

예수님께서는 "사람의 아들"이라는 호칭으로 자신을 다시 언급하면서 놀라운 말씀을 하신다. "사람의 아들은 또한 안식일의 주인이다."(마르 2,28) 마르코는 한 명의 인간에 대해 어떻게 이런 말을 할 수 있을까? 안식일은 하느님께서 친히 당신의 계명으로 제정하신 것인데 말이다.

……이렛날은 주 너의 하느님을 위한 안식일이다. …… 주님이 안식일에 강복하고 그날을 거룩하게 한 것이다(탈출 20,10-11).

너희는 나의 안식일을 반드시 지켜야 한다. 안식일은 나 주님이 너희를 성별하는 이라는 것을 알게 하려고, 나와 너희 사이에 대대로 세운 표징이다. 너희는 안식일을 지켜야 한다. 그것은 너희에게 거룩한 날이다. 이날을 더럽히는 자는 사형을 받아야 한다. …… 이것은 나와 이스라엘 자손들 사이에 세워진 영원한 표징이다(탈출 31,13-17).

마르코가 예수님께서 안식일의 주인임을 선언한 것은 그분이 안식일을 제정하신 분, 구약 성경의 야훼Jahveh 하느님과 그분을 동등하게 바라본다는 의미다. 하느님께서 안식일과 안식일 준수에 관한 규칙들을 제정하셨다면, 그분은 안식일의 주인이시다. 동등한 권위를 가지신 분만 "안식일의 주인"으로 선언될 수 있다. 이것이 마르코가 다시 "하느님의 아드님"이라는 칭호에 내용과 실체를 부여하는 방식이다.

"주님kyrios"이라는 어휘의 사용에 주목해야 한다. 일반적으로 마르코 복음에서 이것은 하느님을 언급하는 것(마르 1,3; 11,9; 12,11.29.30.36; 13,20)이며, 마르 12,9의 비유와 마르 13,20의 비유에서도 나타난다(그러나 이것은 또한 예수님을 가리킬 수도 있다). 때로는 예수님을 언급할 때 "**주님, 스승님, 주인**"의 의미로 명예의 칭호로 사용된다(마르 7,28; 10,51; 11,3). 마르 12,36-37에서는 예수님을 메시아와 관련하여, 시편 110(109),1의 "내 주님Adoní"을 번역한 용어가 사용된다. 복음에 마지막으로 추가된 부분은 부활 후 영광 가운데 계신 예수님을 가리킨다(마르 16,19-20). 마르 2,28에서 우리는 안식일의 주인이신 하느님과 예수님을 동등하게 언급하는 것을 보았다.

마르 5,19에서는 모호하다. 마르코는 예수님께서 어떤 사람이 마귀에 들렸다고 말씀하실 때, 하느님을 언급하면서 그것(주님)을 사용한 듯하다. "집으로 가족들에게 돌아가, **주님께서 너에게 해 주신 일과 자비를 베풀어 주신 일을 모두 알려라.**" 그러나 그 사람은 "예수님께서 자기에게 해 주신 모든 일을 …… 선포하기 시작"하였다(마르 5,20). 따라서 마르코는 예수님의 신성을 "주님"이라는 단어로 다시 표현하는 듯하다.

7) "바람과 호수(바다)까지 그분에게 복종한다."(마르 4,41)

마르코는 4장에서 거센 돌풍이 부는 갈릴래아 바다에서 일어난 일을 생생하게 묘사한다.

그날 저녁이 되자 예수님께서 제자들에게, "호수 저쪽으로 건너가

자." 하고 말씀하셨다. 그래서 그들이 군중을 남겨 둔 채, 배에 타고 계신 예수님을 그대로 모시고 갔는데, 다른 배들도 그분을 뒤따랐다. 그때에 거센 돌풍이 일어 물결이 배 안으로 들이쳐서, 물이 배에 거의 가득 차게 되었다. 그런데도 예수님께서는 고물에서 베개를 베고 **주무시고 계셨다**. 제자들이 예수님을 깨우며, "스승님, **저희가 죽게 되었는데도 걱정되지 않으십니까?**" 하고 말하였다. 그러자 예수님께서 깨어나시어 바람을 꾸짖으시고 호수더러, "잠잠해져라. 조용히 하여라!" 하시니 바람이 멎고 아주 고요해졌다. 예수님께서는 그들에게, "왜 겁을 내느냐? 아직도 믿음이 없느냐?" 하고 말씀하셨다. 그들은 큰 두려움에 사로잡혀 서로 말하였다. "**도대체 이분이 누구시기에 바람과 바다까지 복종하는가?**"(마르 4,35-41)

여기서 마르코가 예수님의 정체성에 대해 말하려는 내용을 완전히 이해하려면 구약 성경으로 들어가야 한다. 그래야 우리가 이 구절의 신학적 의미를 알 수 있다. 시편 107(106),21-31을 읽어 보자 (21절과 31절의 샘족 포괄에 주목).

> 주님께 감사하여라, 그 자애를
> 사람들을 위한 그 기적들을.
> 감사의 제물을 올리며
> 환호 속에 그분의 일들을 전하여라.

배를 타고 항해하던 이들

큰 물에서 장사하던 이들.

그들이 주님의 일을 보았다,

깊은 바다에서 그분의 기적들을.

그분께서 명령하시어 사나운 바람을 일으키시자

그것이 파도들을 치솟게 하였다.

그들이 하늘로 솟았다가 해심으로 떨어지니

그들 마음이 괴로움으로 녹아내렸다.

술 취한 사람처럼 비틀거리고 흔들거리니

그들의 온갖 재주도 엉클어져 버렸다.

이 곤경 속에서 그들이 주님께 부르짖자

난관에서 그들을 빼내 주셨다.

광풍을 순풍으로 가라앉히시니

파도가 잔잔해졌다.

바다가 잠잠해져 그들은 기뻐하고

그분께서는 그들을 원하는 항구로 인도해 주셨다.

주님께 감사하여라, 그 자애를

사람들을 위한 그 기적들을.

시편의 다른 구절을 읽어 보자.

"당신께서는 오만한 바다를 다스리시고 **파도가 솟구칠 때 그것을**

잠잠케 하십니다."(시편 89[88],10)

"바다의 노호를, 그 파도의 노호를, 민족들의 소요를 가라앉히시는 분."(시편 65[64],8)

제자들은 폭풍 때문에 두려워한다. 그들은 **주무시는 주님, 예수님**을 깨우고 그들의 구원에 관심이 없으신 그분에게 하소연했다. 시편 저자도 이렇게 하느님께 말씀드린다.

> 깨어나소서, 주님, 어찌하여 주무십니까? 잠을 깨소서, 저희를 영영 버리지 마소서! 어찌하여 당신 얼굴을 감추십니까? 어찌하여 저희의 가련함과 핍박을 잊으십니까? 정녕 저희 영혼은 먼지 속에 쓰러져 있으며 저희 배는 땅바닥에 붙어 있습니다. **저희를 도우러 일어나소서.** 당신 자애를 생각하시어 저희를 구원하소서(시편 44[43], 24-27).

예수님께서는 잠에서 깨어 돌풍을 잠재우셨다. 제자들은 "도대체 이분이 누구시기에 바람과 호수까지 복종하는가?"(마르 4,41)라고 묻는다. 질문 자체에 답이 있다. 바람과 바다는 오직 하느님께만 순종한다. 제자들은 이 사실을 알았을 것이다. 시편은 하느님께서 폭풍과 위험한 파도를 잠재우시는 것을 분명히 보여 준다. 마르코는 예수님도 같은 일을 하신다고 말한다. **예수님께서는 하느님만 하실 수 있는 일을 하신다.** 이것은 다시 마르코가 예수님의 정체성, 즉 "하느님의 아드님"이라는 칭호에 실체와 내용을 부여하는 방법이다.

8) "소녀야, 일어나라!"(마르 5,21-43)
야이로의 딸, '샌드위치 구조'

야이로의 딸 사건은 하나의 사건이 다른 사건으로 분할되거나 개입할 때, '샌드위치 구조'라 부르는 문학적 구성의 일부다. 그 구조는 하나의 사건이 시작되고, 또 다른 사건이 개입되어 서술되면서도 첫 번째 사건은 계속될 때를 말한다. 또한 이것은 '삽입하다' 혹은 '삽입'이라고도 한다. 삽입된 단락은 삭제될 수 있으며, 이러한 중단을 제거한다면 본문 강독은 잘 이어진다. 때로는 개입된 문제가 주변 문제를 해석하는 데 도움이 되기도 하고 그 반대의 경우도 있다. 이 문학적 구성은 마르코 복음에서 자주 발견된다. 일반적으로 최소 일곱 개의 예가 제시된다. 그러나 나는 이미 설명한 내용을 약간 변형하여 열네 가지 예가 있다고 말하고 싶다. 이전에 제안된 복음의 구조와 여기에서도 예시에 삽입된 자료는 대괄호 안에 표시되어 있다. 마르 3,20-21[22-30]31-35; 4,1-9[10-13]14-20; 4,10[11-12]13; 5,21-24[25-34]35-43; 6,7-13[14-29]30; 8,14[15]16; 11,12-14[15-19]20-25; 14,1-2[3-9]10-11; 14,50[51-52]53; 14,54[55-65]66-72; 15,15[16-20]21-22; 15,24a[24bc]25; 15,35[36a]36b; 15,37[38]39.

야이로의 딸 이야기는 분명한 예시가 된다. 이 이야기는 아마 복음이 이러한 유형의 구조를 가지고 있다고 영감을 얻기 시작하는 에피소드일 것이다. 야이로는 시나고가(회당)의 대표들 중 한 사람인데, 예수님께 와서 그의 딸을 치료해 달라고 청한다. 예수님께서 그 집에 가는 동안, 하혈하는 한 여자가 예수님께 손을 대었고, 바로 나았다. 그다음에 다시 야이로의 집으로 향하셨다. 하혈하는 여자의 이야기는 야이로의 이야기에 삽입되어 있다. 여자의 이야기는 생략될 수 있으며 그렇게 되어도 야이로의 이야기는 잘 이어진다.

예수님께서 야이로와 함께 걸으시는 동안 딸이 죽었다는 소식이 전달된다. 예수님께서는 "두려워하지 말고 믿기만 하여라."(마르 5,36)라고 말씀하신다. 여기서 예수님의 의도를 알 수 있다. 야이로의 딸이 죽었음에도 무엇인가를 하시려는 것이었다. 야이로는 딸을 소생시켜 주길 원한 것이 아니라, 치유해 주길 청하였다. 딸의 죽음을 알지 못했기 때문이다. 나중에 예수님께서는 "저 아이는 죽은 것이 아니라, 자고 있다."(마르 5,39)라고 말씀하신다. 그러나 사람들은 딸이 죽었음을 알았기 때문에, 그분을 비웃었다. **예수님께서는 죽음을 그저 잠들었다고 말씀하신다. 죽은 사람을 자는 사람으로 언급**(1테살 4,13-15; 1코린 11,30; 15,6.20; 마태 27,52)**하는 이러한 방식은 일반적으로 초대 교회에서 일어났다.** '묘지cimitero'라는 어휘는 사실상 '코이메데리온 koimêtêrion', 즉 '공동 침실'이라는 의미의 그리스어에서 유래했다. 예수님께서는 "탈리타 쿰!"(소녀야, 일어나라!)이라는 한마디의 명령어로 죽음의 잠에서 소녀를 깨우신다. 예수님의 부활을 설명하는 데 사용할 동사와 이때 예수님께서 명령하시는 데 사용한 동사는 그리스어로 동일하게 번역된다(egeírein, 마르 14,28; 16,6). 예수님의 행동은 독특하고 계시적이다. 엘리야 예언자(1열왕 17,17-24)와 엘리사 예언자(2열왕 4,18-37)가 아이를 부활시킨 것과 다르다. 예수님의 행동은 즉각적인 효과가 있다. 단순히 "일어나라!"라고 말한다. 이는 하느님의 행동과 같다. "주님은 죽이기도 살리기도 하시는 분, 저승(Sh^{e}ôl, 스올)에 내리기도 올리기도 하신다."(1사무 2,6; 신명 32,39 참조) 그래서 마르코는 이 사건을 진정으로 죽음에서 깨어났다고 이해했음이 분명해 보인다. 다시 마르코는 예수님께서는 오직 하느님만 할 수 있는 일을 하신다는 것을 말한다.

9) 오천 명을 먹이시다(마르 6,34-44)

이 사건도 '샌드위치 구조'를 따른다. 예수님께서는 먼저 열두 제자들을 설교와 치유의 사명으로 파견하셨다. 한편, 마르코는 요한 세례자의 죽음에 대한 이야기를 들려준다. 이 구조와 그 의미는 나중에 이야기할 것이다. 이 이야기가 끝난 후, 사도들이 돌아와서 그들이 행하고 가르친 모든 것을 이야기한다.

그러자 예수님께서 그들에게, "너희는 따로 외딴곳으로 가서 좀 쉬어라." 하고 말씀하셨다. 실제로 오고 가는 사람들이 너무 많아 음식을 먹을 겨를조차 없었던 것이다. 그래서 그들은 따로 배를 타고 외딴곳으로 떠나갔다. 그러자 많은 사람들이 그들이 떠나는 것을 보고, 모든 고을에서 나와 육로로 함께 달려가 그들보다 먼저 그곳에 다다랐다. 예수님께서는 배에서 내리시어 많은 군중을 보시고 가엾은 마음이 드셨다. 그들이 목자 없는 양들 같았기 때문이다. 그래서 **그들에게 많은 것을 가르쳐 주기 시작하셨다**(마르 6,31-34).

마지막은 매우 중요한 지점이다. 문맥을 자세히 살펴보면, 예수님의 감정을 논평하기 위해 준비할 것이 아무것도 없음을 알 수 있다. 왜 '목자 없는 양'을 언급하는가? 왜 가난한 사람들, 힘든 사람들, 굶주린 사람들, 이와 비슷한 사람들은 언급하지 않는가? 왜 전혀 예상하지 못한 양의 형상을 사용하는가? 일부러 마르코는 이것을 서술했다. 그것은 뒤에 나오는 빵의 기적 사건과 함께 그분의 의도를 발견하는 데 도움이 되도록 남겨 둔 단서와 암시다. 그리고 다시 신학적 해석을 발견하기 위해 구약 성경에 의존해야 한다. 이 같은 형상이 에제키엘서에서 발견된다는 것은 의미심장하다.

주님의 말씀이 나에게 내렸다. "사람의 아들아, 이스라엘의 목자들을 거슬러 예언하여라. …… 양 떼 …… 그들은 목자가 없어서 흩어져야 했다. 산마다, 높은 언덕마다 내 양 떼가 길을 잃고 헤매었다. 내 양 떼가 온 세상에 흩어졌는데, 찾아보는 자도 없고 돌보는 자도 없다. **나의 양 떼는 목자가 없어서** …… 주 하느님이 이렇게 말한다. 나 이제 내 양 떼를 **찾아서 보살펴 주겠다.** 그들을 민족들에게서 데려 내오고 여러 나라에서 모아다가, 그들의 땅으로 데려가겠다. 이스라엘의 산과 산에서 …… 그들을 먹이겠다. 좋은 풀밭에서 그들을 먹이고, 이스라엘의 높은 산들에 그들의 목장을 만들어 주겠다. 내가 몸소 내 양 떼를 먹이고, 내가 몸소 그들을 누워 쉬게 하겠다. 잃어버린 양은 찾아내고 흩어진 양은 도로 데려오며, 부러진 양은 싸매 주고 아픈 것은 원기를 북돋아 주겠다. 그러나 기름지고 힘센 양은 없애 버리겠다. 나는 이렇게 공정으로 양 떼를 먹이겠다(에제 34,1-31 참조).

에제키엘서의 이 장은 초기 그리스도인에게 영적인 독서의 한 구절이었다. 신약 성경의 수많은 형상은 분명히 이 구절들에 그 출처가 있다(이사 40,11도 참조). 여기서 목자 없는 양이 나타난다. 하느님께서 친히 오셔서 이스라엘이라는 산에서 양 떼를 먹이겠다고 약속하셨다. 그래서 마르코는 군중을 '목자 없는 양들'과 같다고 말한다. 목자 없는 양을 위해 하느님께서 친히 약속하신 일을 예수님께서 행하신다는 것을 보여 주고 싶었기 때문이다. 예수님께서 군중을 먹이실 때, 이스라엘 땅에 있는 하느님의 양 떼를 먹이신 것이다. 이렇게 마르코는 예수님의 정체성을 밝히고자 한다. 다시 마르코는 예수님께서 당신의 신적인 아버지가 하시는 일을 정확히 행하신다는 것을 보여 주면서, '하느님의 아드님'이라는 칭호에 본질과 내용을 부여한다.

열왕기 하권에도 비슷한 이야기가 있다. 엘리사는 빵 스무 개로 백 명을 먹인다.

어떤 사람이 바알 살리사에서 왔다. 그는 맏물로 만든 보리 빵 스무 개와 햇곡식 이삭을 자루에 담아, 하느님의 사람에게 가져왔다. 엘리사는 "이 군중이 먹도록 나누어 주어라." 하고 일렀다. 그러나 그의 시종은 "이것을 어떻게 백 명이나 되는 사람들 앞에 내놓을 수 있겠습니까?" 하고 물었다. 엘리사가 다시 말하였다. "이 군중이 먹도록 나누어 주어라. 주님께서 이들이 먹고도 남을 것이라고 말씀하셨다." 그리하여 그것을 사람들에게 내놓으니, 과연 주님의 말씀대로 그들이 먹고도 남았다(2열왕 4,42-44).

엘리사가 이 모든 일을 하느님의 권위로 행한 것은 주목할 만하다. 반면에, 마르코의 이야기에서는 모든 것이 예수님 자신의 권한과 말씀과 행동에 따라 이루어진다.

예수님께서는 빵 다섯 개와 물고기 두 마리를 손에 들고 하늘을 우러러 찬미를 드리신 다음 빵을 떼어 제자들에게 주시며, 사람들에게 나누어 주도록 하셨다. 물고기 두 마리도 모든 사람에게 나누어 주셨다. 사람들은 모두 배불리 먹었다. 그리고 남은 빵 조각과 물고기를 모으니 열두 광주리에 가득 찼다(마르 6,41-43).

예수님께서는 하느님께서 약속하신 일을 당신의 권한으로 행하신다.

10) "물 위를 걸으시어 그들에게 다가오시다."(마르 6,45-52)

앞에서 나온 사건 직후, 마르코는 다음과 같이 쓴다.

예수님께서는 곧 제자들을 재촉하시어 배를 타고 건너편 벳사이다로 먼저 가게 하시고, 그동안에 당신께서는 군중을 돌려보내셨다. 그들과 작별하신 뒤에 예수님께서는 기도하시려고 산에 가셨다. 저녁이 되었을 때, 배는 호수 한가운데에 있었고 예수님께서는 혼자 뭍에 계셨다. 마침 맞바람이 불어 노를 젓느라고 애를 쓰는 제자들을 보시고, 예수님께서는 새벽녘에 호수 위를 걸으시어 그들 쪽으로 가셨다. **그분께서는 그들 곁을 지나가려고 하셨다**(parelthein autoús). 제자들은 예수님께서 호수 위를 걸으시는 것을 보고, 유령인 줄로 생각하여 비명을 질렀다. 모두 그분을 보고 겁에 질렸던 것이다. 예수님께서는 곧 그들에게 말씀하셨다. "용기를 내어라. 나다(EGÔ EIMI). 두려워하지 마라(mê phobeîsthe)!" 그러고 나서 그들이 탄 배에 오르시니 바람이 멎었다. 그들은 너무 놀라 넋을 잃었다(exístanto). **빵의 기적을 깨닫지 못하고 오히려 마음이 완고해진 상태였기 때문이다.**

빵의 기적 이후, 예수님께서는 단호하게 반응하신다. 제자들에게 곧바로 떠나라고 재촉하신 것이다. 그 이유는 요한 복음에서 더욱 명확하게 밝혀진다. "예수님께서는 그들이 와서 당신을 억지로 모셔다가 임금으로 삼으려 한다는 것을 아시고, 혼자서 다시 산으로 물러가셨다."(요한 6,15) 그분께서는 군중이 바라는 메시아가 되기를 원하지 않으셨고, 제자들이 군중의 열광에 나쁜 영향을 받기를 바라지도 않으셨다. 예수님께서는 기도하기 위해 산으로 오르셨다. 아직도 '저녁'은 아니었다. 즉, 일몰 후 시간에 맞는 정확한 용어인 '저녁'은 우리의 시간으로는 18시 정도로 다음 날의 시작이다. 밤의 제4경(오전 3시에서 6시까지를 일컫는 용어) 무렵에 예수님께서는 바다 위를 걸어 제자들에게 오셨다. 아홉 시간 이상 기도한 후에 일어난 이 사건은 매우 중요하다. 그렇다면 왜 마르코는 예수님께서 그들을 지나가려 한다고 말하는가? 그들과 함께 머무르고 싶지 않다면 왜 바다 한가운데 있는 그들에게 가셨는가? 왜 그렇게 특별한 방법으로 가셨는가? 답은 다시 구약 성경과 마르코가 쓴 문맥에서 찾을 수 있다.

먼저 예수님께서는 구약 성경에서 하느님만 하시는 일을 다시 하신다. 욥은 하느님을 "당신 혼자 하늘을 펼치시고 바다의 등을 밟으시는 분."(욥 9,8)이라고 말한다. 그리고 하느님께서는 욥에게 "너는 바다의 원천까지 가 보고 심연의 밑바닥을 걸어 보았느냐?"(욥 38,16)라고 질문하신다. 확실히 욥은 그런 일을 한 적이 없었지만, 마르코는 예수님께서 바다 위를 걸으시며 오직 하느님만이 하시는 일(또한 이사 43,16; 시편 77[76],20 참조)을 하셨다고 서술한다.

욥기는 또한 "그들 곁을 지나가려 하셨다."라는 구절을 이해하는 데 도움을 준다. 욥은 "그분께서 내 앞을 지나가셔도 나는 보지 못하고 지나치셔도 나는 그분을 알아채지 못하네."(욥 9,11)라고 말한다. 이는 신적 현시, 즉 그가 깨닫지 못한 하느님의 현시에 대해 말하는 것이다. 하느님께서 '지나가실 때, 앞이나 옆으로 지나가실 때', 당신을 나타내신다. 이는 탈출기에서 모세가 하느님과 말할 때 매우 분명하게 알 수 있다.

모세가 아뢰었다. "당신의 영광을 보여 주십시오." 그러자 주님께서 대답하셨다. "나는 나의 모든 선을 네 앞으로 지나가게 하고, 네 앞에서 '야훼'라는 이름을 선포하겠다. …… 그러나 내 얼굴을 보지는 못한다. 나를 본 사람은 아무도 살 수 없다." 주님께서 말씀을 계속하셨다. "여기 내 곁에 자리가 있으니, 너는 이 바위에 서 있어라. 내 영광이 지나가는 동안 내가 너를 이 바위 굴에 넣고, 내가 다 지나갈 때까지 너를 내 손바닥으로 덮어 주겠다. 그런 다음 내 손바닥을 거두면, 네가 내 등을 볼 수 있을 것이다. 그러나 내 얼굴은 보이지 않을 것이다."(탈출 33,18-23)

'지나가다'라는 동사(앞을 지나가다, 곁을 지나가다, 지나치다)는 히브리어 동사 "'abar"를 번역한 것이다. '70인역'에서는 그리스어 "parérchomai"를 번역했다. 앞에 나온 구절을 보면 '앞을 지나가다'라는 말은 하느님의 인격적 현시 혹은 계시를 언급한 것이 분명하다. "영광"과 "선"은 하느님께서 자신의 인격을 언급한 것이다. 모세는 하느님의 뒷모습은 볼 수 있지만, 얼굴은 볼 수 없었다. 즉, 하느님의 계시가 부분적으로는 이루어졌지만 완전한 계시가 이루어진 것은 아니다. 시나이산에서 모세가 하느님 앞에 서 있을 때도 마찬가지다.

그때 주님께서 구름에 싸여 내려오셔서 모세와 함께 그곳에 서시어, '야훼'라는 이름을 선포하셨다. **주님께서는 모세 앞을 지나가며 선포하셨다.** "주님(야훼), 주님(야훼)은 자비하고 너그러운 하느님이다. 분노에 더디고 자애와 진실이 충만하며 천대에 이르기까지 자애를 베풀고 죄악과 악행과 잘못을 용서한다."(탈출 34,5-7)

아마 하느님의 산, 호렙에서 엘리아에게 계시된 극적인 장면을 기억할 것이다.

그분[주님]께서 말씀하셨다. "나와서 산 위, 주님 앞에 서라." 바로 그때에 **주님께서 지나가시는데**, 크고 강한 바람이 산을 할퀴고 주님 앞에 있는 바위를 부수었다. 그러나 주님께서는 바람 가운데에 계시지 않았다. 바람이 지나간 뒤에 지진이 일어났다. 그러나 주님께서는 지진 가운데에도 계시지 않았다. 지진이 지나간 뒤에 불이 일어났다. 그러나 주님께서는 불 속에도 계시지 않았다. 불이 지나간 뒤에 조용하고 부드러운 소리가 들려왔다. 엘리야는 그 소리를 듣고 겉옷 자락으로 얼굴을 가린 채, 동굴 어귀로 나와 섰다(1열왕 19,11-13).

이 구절은 마르코가 '예수님께서 제자들 곁을 지나치시거나 앞서서 지나치기를 원하셨다'고 말할 때, 구약 성경의 주님께서 당신을 계시하신 것처럼 예수님께서도 당신을 계시하신다는 것을 잘 보여 준다. 마르코의 문맥도 이 사실을 보여 준다.

그러면 예수님께서 자신을 어떻게 나타내셨는가? 우선 마르코는 제자들이 '동요되었고' '놀랐다'고 말한다. 이것은 초자연적 메시지 혹은 환시 앞에서 흔들리고 두려움을 느낀다는 것을 의미한다(예를 들어, 토빗 12,16; 루카 1,12; 24,38; 마태 2,3; 루카 1,29 참조).

다음으로 마르코는 "그분은 곧 그들에게 말씀하셨다(elálêsen met' autôri), 그들에게 말씀하신다(légei autoîs)."라는 유의어를 반복하는 것 같지만, 신적 현시의 배경에서 매우 중요하다. 히브리어의 'dabar 'el'(누구에게 말하다)와 그리스어의 번역인 laleîn meta(누구에게 말하다)는 하느님께서 당신을 계시하실 때 사용된다(예를 들어, 창세 35,13-15; 민수 11,17; 판관 6,17; 에제 3,10; 요한 8,12 참조). 'dabar 'el'은 종종 히브리어 동사 'amar(말하다)와 연결되고 laleîn meta(누구에게 말하다)도 그리스어 동사 légein(말하다)와 연결된다. 다음의 예를 읽어 보자. "주님께서 모세에게 말씀하시기를 …… (wayᵉdabber YHWH 'el Mosheh leʾmor, kai elálêsen kyrios pròs Môusên légôn)"(탈출 31,1; 레위 20,1) 때때로 번역은 하나 또는 다른 동사를 생략하는 경우가 있다. 하지만 둘 다 중요하다. 그래서 마르코는 예수님의 다음 말씀이 계시의 말씀이라는 의도를 밝히고 있다(마르 13,11도 참조).

예수님께서 하신 첫 말씀은 "**용기를 내어라**tharseîte!"다. 마지막 말씀은 "**두려워하지 마라**mê phobeîsthe."다. 이 동사들도 신적 현시에서 발견되는 단어다("두려워하지 마라", 창세 15,1; 여호 8,1; 이사 43,1.5; 다니 10,12.19; 토빗 12,17. 그리고 우리는 부활을 알리는 복음의 끝에서 같은 동사를 보게 된다. 마르 4,41; 5,15.33; 16,8 참조). 개념이 비슷하기 때문에, '70인역'은 때때로 "두려워하지 마라" 대신 "용기를 내어라"를 사용한다(예를 들어, 스바 3,16; 하바 2,5; 즈카 8,15).

(1) "나다."(egṓ eimi)

이 모든 것은 문맥이 신적 현시 혹은 신적 현현이라는 것을 잘 보여 준다. 그러나 제자들은 깨닫지 못한다. 유령인 줄 안다. 그들은 예수님을 알아보지 못한다. "용기를 내어라" 하고 말씀하신 후, 예수님께서는 장엄하게 "나다."라고 말씀하셨다. 마르코에 따르면, 이것은 예수님의 자기 계시다. 여기에서 예수님의 정체성이 분명히 보인다.

그렇다면 이것이 어떻게 자기 계시일 수 있는가? 이것은 예수님을 알아보지 못한 제자들에게 예수님께서 단순히 정체성을 드러낸 것이 아니다. 이탈리아어 버전은 이 "나다Sono Io"를 마치 예수님께서 '용기를 내어라. 두려워하지 마라. 내가 여기 있다. 너희는 내가 있는 것이 보이지 않느냐, 유령이 아니다.'라고 말씀하셨듯 이러한 의미로 번역한다. 다른 언어로 번역된 것을 보면 이렇다. "It is I", "Soy yo", "Ich bin es", "C'est moi" 반면에 스페인 버전인 BAC의《성경 *Sagrada Biblia*》(Cantera-Iglesias)에서는 "Yo soy"라고 번역한다. 이는 예로니모의 불가타 번역인 "Ego Sum(나다)"와 같다.

지금 마르코가 말하고자 하는 것을 정확히 해석하려면, 다시 구약 성경, 주님의 자기 계시에 의지해야 한다. 하느님께서는 하느님의 산, 호렙(시나이)에서 떨기나무 한가운데에서 솟아오르는 불꽃에서 나타나 당신의 이름 "야훼"를 모세에게 계시하신다.

모세가 하느님께 아뢰었다. "제가 이스라엘 자손들에게 가서, '너희 조상들의 하느님께서 나를 너희에게 보내셨다.' 하고 말하면, 그들이 저에게 '그분 이름이 무엇이오?' 하고 물을 터인데, 제가 그들에게 무엇이라고 대답해야 하겠습니까?" 하느님께서 모세에게 "나는 있는 나다('ehyeh 'asher 'ehyeh, ἐγώ εἰμι ὁ ὤν, egô elmi ho ôn)." 하고 대답하시고, 이어서 말씀하셨다. "너는 이스라엘 자손들에게 '있는 나(EHYEH, ho ôn)께서 나를 너희에게 보내셨다.' 하여라." 하느님께서 다시 모세에게 말씀하셨다. "너는 이스라엘 자손들에게, '너희 조상들의 하느님, 곧 아브라함의 하느님, 이사악의 하느님, 야곱의 하느님이신 야훼(YAHWEH/JAHVEH, KYRIOS, 주님)께서 **나를 너희에게 보내셨다.**' 하여라. 이것이 영원히 불릴 나의 이름이며, 이것이 대대로 기릴 나의 칭호이다."(탈출 3,13-15)

많은 학자들은 일반적으로 "ehyeh'가 히브리어의 '있다' 동사의 1인칭이고, 'yahweh'는 3인칭이라고 생각한다. 이렇게 하느님께서 당신을 칭하실 때 "ehyeh(나는 있다)"이고, 우리가 그분의 이름을 부를 때, 'yahweh(그분은 계시다)'라고 말한다.

구약에서 하느님께서는 다른 형식으로 당신을 언급하신다. 즉, "unî Yahweh' 혹은 "anokî Yahweh'(나는 야훼다), "nî hû' 혹은 'anokî hû'(나는 그 다) 같은 형식이다. '70인역'은 이를 단순하게 "egô eimi(나다)"라고 말 한다. (예를 들어 신명 32,39; 이사 43,10; 45,18이다.) 때때로 과장된 표현이 있다. 즉, 'anokî 'anokî hû'(나는, 나는 그이다)(이사 43,25; 51,12) 같은 것이다. 이는 이탈리아어로 정확히 번역되지 않는다. 예를 들어, 이사 43,25에서 "나, 바로 나는 너의 악행들을 씻어 주는 이Io, io cancello I tuoi misfatti"(성경, C.E.I.), "Sono io, sono io che cancello i tuoi misfatti"(성경, N.V29.)와 "너의 악행을 씻어 주는 이는 나이고, 나이다Io, io sono che cancella le tue trasgressioni,"(성경, O.F.M)이런 것들이다. 반면에 다음과 같이 번역해야 한다. "너의 악행을 씻어 주는 이는 나, 나다Io, io [sono] Lui che cancella le tue trasgressioni." 이 구절에서 '70인역'은 이중적 의미로 "나는 나다"(egô eimi)로 번역한다. 첫 번째는 동사로, 두 번째는 호칭으로 사용된다. 즉, "너의 악행을 씻는 분은 나이고, 나이다(egô eimi egô eimi)". 우리는 이 구절들에서 하느님의 이름이 "나다"라는 것을 본다.

'70인역'은 히브리어로 "nî YHWH(Io JAVEH)'(이사 45,19)라고 읽는 것을 다른 구절에서도 똑같이 번역한다. 즉, '70인역'은 "나는 나이고, 나는 주님이다egô eimi egô eimi kyrios"로 번역한다. '70인역'은 "ehyeh'와 'yahweh', 'egô eimi'와 'kyrios'('나다'와 '주님')는 동일하고, 신성한 하느님의 이름이 두 가지 형태가 있다고 이해했다.

또 다른 구절에서 "나다"가 하느님의 이름임을 볼 수 있다. 호세아 1장에서 하느님께서는 예언자에게 자녀를 낳고 의미 있고 또한 훈계하는 이름을 부르라고 명하셨다. 세 번째 자녀가 태어나자 하느님께서는 이렇게 말씀하셨다. "그의 이름을 '로 아미(Lo'-'ammî, 내 백성이 아니다)'라 하여라. 너희는 '내 백성이 아니며(lo' 'ammî)', 너희를 위한 내가 아니다(lo' 'ehyeh, non IO SONO)."(호세 1,9) 여기에서 하느님의 이름은 번역할 때 거의 놓친다. 예를 들어, "나는 너희를 위해 존재하지 않는다io non esisto per voi"(성경, C.E.I.)와 "나는 너희의 하느님이 아니다io non sono il vostro Dio."(성경, N.V.), "나도 너희의 하느님이 아니다."(성경, O.F.M.) 반면에, 공동번역 성경(*Die Bibel: Einheitsübersetzung*)은 다음과 같이 번역한다. "Gib ihm den Namen Lo Ammi(Nicht mein Volk)! Denn ihr seid nicht mein Volk, und ich bin nicht der 'Ich-bin-da' für euch.", "넌 내 백성이 아니고, 내 사람도 아니며 나도 '너희를 위해 있는 내가' 아니다io non sono il 'Io-sono-là' per voi."

(2) **예수님 말씀에서 나온 "나다"**(마르 6,50; 13,6; 14,62)

마르코의 구절에서도 같은 일이 발생한다. 번역은 일반적으로 마르코가 실제로 의도하고자 하는 바를 놓치고 있다. 이를 잘 이해하기 위해서는 마르코가 예수님의 입에 하느님의 고유한 이름, 자기 정체성, 자기 계시를 두었다는 점을 인식할 필요가 있다. 구약 성경에서 야훼만이 하시던 것처럼 예수님께서 바다의 파도 위를 걸으시며 동시에 하느님의 고유한 이름 "나다"를 선포하실 때 그것은 진정한 신적 현시다.

마르코 복음에서 이 구절/이 이름 "나다egô eimi"는 단 세 번, 항상 예수님 말씀에서 나온 것이 발견된다. 마르코 복음에 따르면, 어느 누구도 이렇게 말하는 것이 허용되지 않는다. 종말론적 대화를 나누기 시작할 때 예수님께서는 다시 거룩한 이름을 부르신다. 일반적으로 번역에서 이를 놓친다.

예수님께서 그들에게 말씀하기 시작하셨다. "너희는 누구에게도 속는 일이 없도록 조심하여라. 많은 사람이 내 이름으로 와서, '내가 그리스도다(나다EGÓ EIMI).' 하면서 많은 이를 속일 것이다."(마르 13,5-6)

마르코 복음에 따르면, 이러한 이름을 말할 수 있는 유일한 분은 지상에서 단 한 명뿐이다. 그래서 예수님께서는 어떤 사람이 와서 (epi tô onómatí mou), 내 이름으로 자기를 소개하고 뒤에 오는 내 이름, 즉 "나다"를 사용하려고 하면 속임수이므로 그를 믿으면 안 된다고 말씀하신다. 그는 이름을 말할 권리가 없기에, 우리를 속이는 것이다. 이 지상에서 "나다"라는 이름은 오로지 예수님께만 속한다.

마르코에서 이 이름이 마지막으로 들리는 것은 예수님께서 체포되신 후 최고 의회 앞에서 심문받는 엄숙하고 엄중한 순간이다.

그러자 대사제가 한가운데로 나서서 예수님께, "당신은 아무 대답도 하지 않소? 이자들이 당신에게 불리한 증언을 하는데 어찌 된 일이오?" 하고 물었다. 그러나 예수님께서는 입을 다무신 채 아무 대답도 하지 않으셨다. 대사제는 다시 "당신이 찬양받으실 분의 아들 메시아요?" 하고 물었다. 예수님께서 대답하셨다. "그렇다. 나다(EGÓ EIMI). 너희는 사람의 아들이 전능하신 분의 오른쪽에 앉아 있는 것과 하늘의 구름을 타고 오는 것을 볼 것이다." 그러자 대사제가 자기 옷을 찢고 이렇게 말하였다. "이제 우리에게 무슨 증인이 더 필요합니까? 여러분도 하느님을 모독하는 말을 듣지 않았습니까? 여러분의 생각은 어떻습니까?" 그들은 모두 예수님께서 사형을 받아야 마땅하다고 단죄하였다(마르 14,60-64).

여기서 마르코가 다른 이스라엘 백성과 같이 단순하게 하느님의 아들을 다루지 않았다는 것이 분명하다. 대사제는 먼저 예수님께 그가 찬양받으실 분의 아들, 즉 하느님 아들과 같은 분인 그리스도인지를 묻는다. 예수님께서는 하느님의 인격적 이름, "나다"를 입에 올리면서 답하신다. 예수님께서는 물 위를 걸으실 때 이미 개인적으로 제자들에게 했던 것처럼 당신의 정체성을 공개적으로 선언하신다. 그런 다음 하느님 오른쪽에 앉으시고 하늘의 구름을 타고 오신다는 것, 즉 하느님과 같은 차원, 하느님과 같은 분이지만 분명 차이가 있는 분으로 선언하신다. 대사제는 예수님께서 당신을 하느님과 동일한 분이라고 선언하는 것으로 이해하고, 신성 모독이라고 그분을 고발한다. 그 당시에는 사형 선고가 당연하게 여겨졌다. 하느님 이름에 관한 계명을 다음과 같이 언급한다.

> **주 너의 하느님JAHVEH의 이름**을 부당하게 불러서는 안 된다. 주님 JAHVEH은 자기 이름을 부당하게 부르는 자를 벌하지 않은 채 내버려 두지 않는다(탈출 20,7; 신명 5,11).

모독에 대한 벌은 분명했다. 레위기를 읽어 보자.

> 이 이스라엘 여자의 아들이 주님의 **이름**을 모독하면서 저주하였다. 그래서 사람들이 그를 끌고 모세에게 왔다. …… 그러자 주님JAHVEH께서 모세에게 이르셨다. …… "**주님의 이름을 모독한 자는 사형을 받아야 한다. 온 공동체가 그에게 돌을 던져야 한다. 이방인이든 본토인이든 주님의 이름을 모독하면 사형을 받아야 한다.**"(레위 24,11-16)

마르코에 따르면 대사제는 예수님의 대답을 다른 이스라엘 백성들처럼 하느님의 자녀라는 선언이라고 여기지 않았음이 분명하다. **하느님과 동일한 차원에서 하느님의 아들이라고 선언했다고 이해한 것이다.** 그리고 예수님의 말씀에서 온 하느님의 이름, "나다"를 사용한 일은 하느님에 대한 모독이라고 판단한다. 예수님의 모든 대답은 하나로 통합된다. 마르코가 사용한 칭호는 복음의 첫 구절에 모든 내용이 담겨 있다. 여기서 마르코는 아버지 하느님은 아니지만 하느님과 동등한 하느님의 아드님인 예수님의 정체성을 선언한다. 예수님께서는 여기서 단순히 "나는 메시아고 축복받은 아들"이라고 말하지 않는다. 스스로 하느님의 이름을 취하고 하느님과 동일한 차원에 놓으신다. 마르코는 예수님의 말씀에서 이 이름이 세 번만 나왔고 이 이름을 사용하려는 다른 사람들에게 속지 말라는 예수님의 말씀으로 경고하기에 이것은 특히 의미가 있다.

갈릴래아의 물 위를 걷는 장면은 돌풍이 불 때 4장 41절에서 '그러면 이 사람은 누구신가?'라는 제자들의 질문에 마르코가 대답한 것이다. 마르코는 예수님께서 "나다"라고 대답하도록 한다. 만일 제자들이 예수님께서 군중에게 빵을 주어 먹게 하셨을 때 일어난 일을 이해했다면, 물 위를 걸으시는 것과 "나다"라고 하시는 말씀을 그렇게 이상하게 여기지 않았을 것이다. 그러나 사실 그들은 빵의 기적을 이해하지 못했고, 예수님께서 정체성을 밝히신다는 것도 이해하지 못했다. 그럼에도 이 사건 이후 제자들의 반응은 신적 현시에 직면해 있다. 마르코는 "그들은 너무 놀라 넋을 잃었다."(마르 6,51)라고 문학적으로 표현한다. 두려움으로 '넋을 잃은' 혹은 '환상 ékstasis'의 상태를 신적 현시나 하느님 계시의 체험에서 발견한다(마르 2,12; 5,42 참조). 우리는 복음의 마지막인 부활 이후 예수님의 빈 무덤에서 그것을 다시 보게 될 것이다(마르 16,8).

마르코 복음에서 예수님께서 죽기까지 아무도, 심지어 베드로조차도 그분이 하느님의 아드님이심을 선포하지 않았다. 십자가 아래에 있던 로마인이자 이방인인 백인대장은 예수님께서 돌아가시는 모습을 보고 "참으로 이 사람은 하느님의 아드님이셨다."(마르 15,39)라고 선언한다. 로마 군인이 한 말의 의미를 알 필요도 없고 알 수도 없다. 그러나 마르코가 말하고자 하는 것은 알 수 있다. 복음 전체가 그의 의도를 드러낸다. 그는 복음 전체에 퍼뜨린 모든 내용을 그 제목에 넣으려고 했다. 이것은 마르코에 의한 그리스도교 신앙의 진정한 고백이다.

11) "오직 하나의 빵"(마르 8,14)

(1) 역사적 의도와 비교되는 신학적 의도

이 고찰은 우리를 신학적 의도와 역사적 의도, 다시 말해서, 동양적 관심과 서양적 관심의 문제로 이끈다. 서양인에게 사건을 설명할 때 주요 관심사 또는 첫 번째 질문은 일반적으로 사실에 관한 것이라고 할 수 있다. "정말 무슨 일이 일어났는가?" 반면에 동양인에게 어떤 사건을 설명할 때, 주요 관심 혹은 첫 번째 질문은 일반적으로 "그게 무슨 뜻인가?"다. **유다인 사고방식에 따르면, 사건의 해석이 가장 중요한 요소다.** 그래서 복음을 잘 이해하려면 우리는 복음사가들이 대답하기를 원하는 것과 같은 질문을 해야 한다. 복음사가들의 관심이 주로 역사적인 것이라면, 우리의 질문도 역사적이어야 한다. 그들의 관심이 역사적이지 않고 주로 신학적이라면, 복음사가들이 실제로 말하고자 하는 바를 잘 이해하기 위해서 서양적 사고방식을 다시 살펴봐야 한다.

그리고 복음사가들은 피상적인 것보다 더 심오한 것을 표현하고자 한다. 줄 사이에 무언가를 쓰고 싶어 한다. 그들은 사건이나 이야기 Historie를 서술하지만, 그 이야기가 우리에게 미치는 영향과 이야기가 우리에게 도달하는 방식, 즉 이야기의 역사적 특성Geschichte에 훨씬 더 관심이 있다. 사건의 의미, 또는 존 마쉬John Marsh가 표현한 것처럼 "일어나고 있는 일"에 대해 훨씬 더 관심을 갖는다. (순수한 역사적 의미에서) 일어난 일보다는 (신학적 의미에서) 일어난 일에 훨씬 더 큰 관심을 가지고 있다. 그들은 사건을 외적으로만 바라보거나 역사적 사실로서만 바라보지 않는다. 그들의 관심은 주로 과거에 일어난 사건이 아니라 사건의 해석, 즉 그것이 의미하는 바에 있다. 특히 수난과 부활의 이야기에서 우리는 복음사가들의 주된 의도인 신학적 차원에 주의를 기울여야 한다.

(2) "너희는 아직도 깨닫지 못했다."(마르 8,21)

마르코는 독자들에게 이 차원을 의식하라고 충고한다. 제자들처럼 앞 못 보는 사람이 되지 말라고 경고한다. 예수님께서 물 위를 걸어 그들에게 오셨을 때 알아보지 못하고 매우 놀란 것은, 그들이 빵의 기적이 일어났을 때 '무슨 일이 일어나고 있었는지', '빵의 기적을 깨닫지 못했기'(마르 6,52) 때문이다. 그렇다면 빵의 기적에 대해 무엇을 깨달아야 하는가? 제자들은 예수님께서 빵 다섯 개로 오천 명을 배불리 먹이신 사건을 보았다. 그러나 그 의미를 전혀 깨닫지 못했다. 그 사건의 신학적 의미를 알지 못했다. **예수님께서는 그 사건을 통해 하느님께서 약속하신 일을 행하는 분으로 자신을 드러내셨다. 그들은 행간을 읽을 수 없었고, 사건을 올바르게 해석하지 못했다. '무슨 일이 일어나고 있었는지'** 깨닫지 못했다. 마르코가 사건의 외적인 것, 역사적인 것만을 바라보지 않는다는 점을 여기에서 분명히 알 수 있다. 그의 관심은 주로 역사적 사건이 아니라, 사건의 해석, 즉 그것이 의미하는 바다. 그 사건에 역사적인 것보다 더 심오한 것이 없었다면, 제자들이 "빵의 기적을 깨닫지 못했다"고 말할 수 없었을 것이다.

두 번째 빵의 기적 이후, 거의 같은 일이 일어난다.

그리고 나서 그들을 버려두신 채 다시 배를 타고 건너편으로 가셨다. 그런데 제자들이 빵을 가져오는 것을 잊어버려, 그들이 가진 빵이 배 안에는 **한 개밖에** 없었다. 예수님께서 그들에게, "너희는 주의하여라. 바리사이들의 누룩과 헤로데의 누룩을 조심하여라." 하고 분부하셨다. 그러자 제자들은 자기들에게 빵이 없다고 서로 수군거렸다. 예수님께서는 그것을 아시고 그들에게 말씀하셨다. "너희는 어찌하여 빵이 없다고 수군거리느냐? 아직도 이해하지 못하고 깨닫지 못하느냐? 너희 마음이 그렇게도 완고하냐? 너희는 눈이 있어도 보지 못하고 귀가 있어도 듣지 못하느냐? 너희는 기억하지 못하느냐? 내가 빵 다섯 개를 오천 명에게 떼어 주었을 때, 빵 조각을 몇 광주리나 가득 거두었느냐?" 그들이 "열둘입니다." 하고 대답하였다. "빵 일곱 개를 사천 명에게 떼어 주었을 때에는, 빵 조각을 몇 바구니나 가득 거두었느냐?" 그들이 "일곱입니다." 하고 대답하자, 예수님께서 그들에게 "너희는 아직도 깨닫지 못하느냐?" 하고 말씀하셨다(마르 8,13-21과 6,52 참조).

여기서 예수님께서는 일곱 번이나 제자들에게 다양한 형태로 이해하지 못하였느냐고 말씀하신다. 그들은 줄곧 예수님을 바라보았지만, 그분을 보지 못했다. 마르코는 그가 서술하는 사건 표면에 나타난 것보다, 단순한 역사적 내용보다 훨씬 더 많은 의미가 있음을 강조하고 싶어 한다. 마르코는 성경을 사용하여 그리스도의 정체성을 밝힌다. 즉 구약 성경을 사용하여 그리스도의 신비를 밝힌다. 복음이 확증하는 것이 단지 역사적 내용뿐이라면, 복음은 역사적 진기함 외에는 우리에게 아무것도 전달하지 않기 때문에 진정한 성경이 아니라고 할 수 있다.

이 텍스트에서, 마르코는 최후 만찬 때까지 명확하지 않았던 예수님에 관한 무언가를 밝히기 시작한다. 제자들이 "빵을 가져오는 것을 잊어버려, 그들이 가진 빵이 배 안에는 **한 개밖에 없었다**"고 말한다. 그다음 "제자들은 자기들에게 빵이 없다고 서로 수군거렸다." 라고 신비롭게 말한다. 마르코는 제자들이 함께 빵을 먹은 후에, 그들이 어떻게 이렇게 말할 수 있는지 언급한다. 이것은 모순이다! 그래서 예수님께서는 "너희는 어찌하여 빵이 없다고 수군거리느냐? 아직도 이해하지 못하고 깨닫지 못하느냐?"라고 제자들에게 말씀하셨다. 빵을 나누어 주는 그분의 권능 때문에 그렇게 말하는 것이 아니라, 그분이 누구신지를 이해하지 못했기 때문이다. **마르코는 여기에서 예수님께서 빵이시라는 사실을 암시한다.** 이 사건 이후, 그가 다음에 "빵"이라는 단어를 사용하는 것은 최후 만찬 때다. "그들이 음식을 먹고 있을 때에 예수님께서 빵을 들고 찬미를 드리신 다음, 그것을 떼어 제자들에게 주시며 말씀하셨다. '받아라. 이는 내 몸이다.'"(마르 14,22) 마르코는 이미 시리아 페니키아 부인의 사건에서 예수님의 권능에 관한 상징적 의미로 "빵"이라는 단어를 사용했다. 여기서도 그것을 상징적인 의미로 사용하지만 마르코가 빵을 예수님과 동일시하기 때문에 이것이 훨씬 더 중요하게 다가온다.

2. 예수님, 메시아

마르코가 예수님께 부여한 첫 번째 호칭은 "그리스도" 혹은 "메시아"다. 마르코는 이 호칭을 여섯 번 사용한다. 다양한 사람의 입에서 세 번(마르 8,29; 14,61; 15,32) 그리고 예수님 말씀에서 세 번(마르 9,41; 12,35; 13,21)이다. 그러나 예수님께서는 메시아를 언급할 때 간접적으로만 사용하지, 결코 자신을 직접 언급하거나 자신을 메시아와 동일시하지 않는다. 사실, 예수님께서는 당시 유다인들이 기대한 메시아와 동일시되길 원하지 않으신 것 같다. 그래서 "다윗의 아들"이라는 메시아적 호칭도 마르코 복음에서 강조되지 않는다. 예리코의 앞 못 보는 사람은 예수님을 "다윗의 자손"이라 불렀다(마르 10,47-48). 그러나 예수님 자신은 메시아가 다윗의 자손이라는 것을 의심하는 것 같다. 사실상 메시아는 단순히 다윗의 아들 그 이상이다. 다윗 자신이 그분을 "주님"이라 불렀기 때문이다(마르 12,35-37). 적어도 "다윗의 자손"이라는 호칭이 마르코 복음에서 그다지 중요한 칭호가 아니라는 것은 분명하다. 예수님께서는 당시 이스라엘에서 기대되는 정치적 메시아와 동일시되기를 원하지 않으셨다. 첫 번째 빵을 많게 하는 기적 이후 예수님께서 군중의 열광에 휩싸이지 않도록 제자들을 곧바로 떠나라고 말씀하셨을 때 이미 언급하였다. 군중이 바라는 메시아가 되기를 그분은 원치 않으셨다. 또한 두 번째 빵의 기적 이후, 제자들이 여전히 예수님의 정체성을 이해하지 못하며, 예수님께서 그들을 앞 못 보는 사람이라고 다그치는 것을 보았다. 그분이 벳사이다의 앞 못 보는 사람을 보게 하는 바로 그때다.

그들은 벳사이다로 갔다. 그런데 사람들이 눈먼 이를 예수님께 데리고 와서는 그에게 손을 대어 주십사고 청하였다. 그분께서는 그 눈먼 이의 손을 잡아 마을 밖으로 데리고 나가셔서, 그의 두 눈에 침을 바르시고 그에게 손을 얹으신 다음, "무엇이 보이느냐?" 하고 물으셨다. 그는 앞을 쳐다보며, "사람들이 보입니다. 그런데 걸어 다니는 나무처럼 보입니다." 하고 대답하였다. 그분께서 다시 그의 두 눈에 손을 얹으시니 그가 똑똑히 보게 되었다. 그는 시력이 회복되어 모든 것을 뚜렷이 보게 된 것이다(마르 8,22-26).

모든 복음에서 이와 같은 예수님의 다른 치유는 없으며 예수님께서는 결코 여기서처럼 행동하지 않는다. 이것은 마르코가 독자들에게 경고하고 사건을 더 깊이 들여다보고는 '무슨 일이 일어나고 있었는지'를 찾도록 초대하기 위해 남긴 단서 중 하나다. 예수님께서는 결코 치유를 하지 않으시고, 치유가 일어났는지 묻는다. 결코 '나았느냐?' 혹은 '괜찮으냐?'라고 묻지 않으신다. 그리고 우리는 곧바로 완전히 치유되지 않는 사람에 대해서 읽는 것이 아니다. 여기서 앞 못 보는 사람은 완전히 낫지 않고 부분적으로만 볼 수 있으므로 사람이 나무가 걷는 것처럼 보인다고 말한다. 예수님께서 그를 다시 만지시자 그는 완전히 나았다. **치유는 단계적으로 일어난다. 그것은 예언적 행동이고, 상징적 행위 또는 예언자들의 상징들과 유사한 예언적 상징들이다** (예를 들어, 예레 51,63-64; 이사 20,1-6; 에제 4와 5). 우리는 그것들을 또 다른 현실의 표징으로 간주하기 때문에 상징적이라고 부른다. **성경에 나오는 사람들에게 표징은 실제이며, 눈으로 볼 수 있는 예언의 말씀이며, 예언 행위 자체에 이미 존재하는 예표된 사건이다.** 예언자의 삶과 행동은 그의 말만큼 예언으로 가득하다. 성경의 사고방식은 그것들을 분리하지도 구별하지도 않는다. 에제키엘서는 이것을 보여 준다.

주님의 말씀이 나에게 내렸다. "사람의 아들아, 너는 반항의 집안 한가운데에서 살고 있다. 그들은 볼 눈이 있어도 보지 않고, 들을 귀가 있어도 듣지 않는다. 그들이 반항의 집안이기 때문이다. 그러니 너 사람의 아들아, 유배 짐을 꾸려 대낮에 그들이 보는 앞에서 유배를 가거라. 그들이 보는 앞에서 네가 사는 곳을 떠나 다른 곳으로 유배를 가거라.

행여 자기들이 반항의 집안임을 그들이 깨달을지도 모른다. 너는 짐을 유배 짐처럼 싸서 대낮에 그들이 보는 앞에서 내어 놓았다가, 저녁에 그들이 보는 앞에서 유배를 떠나듯이 떠나라. 그들이 보는 앞에서 벽을 뚫고 나가라. 너는 어두울 때에 그들이 보는 앞에서 짐을 어깨에 메고 나가는데, 얼굴을 가리고 땅을 보지 마라. 나는 너를 이스라엘 집안을 위한 예표로 삼았다." 나는 명령을 받은 대로 하였다. …… 이튿날 아침에 주님의 말씀이 나에게 내렸다. "사람의 아들아, 저 반항의 집안인 이스라엘 집안이, '지금 무엇을 하고 있습니까?' 하고 너에게 묻지 않았느냐? …… 너는 또 말하여라. '나는 여러분을 위한 예표입니다. 내가 한 것과 똑같은 일이 그들에게 일어날 것입니다. 그들은 유배를 당해 끌려갈 것입니다.'"(에제 12,1-11)

마치 예수님의 제자들처럼 눈이 있어도 보지 못하는 자들의 눈을 뜨게 하기 위한 상징의 예가 여기 있다. 에제키엘의 행동은 이스라엘이 유배를 당할 것에 대한 현실이다. 마찬가지로 **벳사이다의 앞 못 보는 사람을 단계별로 치유하신 예수님의 행동은 제자들의 앞 못 보는 것을 치유하신 것에 대한 표징이다.**

1) 너는 메시아(그리스도)이다(마르 8,27-30)

복음에서 마르코가 "그리스도" 혹은 "메시아"라는 칭호를 두 번째로 사용하는데, 베드로의 고백에서 예수님께서는 크게 동요하지 않으신다.

예수님께서 제자들과 함께 카이사리아 필리피 근처 마을을 향하여 길을 떠나셨다. 그리고 길에서 제자들에게, "사람들이 나를 누구라고 하느냐?" 하고 물으셨다. 제자들이 대답하였다. "세례자 요한이라고 합니다. 그러나 어떤 이들은 엘리야라 하고, 또 어떤 이들은 예언자 가운데 한 분이라고 합니다." 예수님께서 다시, "그러면 너희는 나를 누구라고 하느냐?" 하고 물으시자, 베드로가 "스승님은 그리스도이십니다." 하고 대답하였다. 그러자 예수님께서는 제자들에게, 당신에 관하여 아무에게도 말하지 말라고 엄중히 이르셨다(마르 8,27-30).

여기에서 또 이상한 것이 발견된다. 마르코는 첫 구절에서 예수님께 "그리스도"라는 칭호를 부여했다. 복음의 첫 부분은 예수님의 정체성을 밝히는 것에 집중한다. 지금 이 시점에서 열두 제자 중 한 명인 베드로라는 이름을 부여받은 시몬이 당신을 메시아와 동일시한다. 그리고 예수님께서는 엄중하게 이를 다른 사람들에게 말하지 말라고 당부하셨다. 마침내 몇몇 제자가 그분을 알아보았다고 기뻐하고 축하하는 대신에, 그분은 침묵을 명하신다. 변화 없이는 메시아와 동일시되기를 원하지 않으신다. 제자들은 여전히 그분을 잘 모르고, 진정 누구신지 모르며, 그분과 같은 방식으로 메시아의 역할을 보지 못한다. 그래서 그분은 제자들이 자신에 대해 말하는 것을 원하지 않으며, 메시아의 역할을 이해하는 방법을 그들에게 가르치기 시작한다.

3. 예수님, 사람의 아들

마르코 복음에서 예수님께서는 "그리스도"라는 칭호로 자신을 쉽게 동일시하지 않는 사실과 달리, **종종 "사람의 아들"이라는 칭호와 동일시된다.** 베드로가 고백할 때 제자들에게 침묵을 당부한 후, 자신과 동일시되는 사람의 아들에 관해 직접 언급하기 시작하신다. 예수님께서 메시아로서의 자신의 역할에 대한 잘못된 생각을 바로잡으시고 메시아에 대한 새로운 개념을 부여하길 원한다는 것은 분명하다.

예수님께서는 그 뒤에, 사람의 아들이 반드시 많은 고난을 겪으시고 원로들과 수석 사제들과 율법 학자들에게 배척을 받아 죽임을 당하셨다가 사흘 만에 다시 살아나셔야 한다는 것을 제자들에게 가르치기 시작하셨다. 예수님께서는 이 말씀을 명백히 하셨다. 그러자 베드로가 예수님을 꼭 붙들고 반박하기 시작하였다(마르 8,31-32).

예수님께서 그리스도시라면, 고난을 받고 죽임을 당하고 다시 살아나야 할 사람의 아들일 뿐이다. 제자들은 이것을 이전에 알지 못했으며, 베드로는 곧바로 이를 거부한다. 여기에서 예수님께서는 "메시아"라는 칭호에 새로운 내용을 부여하여 "사람의 아들"이라는 칭호와 연결하신다.

마르코 복음에서의 "사람의 아들"이라는 칭호는 오직 예수님의 말씀에서만 찾을 수 있다. 수난과 부활에 대한 이 공식적인 예고 이전에, 예수님께서 '사람의 아들이 땅에서 죄를 용서하는 권한을 가지고 있다'(마르 2,10)와 '사람의 아들은 또한 안식일의 주인이다.'(마르 2,28)라고 말씀하실 때, 두 번이나 발견된다. 베드로의 고백 이후, 이 칭호는 다음에서 찾을 수 있다.

1. 수난과 부활에 대한 공식적인 예고(마르 8,31; 9,31; 10,33-34)
2. 수난과 부활과 관련해서(마르 9,9.12; 10,45; 14,21.41)
3. 예수님께서 다니 1,13-14의 사람의 아들에 대한 서술과 일치한 말씀으로 종말에 대해 말씀하실 때(마르 8,38; 13,26; 14,62)

예수님께서는 그래서 메시아(그리스도)이시고 사람의 아들이시다. 그러나 이 두 칭호들은 고난을 겪고, 죽임을 당하고, 부활한 사람의 의미에서 이해되어야 한다. 이전에는 결코 이러한 칭호들과 연관된 개념들이 없었다.

예수님께서는 마르 8,38에서 특이한 방법으로 "사람의 아들"이라는 칭호를 사용하신다. 지금 자신과의 관계가 종말론적 시간에 우리의 구원을 결정할 것이라고 하신다. 지금 예수님에 대한 우리의 태도는 미래에 그분이 영광스러운 사람의 아들로 오실 때 우리에 대한 그분의 태도를 결정할 것이다.

절개 없고 죄 많은 이 세대에서 **누구든지 나와 내 말을 부끄럽게 여기면, 사람의 아들도 아버지의 영광에 싸여 거룩한 천사들과 함께 올 때에 그를 부끄럽게 여길 것이다**(마르 8,23).

예수님을 부끄러워하는 것은 마태오와 루카가 해석하는 것처럼 예수님을 부인하는 것과 같다(예수님의 삶의 원칙들에 대해서는 마태 10,32-33; 루카 12,8-9 그리고 제3장 4를 참고하라). 마르코는 예수님의 말씀을 통해 우리 구원이 지금 예수님과 우리의 관계에 달려 있다고 단언할 수 있게 되자, 세상의 심판자이신 사람의 아들 예수님께서 하느님과 동등하다고 확신한다. 그것은 마르코가 예수님의 정체성과 신성을 확증하는 또 다른 방법이다.

4. 주님의 종, 고난받는 종인 예수님

예수님께서는 변모 사건 이후 베드로, 야고보와 요한과 함께 산에서 내려올 때 매우 의미심장한 말씀을 하신다. "사람의 아들이 많은 고난과 멸시exoudenêthê를 받으리라고 성경에 기록되어 있는 것은 무슨 까닭이겠느냐?"(마르 9,12) 문제는 구약 성경에서 멸시받고 고난받는 사람의 아들에 대한 기록을 찾을 수 없다는 것이다. 그러나 마르 10,45는 이 본문에서 예수님께서 무엇을 생각하는지에 대한 단서를 우리에게 제공한다. "사람의 아들은 섬김을 받으러 온 것이 아니라 섬기러 왔고, 또 많은 이들의 몸값으로 자기 목숨을 바치러 왔다(λὐτρον, lútron)." 영혼을 섬기고 준다는 개념은 이사야서 야훼Jahveh의 종의 노래에 나오는 "종"을 생각하게 한다.

……그가 자신vita을 속죄 제물로 내놓으면 그는 후손을 보며 오래

살고 그를 통하여 주님의 뜻이 이루어지리라. …… 의로운 나의 종은 많은 이들을 의롭게 하고 그들의 죄악을 짊어지리라. …… 이는 그가 죽음에 이르기까지 …… 그가 많은 이들의 죄를 메고 갔으며 무법자들을 위하여 빌었기 때문이다(이사 53,10-12).

이사 53,10-12과 마르 10,45에서 히브리어 'nephesh'과 그리스어 정신psyché은 "영혼anima"으로 번역되지 않는다. nephesh는 살고 있는 것이며 '생명', '자신', '살아 있는', '사람'을 의미할 수 있다.

그래서 마르코가 사람의 아들, 곧 예수님 자신이 많은 고난을 받고 멸시를 받아야 한다고 기록되어 있다고 말할 때, 그는 예수님을 주님의 종으로 생각하는 것이 분명해 보인다. 사실 이 본문은 이사 53,3의 히브리어 'nibzeh'을 잘 번역한 그리스어 단어 '멸시받다exoudenêthê'로 주님의 종에 대한 암시를 포함하고 있다. "사람들에게 멸시받고 배척당한 …… 그는 멸시만 받았으며 우리도 그를 대수롭지 않게 여겼다." 다른 번역은 '70인역'에서 사용되지만, 다른 그리스어 버전(Aquila, simmaco, Teodozione)들은 이를 'exoudenômenos'라고 번역한다.

이사야서에서 나오는 네 개의 종의 노래에 대한 암시는 다양한 신약 성경 저자들에게서 찾을 수 있으며, 초기 그리스도인이 이사야서에서 서술한 주님의 종을 예수님으로 여겼던 증거는 상당하다. 마르코 복음은 세례 때 이미 예수님을 하느님의 종으로 보았다. 마르코는 예수님을 종으로 명확하게 표현하지는 않지만, 요르단강에서의 세례와 같은,

다양한 형식으로 우리에게 이해시켜 준다. 처음부터 요한 세례자가 예수님을 "나보다 더 큰 능력을 지니신 분"(마르 1,7)으로 부르고, 마르코가 예수님을 사탄보다 "힘센 자"(마르 3,27)라고 암시할 때, 종은 가장 강한 자나 적어도 강한 자 중 한 사람으로 여긴 이사 53,12의 종으로서 예수님에 대한 암시를 가지고 있다. "그러므로 나는 그가 귀인들과 함께 제 몫을 차지하고 강자들과 함께 전리품을 나누게 하리라." [이탈리아주교회의 성경에 따르면 이렇다. "그러므로 나는 그에게 (먼저) 많은 것을 할당하고 그는 강력한(강한) 것을 전리품으로 줄 것이다."] 그리고 예수님께서는 종에 대해 말한 것과 같은 '빼앗길' 신랑으로 자신에 대해 말씀하셨다. '그가 구속되어 판결을 받고 제거되었지만 …… 그는 산 이들의 땅에서 잘려 나간다.'(이사 53,8)

종의 넷째 노래가 특히 초기 그리스도인에게 예수님의 수난, 죽음과 부활을 설명하기 위해 사용되었다는 명백한 증거가 신약 성경에 있다. 초기 그리스도인이 예수님의 마지막 날에 대한 이야기에서 이 본문을 사용한 이유를 쉽게 알 수 있다. 종의 노래와 신약 성경은 동일한 사고의 진행을 따른다. 즉, 고난받는 종만큼 예수님께서는 굴욕, 고난과 죽음을 통해 영광의 자리에 이르렀다.

그래서 예수님의 수난과 부활에 대한 공식적인 예고에는 종의 넷째 노래에 대한 암시가 포함되어 있다는 것이 일반적이다(마르 8,31; 9,31; 10,33-34). 세 번째 예고에는 종에 대한 다른 암시도 있다.

거기에서 사람의 아들은 수석 사제들과 율법 학자들에게 넘겨질 것이다. 그러면 그들은 사람의 아들에게 **사형을 선고하고, 그를 다른 민족 사람들에게 넘겨 조롱하고 침 뱉고 채찍질하고 나서 죽이게** 할 것이다. 그러나 사람의 아들은 사흘 만에 다시 살아날 것이다(마르 10,33-34).

이사 53,3의 멸시에 대한 암시와 53,4.5.8.10.11.12의 고난과 죽음에 대한 암시 외에도 여기서 우리는 종의 셋째 노래에 대한 암시를 발견한다.

"나는 **매질하는 자들**에게 내 등을, **수염을 잡아 뜯는 자들**에게 내 뺨을 내맡겼고 **모욕과 수모**를 받지 않으려고 내 얼굴을 가리지도 않았다."(이사 50,6)

1) "넘겨질 것이다" — 파라디도나이PARADIDÓNAI 동사

마르 9,31에서 '넘겨져paradídotai'와 마르 10,33-34의 '넘겨질 paradothêsetai'과 '넘겨paradôsousin'라는 단어들이 특히 주목된다. 이 동사는 네 개의 종의 노래의 그리스어판에서 발견되기 때문이다. 그것은 예수님께서 겟세마니에서 체포되기 전에 마르 14,41에서 찾을 수 있다. "시간이 되어 사람의 아들은 죄인들의 손에 넘어간다." 이 동사는 '주다'를 의미하는 동사 δίδωμι(dídômi)에서 유래되었다. 합

성어인 $\pi\alpha\rho\alpha\delta\iota\delta\omega\mu\iota$(paradidômi)는 '내어주다'를 의미하며, '누군가를 적의 손에 무방비 상태로 넘겨준다'는 의미와 같이(예를 들어 마르 1,14) '권력자에게 넘겨주는 것'(마르 9,31; 14,41; 로마 8,32)이라는 섬세한 의미로 사용될 수 있다. 또한 '배신하다'라는 부정적인 의미도 있다(예를 들어 마르 3,19; 14,18).

이 고난받은 종의 노래에서 종이 타인을 위해 자신을 주거나 바쳤다는 자기 증여의 개념은 이사 53,12에서 찾을 수 있으며("그가 죽음에 이르기까지 자신을 버리고"), 10절("그가 자신을 속죄 제물로 내놓으면")에서도 발견된다. 하느님께서 종을 주셨거나 바치셨다는 생각은 6절("주님께서는 우리 모두의 죄악이 그에게 떨어지게 하셨다.")에서 발견된다. '70인역'은 이 구절을 'parédôken', "주님께서는 우리 죄로 인해 그분을 넘겨주셨다."라는 단어로 10절("그를 으스러뜨리고자 하신 것은 주님의 뜻이었고 …… 그가 자신을 속죄 제물로 내놓으면…….")을 번역하며, 4절("우리는 그를 벌받은 자, 하느님께 매 맞은 자, 천대받은 자로 여겼다."), 5절("그가 찔린 것은 우리의 악행 때문이고 그가 으스러진 것은 우리의 죄악 때문이다."), 그리고 8절("그가 구속되어 판결을 받고 제거되었지만 …… 그는 산 이들의 땅에서 잘려 나가고 내 백성의 악행 때문에 고난을 당하였다.")은 수동태로 번역한다. '70인역' 12절에서는 'paradidômi'라는 동사를 두 번 사용한다. ("그가 죽음에 이르기까지 자신을 버리고 …… 많은 이들의 죄로 넘겨졌다.")

2) "많은 이"(RABBÎM, πολλοί)

고난받은 종의 노래의 핵심 단어 중 하나는 히브리어로 '많은 이rabbîm'라는 단어다. 예레미아스는 여러 번에 걸쳐 이 단어를 기록했다. 구약 성경에서 그것은 포괄적 의미, 즉 모든 사람을 포함하며, '많은 것으로 구성된 전체'를 의미한다. 이러한 의미로 번역하기는 쉽지 않지만, 아마도 "많은 이"가 이러한 생각을 뒷받침할 수 있다. 그리스어 πολλοί(polloí)와 다른 서구 언어로 번역한다면 보통 배타적 의미, 즉 "모든 이"가 아니라 "많은 이"를 의미한다. 예를 들어, "홀에 있는 많은 사람들이 이탈리아 사람이었다."라는 문장에서와 같이 일부를 제외한다는 의미에서 "많은"을 의미한다. 이것은 홀에 있는 일부는 이탈리아 사람이 아니라는 것을 의미한다.

반면에 Rabbîm은 이러한 배타적인 의미가 아니므로 때때로 '다수', '많은 수', 혹은 '모든 사람'으로 번역된다. 그러나 '모든 사람'이라는 단어는 두세 명의 작은 집단을 가리키는 데 사용할 수도 있지만 rabbîm은 많은 수로 이루어진 모든 사람을 가리킨다. 신약 성경에서 polloí라는 번역은 같은 의미를 가질 수 있다. 이것은 바오로가 '모든 이'와 '많은 이'에 대해 같은 방식으로 언급한 로마 5,12-19에서 분명히 볼 수 있다. 사실 이탈리아주교회의 성경에서 15절과 19절의 "많은 사람polloí"이라는 단어는 언제나 "모든 사람"으로 번역된다. 바오로는 한 사람으로 인해 죄와 죽음이 들어왔고, **"모든 사람"**이 죄를 지었고 죽음이 "모든" 사람에게 미치게 되었다고 12절에서 먼저 언급한다. 다음으로 15절에서 한 사람의 범죄로 "많은 사람"이 죽었지만, 단 한 사람 예수 그리스도를 통해서 "많은 사람"에게 은총이 더욱 넘쳤다고 말한다. 18절에서 한 사람의 범죄로 "모든" 사람이 유죄 판결을 받았고, 한 사람의 정의로운 행위로 "모든" 사람이 의롭게 되어 생명을 받았다고 언급한다. 그리고 19절에서는 한 사람의 불순종으로 "**많은 이**"가 죄인이 되었듯이, "한 사람의 순종으로 많은 이가 의로운 사람이 될 것"이라고 한다. 이것은 사실상 '의로운 나의 종은 **많은 이**rabbîm들을 의롭게 한다'는 이사 53,11에서 인용한 것이다. 바오로는 의화가 많은 사람이 아니라 모든 사람을 위한 것이라고 말하고 싶었음이 분명하다. "많은 이"라는 단어의 의미는 포괄적이며, 예수님께서 큰 무리인 모든 이를 의롭게 하신다는 것을 의미한다.

"rabbîm"이라는 어휘는 마르 10,45과 14,24의 최후의 만찬에서 중요하다. 첫 번째 텍스트는 "**많은 사람을 위한**antí pollôn", 즉, **모든 사람을 위한 예수님의 자기희생을** 유다인의 사고방식에 따라 말한다. "사람의 아들은 섬김을 받으러 온 것이 아니라 섬기러 왔고, 또 많은 이들의 몸값으로 자기 목숨을 바치러 왔다."(마르 10,45) 이 텍스트는 그리스인적인 사고방식, 즉 서양의 단어와 개념에 따라 작성했던 1티모 2,5-6과 비교할 수 있다.

마르 10,45 "사람의 아들은 …… 많은 이들의 몸값으로 자기 목숨을 바치러 왔다."

1티모 2,5-6 "사람이신 그리스도 예수님 …… 당신 자신을 모든 사람의 몸값으로 내어 주신 분이십니다."

이것은 예수님께서 잔을 들며 하신 말씀에서 가장 중요하다. "이는 많은 사람hypèr pollôn[즉, 모든 사람]을 위하여 흘리는 내 계약의 피다."(마르 14,24) 이것은 이사 53,12의 텍스트와 동일한 텍스트로 예수님의 자기희생을 표현한다. "그가 죽음에 이르기까지 자신(생명, 영혼)을 버리셨다he rah."

3) 종의 무고함

때때로 마르코는 사건을 설명하면서 단순하게 종의 주제를 암시한다. 종의 결백은 확실하다. "폭행을 저지르지도 않고 거짓을 입에 담지도 않았건만……."(이사 53,9) 마르코는 최고 의회 앞에서 예수님을 심문하는 동안 이러한 무고함을 암시한다.

수석 사제들과 온 최고 의회는 예수님을 사형에 처하려고 그분에 대한 증언을 찾았으나 찾아내지 못하였다. 사실 많은 사람이 그분께 불리한 거짓 증언을 하였지만, 그 증언들이 서로 들어맞지 않았던 것이다. 더러는 나서서 이렇게 거짓 증언을 하기도 하였다. …… 그러나 그들의 증언도 서로 들어맞지 않았다(마르 14,55-59).

거짓으로 증언한 주장에 대해 예수님이 무고하다는 것은 분명하다. 또한 빌라도 앞에서 **그분이 결백한 것은 분명**하다.

그러자 수석 사제들이 여러 가지로 예수님을 고소하였다. 그[빌라도]는 수석 사제들이 예수님을 시기하여 자기에게 넘겼음을 알고 있었던 것이다. 빌라도가 그들에게 "**도대체 그가 무슨 나쁜 짓을 하였다는 말이오?**" 하자, 그들은 더욱 큰 소리로 "**십자가에 못 박으시오!**" 하고 외쳤다. 그리하여 빌라도는 군중을 만족시키려고, 바라빠를 풀어 주고 예수님을 채찍질하게 한 다음 십자가에 못 박으라고 넘겨주었다(마르 15,3.14.15).

4) "무법자 중 하나로 헤아려진" 종

이 본문에서는 완벽히 결백한 예수님을 처벌할 정당한 이유를 찾을 수 없음을 보여 준다. 그래서 그분은 주님의 종과 비슷하시다. 그럼에도 불의한 사람으로 다루어졌다. 종에 대해 우리는 '무법자들 가운데 하나로 헤아려졌다'(이사 53,12)는 것을 읽는다. 여기서 '범법자'나 '반역자'를 의미하는 히브리어 'posh im'이라는 단어를 사용한다. **예수님도 범법자에 속한다.** 수석 사제들 때문에, 군중은 바라빠를 예수님보다 더 선호한다. 마르코는 바라빠를 다음과 같이 서술한다. "마침 바라빠라고 하는 사람이 반란 때에 살인을 지지른 반란

군들과 함께 감옥에 있었다."(마르 15,7) 다음에 '**예수님과 함께 강도 둘을 십자가에 못 박았다**'는(마르 15,27) 구절 즉 강도, 범법자 혹은 반역자를 의미하는 두 '**강도**lêstàs'라는 단어를 읽는다. 일부 사본에는 28절이 남아 있다. "그리하여 '그는 죄인들 가운데 하나로 헤아려졌다.'는 성경 말씀이 이루어졌다." 아마도 이 구절은 이사 53,12을 인용한 루카 22,37에서 온 듯하다. 어쨌든 **예수님께서는 무법자들 가운데 하나로 헤아려졌음이 분명하다**. 예수님께서 스스로 겟세마니에서 당신의 체포를 관찰한다.

"너희는 **강도라도 잡을 듯이 칼과 몽둥이를 들고 나를 잡으러 나왔단 말이냐? 내가 날마다 너희와 함께 성전에 있으면서 가르쳤지만 너희는 나를 붙잡지 않았다**."(마르 14,48-49)

5) 종의 침묵

종에 관해서도 그가 침묵하는 것을 읽는다.

학대받고 천대받았지만 그는 자기 **입을 열지 않았다**. 도살장에 끌려가는 어린 양처럼 털 깎는 사람 앞에 잠자코 서 있는 어미 양처럼 그는 **자기 입을 열지 않았다**(이사 53,7).

예수님께서 대사제와 빌라도 모두에게 침묵으로 대답하신 것으로 묘사되었음은 흥미로운 사실이다.

그러자 대사제가 한가운데로 나서서 예수님께, "당신은 아무 대답도 하지 않소? 이자들이 당신에게 불리한 증언을 하는데 어찌 된 일이오?" 하고 물었다. 그러나 예수님께서는 입을 다무신 채 아무 대답도 하지 않으셨다(마르 14,60-61). ……그러자 수석 사제들이 여러 가지로 예수님을 고소하였다. 빌라도가 다시 예수님께, "당신은 아무 대답도 하지 않소? 보시오, 저들이 당신을 갖가지로 고소하고 있지 않소?" 하고 물었으나, 예수님께서는 더 이상 아무 대답도 하지 않으셨다. 그래서 빌라도는 이상하게 여겼다(마르 15,3-5).

그래서 다시 마르코는 예수님을 고난받는 종으로 묘사한다.

6) 종의 무덤

예수님께서는 죽음 후에도 종과 닮았다. 이사 53,9에서 종에 대해 읽는다. "그는 악인들과 함께 묻히고 그는 죽어서 부자들과 함께 묻혔다." 예수님께서는 범죄자로 처형되었고 매장하기 위해 기름부음을 받지 않았다. 반면에, 그분의 시신은 바위를 깎아 만든 개인 무덤을 가진 부자로 보이는 아리마태아의 요셉에게 건네졌다. 그분을 명주로 만든 수의로 감싸고 그곳에 모셨다.

> 그는(요셉은) **아마포**를 사 가지고 와서, 그분의 시신을 내려 아마포로 싼 다음 **바위를 깎아 만든 무덤**에 모시고, 무덤 입구에 돌을 굴려 막아 놓았다(마르 15,46).

7) 종의 찬양

많은 저자들에 의하면, **예수님의 부활은 네 개의 종의 노래에서 예시되었다**. 어휘는 동일하지 않지만, 그 개념은 종의 승리 혹은 찬양에서 발견된다. 그분을 무덤에 안장한 후에 읽는다.

> 그러나 그를 으스러뜨리고자 하신 것은 주님의 뜻이었고 그분께서 그를 병고에 시달리게 하셨다. 그가 자신을 속죄 제물로 내놓으면 그는 후손을 보며 오래 살고 그를 통하여 주님의 뜻이 이루어지리라. 그는 제 고난의 끝에 빛을 보고 자기의 예지로 흡족해하리라. 의로운 나의 종은 많은 이들을 의롭게 하고 그들의 죄악을 짊어지리라. 그러므로 나는 그가 귀인들과 함께 제 몫을 차지하고 강자들과 함께 전리품을 나누게 하리라. 이는 그가 죽음에 이르기까지 자신을 버리고 무법자들 가운데 하나로 헤아려졌기 때문이다(이사 53,10-12).

마침내, 넷째 노래의 첫 구절은 이러한 맥락에서 큰 의미를 갖는다. "보라, 나의 종은 성공을 거두리라. 그는 높이 올라 숭고해지고 더없이 존귀해지리라."(이사 52,13) 초기 그리스도인은 이러한 말씀에서 예수님의 승리, 찬양과 부활을 올바르게 바라보았다.

5. 요약
― 우리가 따르는 분은 누구인가?

그렇다면 **우리가 따르는 분은 누구인가?** 마르코에 따르면 우선 그분은 우리에게 기쁜 소식을 전하는 분이시다. 그리스도이시며 하느님의 약속된 메시아시고 그분의 백성들이 간절히 기다리시는 분, 바로 예수님이시다. 하느님의 아드님이시다. 마르코 복음 처음부터 예수님께서는 이렇게 묘사되지만, 그 시점부터 이 칭호들은 명확한 내용이 없다. 즉, 모호한 칭호들이다. 그러나 마르코는 즉시 이러한 칭호에 본질과 명확한 내용을 부여하기 시작한다. 마르코에 따르면 구약 성경을 통하지 않는다면 예수님께서 누구신지 이해할 수 없다. 그래서 그리스도의 신비를 발견하기 위해 성경 본문을 연구하도록 우리를 인도한다. 그는 야훼만을 언급하는 구약 성경 텍스트에 예수님을 적용한다. 그러나 예수님께서 하느님과 하나가 아니고, 하느님 자신이 신비에 들어가지 않는다면 마르코가 어떻게 이 본문을 예수님께 적용할 수 있겠는가? 대답은 바로 나온다. 하느님께서는 친히 예수님께서 세례를 받고, 변모하셨을 때에 "나의 아들"이라고 부르신다. 그런 다음 마르코는 오직 하느님만 하실 수 있는 것을 예수님께서 하신다고 이야기한다. 즉, 그분은 죄를 용서하시고, 바람과 바다를 가라앉히시고 다스리시며, 죽은 자를 살리신다. 예수님께서는 안식일의 주인이시다. 하느님께서 직접 행하시겠다고 약속하신 일을 예수님께서 하시는 것은 마치 이스라엘이라는 산에서 양 떼를 먹이는 것과 같다. 예수님께서는 바다 위를 걸으시며 "나다"라고 선언하시면서 당신의 이름을 드러내신다. 그래서 마르코는 예수님께서 특별한 방식으로, 독특한 방식으로, 하느님과 동일한 방식으로 하느님의 아드님이심을 선언한다.

우리가 따르는 분은 **메시아**이지만, 정치적 메시아, 군중이 기다린 메시아도 아니다. 마르코에게 예수님께서는 **사람의 아들**과 동일시된 메시아시며, 멸시받고, 굴욕당하고, 고난받으며, 죽음을 당하지만, 결국 죽은 자 가운데서 되살아나시는 메시아다. 그래서 예수님께서는 메시아의 사명과 하느님의 아들의 사명을 통합시킨다. 그러나 그것이 전부는 아니다. 사람의 아들 예수님에게는 **주님의 종**, **고난받는 종**의 사명이 있기 때문이다. 그래서 사람의 아들은 종말론적 형상, 재림의 형상만이 아니다. 그분은 우리의 고통과 절망의 경험에 들어온 인물이다. 그러나 마침내 성공하실 것이다. 그분은 굴욕과 배척, 고난과 죽음을 거쳐 부활과 영광에 이르실 것이다.

그래서 마르코에서 나오는 예수님께서는 사람의 아들이자 주님의 종인 메시아의 형상을 자신 안에 결합시키는 하느님의 유일한 아드님이시다. 그러므로 우리가 따르는 분은 섬김을 받으러 온 것이 아니라 섬기러 온 것이며, 많은 이를 위해 자기 목숨을 바치러 오셨으며 많은 이를 위하여 계약의 피를 흘리시고, 사흘 만에 하느님에 의해 부활하셨다. 마침내, 그분은 (이방인의) 갈릴래아로 당신을 따르도록 우리를 초대하신 분이시다. 우리는 거기서 그분을 볼 수 있다.

제2장

우리는 어떤 길에서
하느님의 아드님,
예수 그리스도를 따르는가?

1. "나를 따라오너라."(마르 1,17)
"나를 따라라."(마르 2,14)

마르코는 요한 세례자가 잡힌 후, 예수님께서 갈릴래아에 오셔서 하느님의 복음을 전파하셨고 곧바로 한 무리의 제자들을 자신에게로 부르기 시작했다고 말한다.

예수님께서 갈릴래아 호숫가를 **지나가시다가**, 호수에 그물을 던지고 있는 시몬과 그의 동생 안드레아를 보셨다. 그들은 어부였다. 예수님께서 그들에게 이르셨다. "**나를 따라오너라**(δεῦτε ὀπίσω μου, deûte opísô mou). 내가 너희를 사람 낚는 어부가 되게 하겠다." 그러자 그들은 곧바로 그물을 버리고 **예수님을 따랐다**(ἠκολούθησαν αὐτῷ, êkoloúthêsan autô). 예수님께서 조금 더 가시다가, 배에서 그물을 손질하는 제베대오의 아들 야고보와 그의 동생 요한을 보시고, 곧바로 **그들을 부르셨다**(ἐκάλεσεν αὐτούς, ekálesen autoús). 그러자 그들은 아버지 제베대오를 삯꾼들과 함께 배에 버려두고 **그분을 따라나섰다**(ἀπῆλθον ὀπίσω αὐτοῦ, apêlthon opísô autoû)(마르 1,16-20).

이 사건이 있은 지 며칠 후에 다음 일이 일어난다.

예수님께서 다시 호숫가로 나가셨다. 군중이 모두 모여 오자 예수님께서 그들을 가르치셨다. 그 뒤에 길을 **지나가시다가** 세관에 앉아 있는 알패오의 아들 레위를 보시고 말씀하셨다. "**나를 따라라**(ἀκολούθει μοι, akoloúthei moí)." 그러자 레위는 일어나 그분을 따랐다. 예수님께서 그의 집에서 음식을 잡수시게 되었는데, 많은 세리와 죄인도 예수님과 그분의 제자들과 자리를 함께하였다. 이런 이들이 **예수님을 많이 따르고** (ἠκολούθησαν αὐτῷ, êkoloúthêsan autô) 있었기 때문이다(마르 2,13-15).

설교 후, 마르코 복음에서 예수님께서는 당신의 설교를 요약하신 후 시몬과 안드레아에게 처음으로 말씀하셨다. "나를 따라오너라." 일부 저자는 마르코가 1,16과 2,14에서 '지나가다parágôn'라는 단어를 사용하여, 제자를 만드는 예수님의 메시아적 권능의 **현현**을 나타내고자 한다고 생각한다. 또한 'parérchomai'처럼, 동사 'parágô'는 '70인역'에서 주님의 현현을 나타내는 데 사용하는 히브리어 동사 "abar'(앞을 지나가는)를 번역하는 데 사용된다. 그래서 이 텍스트는 6,48(parelthein)에서 예수님께서 바다 위를 걸으시며 제자들 앞을 지나가신 '현현'과 비슷할 것이다. 그러나 현시에 대한 또 다른 징후는 발견되지 않으며 문맥이 너무 다르기 때문에 마르코가 현시를 나타내려는 의도가 있었다고 보이지 않는다.

이 구절에서 "나를 따라오라."라는 예수님의 말씀이 훨씬 중요하다. 그리고 다시 구약 성경은 복음의 의미를 꿰뚫어 볼 수 있도록 도와준다. 요시아 임금에 대해서 읽어 보자.

임금은 …… 주님(야훼)을 따라 걸으며toû poreúesthai opísô Kyríou 마음을 다하고 …… 그분의 계명과 법령과 규정을 지켜, 그 책에 쓰여 있는 계약의 말씀을 실천하기로 주님(야훼) 앞에서 계약을 맺었다(2열왕 23,3).

그리고 야훼는 그의 종 다윗에게 말씀하셨다. '다윗은 나의 계명을 지켰을 뿐만 아니라, 마음을 다하여 나를 따랐다(eporeuthê opísô mou).'(1열왕 14,8) 이것은 이집트 탈출과 광야의 여정에서 가져온 풍요로운 상징으로, 하느님께서 이스라엘을 인도하기 위해 먼저 가셨고 백성은 뒤에서 주님을 따랐다.

주님께서는 그들이 밤낮으로 행진할 수 있도록 그들 앞에 서서 가시며, 낮에는 구름 기둥 속에서 길을 인도하시고, 밤에는 불기둥 속에서 그들을 비추어 주셨다(탈출 13,21).

모세는 이 형상을 사용하여 이스라엘에게 말한다. '너희는 지난 사십 년간 광야에서 너희 하느님 야훼께서 어떻게 너희를 인도해 주셨는지 더듬어 생각해 보아라.'(신명 8,2) 그리고 하느님 자신도 예레미야서에서 비슷한 방식으로 이스라엘에 대해 언급한다.

"네 젊은 시절의 순정과 신부 시절의 사랑을 내가 기억한다. 너는 광야에서, 씨 뿌리지 못하는 땅에서 나를 따랐다."(예레 2,2)

형상은 누군가의 길이나 발자취를 따르는 것과, 누군가의 뒤를 따르거나 걷는 것이다. 그래서 그것은 매우 개인적이고 배타적이다. 동시에 두 길이나 두 사람의 발자취를 따라갈 수는 없다. 그래서 하느님께서는 언제나 다른 신들을 따르지 말라고 경고하신다.

너희 가운데에서 예언자나 환몽가가 나타나 너희에게 …… 너희가 알지 못하는 **다른 신들을 따라가** 그들을 섬기자, 하고 그가 말하거든 너희는 그 예언자나 환몽가의 말을 들어서는 안 된다. 그것은 주 너희 하느님께서, 너희가 마음을 다하고 목숨을 다하여 주 너희 하느님을 사랑하는지 알아보시려고 너희를 시험하시는 것이다. 너희는 **주 녀희 하느님을 따르고**(opísô kyríou toû theoû hymôn poreúesthe) 그분을 경외해야 한다. 그분의 계명을 지키고 그분의 말씀을 들으며, 그분을 섬기고 그분께 매달려야 한다(신명 13,2-5; 8,19; 28,14 참조).

하느님께서는 당신 백성들에게 다른 신들을 따르지 말고, 당신의 계명을 지키며 마음을 다하고 정신을 다하여 당신을 사랑하라고 부르신다. 하느님 뒤를 따르는 것은 이 모든 것을 의미한다.

예수님께서 "나를 따르라."라고 말씀하실 때, 그분은 개인적이고 충실하며 배타적인 추종을 요구하신다. 그분은 "나의 교리를 따르라." 또는 "나의 모범을 따르라."라고 말씀하시지 않고, 단순하게 "나를 따르고, 추종하라."라고 말씀하신다. 직접 그를 따르라는 인격적 초대다.

그리스어 동사 ἀκολουθέω, akolouthéô는 같은 의미로 사용되며, 때로는 ὀπίσω μου ἀκολουθεῖν, opísô mou akoloutheîn(내 뒤에서behind me 나를 따르라)라고 말한다(마르 8,34). '누구를 따르는 것'은 '그의 제자가 되는 것'을 말한다. '제자'라는 단어는 마르코에서는 단수로 발견되지 않는다. 이것은 마치 예수님의 제자는 이미 한 집단, 친교, 공동체의 일부라고 말하는 것과 같다. 그것이 마르코 복음에서 처음으로 사용된 2,15에서, 우리는 예수님께서 '그분을 따르는 많은 제자들과 함께' 식탁에 앉으셨다는 것을 읽는다. 제자들, 즉 예수님을 따르는 사람들의 수는 증가하기 시작했다.

1,20에서 마르코는 야고보와 요한에 대해 예수님께서 단순하게 '부르셨다'고 말한다. 여기서 이미 우리는 17절과 18절의 모든 내용을 듣는다. 즉, 예수님 뒤에서 그를 따르라는 것이다. 예수님의 부르심은 '내 뒤에서 나를 따르라'를 의미한다. 그래서 그들의 응답은 그분을 따르는 것이다. '소명'의 개념은 예수님의 이러한 부르심에서 비롯된다.

그리스도인에게 소명은 무엇보다도 예수님 뒤를 따라가며, 그분의 추종자, 제자가 되라는 부르심이다.

1) 엘리사와 부자의 예

마르코에서 제자들을 부르신 이야기를 볼 때 우리는 부르심받은 사람들의 즉각적인 반응에 항상 놀라움을 금치 못한다. 그래서 주석가들은 아마 예수님과 이 사람들이 지금 처음 만난 것이 아니라고 자주 지적한다. 복음은 모든 사건을 이야기하지 않을뿐더러 예수님의 부르심을 받아들이는 심리적 과정을 묘사하지도 않는다. 그러나 요한 복음 1장에는 적어도 이 과정이 나타난다. 마르코는 심리적 과정보다는 하느님을 섬기라는 부르심에 더 관심을 가졌다. 엘리사가 부르심받는 장면은 이것을 이해하는 데 도움을 준다.

엘리야는 그곳을 떠나 길을 가다가 사팟의 아들 엘리사를 만났다. 엘리사는 열두 겨릿소를 앞세우고 밭을 갈고 있었는데, 열두 번째 겨릿소는 그 자신이 부리고 있었다. 그때 엘리야가 **엘리사 곁을 지나가면서 자기 겉옷을 그에게 걸쳐 주었다.** 그러자 엘리사는 소를 그냥 두고 엘리야에게 달려와 이렇게 말하였다. "아버지와 어머니에게 작별 인사를 한 뒤에 선생님을 **따라가게 해 주십시오.**" 그러자 엘리야가 말하였다. "다녀오너라. 내가 너에게 무엇을 하였다고 그러느냐?" 엘리사는 엘리야를 떠나 돌아가서 겨릿소를 잡아 제물로 바치고, 쟁기를 부수어 그것으로 고기를 구운 다음 사람들에게 주어서 먹게 하였다. 그런 다음 일어나 엘리야를 따라나서서 그의 시중을 들었다(1열왕 19,19-21).

마르코의 이야기와 예언자의 이 부르심 사이의 유사함을 찾기는 어렵지 않다. 일하는 엘리사의 아버지의 이름이 전해진다. 엘리야는 엘리사의 앞을 지나간다. 예언자의 가죽 겉옷은 그의 직분과 사명을 상징했다. 엘리사에게 겉옷을 준 엘리야의 행동은 예언자의 파견에 대한 부르심이며 동시에 권한을 부여하는 것이다. 엘리사는 모든 것을 버리고, 작업 도구를 불살랐으며, 잔치를 베풀고, 엘리야를 따라나섰다. 이는 엘리야를 통해 오는 하느님의 부르심을 온전히 받아들인 것이다.

마르코는 첫 번째 제자들이 예수님의 부르심을 즉각적으로 받아들였다고 말하고 싶어 한다. 그들 또한 예수님의 입을 통해 하느님의 부르심을 깨닫고 엘리사처럼 즉각 수용한다. 그들은 작업 도구와 가족 등 모든 것을 버리고 예수님을 따른다. **수용은 완전하고 무조건적이다.**

그러나 예수님의 부르심은 항상 이렇게 수용되는 것이 아니다. 부자의 일화에서 우리는 영원한 생명을 얻기 위해 필요한 모든 것을 하는 사람, 다시 말해서 계명을 지키는 사람을 바라본다(마르 10,17-22). 예수님께서는 그에게 "와서 나를 따라라." 하고 초대하신다. 그러나 제자가 되는 대가가 너무 커서 그는 슬퍼하며 떠난다. 베드로는 예수님께 "저희는 모든 것을 버리고 스승님을 따랐습니다."(마르 10,28)라고 말한다. 이것은 우리에게 삶의 여정을 고려하게 한다. 우리는 어떤 길로 그분을 따르는가?

2. 하느님의 뜻을 실현하는 것

1) 사막에서의 유혹. 기도

예수님께서 걷는 길, 그분이 추종자들을 인도하는 길을 찾기는 어렵지 않다. 그분이 요르단강에서 요한에게 세례를 받은 후에 일어난 일을 읽어 보자.

그 뒤에 **성령**께서는 곧 예수님을 광야로 내보내셨다. 예수님께서는 광야에서 **사십 일** 동안 사탄에게 **유혹을 받으셨다**. 또한 들짐승들과 함께 지내셨는데 천사들이 그분의 시중을 들었다(마르 1,12-13).

우리가 살펴본 것처럼 세례받을 때 예수님께서는 하늘에 계신 아버지가 기뻐하시는 사랑하는 아들로 인정되었다. 하느님께서 종처럼 당신의 아들을 기뻐하신 이유는 '그를 통하여 주님의 뜻(기쁨, 목적)이 이루어지기'(이사 53,10) 때문이다. 완전히 자유로운 대리자인 예수님께 종의 사명이 맡겨졌고, 그분은 이를 자유롭게 수용하신다. 예수님께서는 성령의 감도 아래 광야에서 40일 동안 하느님의 적, 사탄에게 유혹을 받는다. 마르코는 그 유혹이 어떤 것인지, 더 확실히 그가 받은 시험이 무엇인지 명시적으로 말하지 않는다. 그러나 언제나처럼 그분은 우리에게 단서를 보여 준다. 그는 왜 예수님을 광야로 내보내야 한다고 말하는가? 그는 요한과 예수님이 사막에 있었다고 이미 두 번 언급했다(1,3-4). **40일**과 **유혹을 받다**라는 말과 **사막**이라는 말의 반복은 광야에서 보낸 이스라엘 자손의 40년을 상기하게 한다. 그들은 "주님께서 우리 가운데에 계시는가, 계시지 않는가?"(탈출 17,7) 하면서 **주님**을 시험하였다. 그리고 하느님 역시 이스라엘을 시험하셨다.

너희는 이 **사십 년 동안 광야에서** 주 너희 하느님께서 너희를 인도하신 모든 길을 기억하여라. 그것은 너희를 낮추시고, 너희가 당신의 계명을 지키는지 지키지 않는지 너희 마음속을 알아보시려고 **너희를 시험하신 것이다**(신명 8,2).

이스라엘 자손을 위한 광야에서의 시험은 하느님께서 그들 가운데 계시는지 안 계시는지를 결정하는 것, 하느님을 따를 것인지 아닌지를 결정하는 것, 하느님의 뜻을 준수할 것인지 아닌지를 결정하는 것이었다. 하느님의 현존을 부인하고, 그분을 따르기를 거부하며, 그분의 뜻을 행하기를 거부하려는 유혹은 언제나 있었다.

자유인이신 예수님께서는 자신이 종의 사명을 수용할 것인지, 하느님의 뜻을 따를 것인지 결정해야 했다. 마르코는 예수님께서 40일 동안 하느님의 적으로부터 유혹을 받으셨다고 기술할 때 이것을 말하고 싶어 한다. 하느님의 적의 유혹은 분명히 하느님의 뜻을 거부하는 것이다. 마태오 복음에서 유혹하는 자는 예수님께서 40일 단식을 마친 후에야 예수님을 유혹하려고 그분에게 접근한다(마태 4,2-3). 마르코 복음에서 예수님께서는 40일이 끝나자마자 유혹을 받으신다. 이 기간은 예수님께 중요한 결정, 당신의 모든 삶의 근본적인 결정의 시간이었음이 분명하다. 그리고 예수님께서는 그 유혹을 극복하신다. 그분은 하느님의 뜻을 완전하게 수용하신다. 예수님 또한 추종자시다. 그분은 하느님의 길, 아버지의 뜻을 따른다. 이는 예수님께서 광야에서 시험을 받으신 직후, 하느님의 복음과 당신의 나라를 위해 온전히 헌신하셨다는 사실에서 분명하다. 자신을 전파하지 않고, 오직 복음과 하느님 나라만을 전파한다.

요한이 잡힌 뒤에 예수님께서는 갈릴래아에 가시어, **하느님의 복음**을 선포하시며 이렇게 말씀하셨다. "때가 차서 **하느님의 나라**가 가까이 왔다. 회개하고 복음을 믿어라."(마르 1,14-15)

예수님도 하느님의 복음을 믿으시므로 이를 전파하신다. 그리고 하느님의 길을 따르기 위해, 하느님의 뜻과 사명을 완수하기 위해, **예수님께서는 무엇보다 기도하신다.** 마르코는 이를 잘 보여 주며 우리로 하여금 예수님의 내면을 들여다보게 한다. 다음을 읽어 보자.

> 다음 날 새벽 아직 캄캄할 때, 예수님께서는 일어나 외딴곳으로 나가시어 그곳에서 기도하셨다. 시몬과 그 일행이 예수님을 찾아 나섰다가 그분을 만나자, "모두 스승님을 찾고 있습니다." 하고 말하였다. 예수님께서 그들에게 말씀하셨다. "다른 이웃 고을들을 찾아가자. 그곳에도 내가 복음을 선포해야 한다. 사실 나는 그 일을 하려고 떠나온 것이다."(마르 1,35-38)

우리는 이미 예수님께서 물 위를 걷기 전에 외딴곳에서 적어도 아홉 시간 동안 홀로 기도하시는 것을 보았다. **예수님께서 오랜 시간 기도하는 것은 습관이었을 것이다.** 그분이 아침 일찍 한적한 곳으로 가셨지만, 제자들은 그분을 어디에서 찾을 수 있는지 알고 있었던 듯하다. 하루 일과를 시작하기 전에 이 기도를 드린 후, 예수님께서는 다른 도시로 당신의 사명을 확장하시고 말씀하신다. "**나는 그 일을 하려고 떠나온 것이다.**" 몇몇 주석가들에 의하면, 이 구절은 예수님께서 단순히 설교하기 위해 집을 떠났음을 의미하지 않으며 오히려 하느님의 뜻을 설교하고, 그것을 **행하기 위해 세상에 나갔음을 의미**한다. 루카는 이렇게 해석하고 다음과 같이 적는다. "그러나 예수님께서는 그들에게 말씀하셨다. '나는 하느님 나라의 기쁜 소식을 다른 고을에도 전해야 한다. 사실 나는 그 일을 하도록 파견된 것이다.'"(루카 4,43) 다음의 요한의 신학과 유사하다. '나는 아버지에게서 나와 세상에 왔다.'(요한 16,28), '나는 내 뜻이 아니라 나를 보내신 분의 뜻을 실천하려고 하늘에서 내려왔다.'(요한 6,38), '내 양식은 나를 보내신 분의 뜻을 실천하고, 그분의 일을 완수하는 것이다.'(요한 4,34; 5,30; 8,42 참조) 그러나 루카와 요한의 말에 의지하지 않고도, 마르코 복음을 통해 예수님께서는 하느님의 뜻과 전적으로 일치하셨고 기도로 그것을 찾으셨음이 명확하다.

2) 예수님의 참제자는 그분의 진정한 가족이다(마르 3,33-35)

마르코 복음에는 예수님의 가족에 관한 매우 중요한 사건이 있다. 여기서 예수님께서는 자신의 진정한 추종자, 진정한 제자가 누구인지 명시적으로 가르친다. 이 사건은 마르코가 친척 집단이 예수님을 붙잡으러 나간 방법을 설명하는 '샌드위치 구조'로 시작된다. 이 사건은 예수님과 율법 학자의 논쟁으로 중단된 후, 예수님과 그 친척 집단과의 만남으로 계속된다. 여기서는 그 중간 부분이 생략된다.

예수님께서 집으로 가셨다. 그러자 군중이 다시 모여들어 예수님의 일행은 음식을 들 수조차 없었다. 그런데 예수님의 친척들이 소문을 듣고 그분을 붙잡으러 나섰다. 그들은 예수님께서 미쳤다고 생각하였던 것이다. [3,22-30] 그때에 예수님의 어머니와 형제들이 왔다. 그들은 밖에 서서 사람을 보내어 예수님을 불렀다. 그분 둘레에는 군중이 앉아 있었는데, 사람들이 예수님께 "보십시오, 스승님의 어머님과 형제들과 누이들이 밖에서 스승님을 찾고 계십니다." 하고 말하였다. 그러자 예수님께서 그들에게, "누가 내 어머니고 내 형제들이냐?" 하고 반문하셨다. 그리고 당신 주위에 앉은 사람들을 둘러보시며 이르셨다. "이들이 내 어머니고 내 형제들이다. **하느님의 뜻을 실행하는 사람이 바로 내 형제요 누이요 어머니다.**"(마르 3,20-21[22-30]31-35)

21절에서 '그분의 가족들i suoi'이라는 단어는 '그분 주변에 있는 사람들', '그분과 가까운 사람들'을 문자적으로 의미하는 'hoi par' autoú'라는 구절을 번역한 것이다. 그것은 '그분의 친구' 또는 '그분의 친척'을 의미할 수 있으나 21절에서는 누구를 가리키는지 명확하지 않다. 그러나 그 구조는 마르코가 의도하는 바가 무엇인지, 그리고 그가 누구에 대해 말하고 싶어 하는지 드러낸다. 이 사람들은 중단된 부분 이후 31절에서 **식별된다**. 그들은 예수님을 붙잡아 오려 했다. 그들이 정신이 나갔으며 미쳤다고 말하는 것은, 그분이 자신의 임무를 완수하기를 원한다는 것을 의미한다. 율법 학자들이 22절에서 "베엘제불이 들렸다." 혹은 "베엘제불에게 붙었다."라고 말하는 것과 같은 말이다. 마귀에게 사로잡힌 사람은 미친 사람으로 여겨졌다(요한

10,20). 일부는 예수님의 가족이 단지 염려가 되어, 즉 그분을 돌보기 위해 예수님께 갔다고 생각한다. 그러나 동사가 너무 강해 보인다. 즉, '강제로 어떤 사람을 데려오고 그를 상대방의 힘에 굴복시키는 것'을 의미한다. 아마도 그들이 예수님을 돌보고 싶어 하는 것은 사실이지만, 사명을 계속 행하는 것을 막고 싶었던 듯하다. **그래서 예수님께서는 그들이 부르실 때 밖에 나가기를 원하지 않으신다.** 집 안에 머무르고 있다. 마르코는 예수님께서 당신 가족에게 인사조차 하지 않으셨다고 언급한다. 그분의 말씀에는 힘이 있다. 그분은 당신의 말씀을 듣기 위해 둘러앉은 사람들과 그분을 데리러 온 사람들을 구별하신다. 그 옆에 있었던 사람들은 하느님의 뜻을 실천한다. 밖에 있는 사람들은 하느님의 뜻을 실천하지 않는다. 그렇기에 그분 곁에 있는 사람들을 가족, 형제, 자매, 어머니라고 말씀하신다. 예수님과 친족이라는 것 자체는 믿음과 아무런 상관이 없다. 예수님께서는 하느님의 뜻을 이루기 위해서 하늘에 계신 아버지의 사명을 완수하려는 일을 가족을 포함하여 그 누구도 방해하지 못하게 한다. **예수님의 참된 가족, 참된 제자는 예수님과 같이 하느님의 뜻을 행하는 사람들이다. 예수님의 참된 길은 하느님의 길이시다.** 예수님께서는 아버지의 뜻을 따르시며 제자들도 그렇게 하기를 원하신다.

복음의 이 시점에서 제기되는 질문은 **예수님의 어머니가 예수님을 데려가려는 가족들과 무엇을 하려 하느냐**는 것이다. 일부는 그녀가 당시 그 지역 평범한 여인처럼 단순히 다른 가족 구성원들과 동행했다고 여긴다. 결정은 남자들이 내리며 다른 이들은 조용히 따른다. 그러나 이 역시 예수님에 관한 마리아의 태도를 고려하게 한다. 그녀는 자유로운 사람이며 그녀 역시 예수님에 대해 결정을 내려야 한다. 당신 아들의 입에서 나오는 말씀이 하느님의 말씀인가 아닌가? 예수님께서 메시아인가 아닌가? 예수님께서는 하느님의 아들인가 아닌가? 아무도 마리아를 위해 결정해 줄 수 없다. 스스로 믿음의 행위를 해야 한다. 마르코 복음에는 마태오와 루카가 전한 예수님의 어린 시절 이야기가 없으며 천사가 마리아에게 알린 내용도 없다. 이 복음에는 마리아의 믿음에 관한 많은 질문에 대한 답이 없다.

이것이 이 복음에서 마리아의 유일한 모습이다. 그녀의 이름은 6장에 등장하지만 그녀는 나오지 않는다. 아들이 죽음을 맞이하는 골고타에도 등장하지 않는다. 그녀는 매우 내성적이고 매우 신중하며 겸손한 인물로 남아 있다. 바로 이런 이유로 우리 중 한 사람으로서 우리에게 매우 가깝고, 매우 인간적인 사람이다. 우리와 마찬가지로 마리아도 예수님에 대해 어떤 입장을 취해야 하고, 그분을 따를 것인지, 그분을 믿을 것인지, 그분의 제자가 될 것인지도 결정해야 한다. 어쩌면 그녀가 그를 믿는 것이 훨씬 더 어려웠을 것이다. 결국 어머니의 지속적인 관심이 필요한 아무것도 없는 아이처럼, 가장 연약한 상태에 계신 예수님을 보았다. 그녀는 요셉과 함께 인생의 첫걸음을 떼도록 도왔고, 유다교의 첫 교훈, 하느님에 대한 믿음, 계명 준수, 주님의 길을 걷는 것을 가르쳤다. 그리고 예수님에 대한 다른 가족 구성원들의 태도에 직면해야 했다. 아마도 마르코는 이 사건에서 예수님의 형제들(친척들)의 불신을 추측하고 있을 것이다. 요한은 "사실 예수님의 형제들은 그분을 믿지 않았다."(요한 7,5)라고 분명히 말한다. 그리고 나중에 예수님 스스로 고향과 친척과 집안에서만은 존경받지 못한다고 공개적으로 말씀하시는 것을 보게 될 것이다. 맞다. 아마도 마리아가 예수님을 믿기는 매우 어려웠을 것이다.

필자는 여기서 마리아를 가정의 위기와 신앙의 위기에 직면한 여성으로 바라본다. 이 사건에서 하느님의 뜻을 행하지 않는 사람들과 동행한 여성이지만, **분명히 아들에게 하느님의 뜻을 준수하도록 가르쳤던, 하느님의 뜻에 헌신한 여성이다. 아들에 대해서도 하느님의 뜻을 따르기를 원했고, 아들을 따르기로 결심한 여성이다.** 마르코는 마리아에 대해 이 모든 것을 명시적으로 언급하지 않지만 행간과 마리아의 침묵 속에서 이를 엿볼 수 있다. 다른 복음들과 신약 성경의 다른 내용들과 전통은 그림을 완성하고 우리가 예수님의 말씀을 마리아에게 적용할 수 있게 해 준다. "하느님의 뜻을 실행하는 사람이 바로 내 어머니." 예수님께서는 참으로 "마리아의 아들"(마르 6,3)이었다.

마리아가 예수님을 믿기 어려워했음은 당시 예수님께서 동시대 사람들에게 배척당하셨다는 사실에서 볼 수 있다.

예수님께서 그곳을 떠나 고향으로 가셨는데 제자들도 그분을 따라갔다. 안식일이 되자 예수님께서는 회당에서 가르치기 시작하셨다. 많은 이가 듣고는 놀라서 이렇게 말하였다. "저 사람이 어디서 저 모든 것을 얻었을까? 저런 지혜를 어디서 받았을까? 그의 손에서 저런 기적들이 일어나다니! 저 사람은 **목수로서 마리아의 아들**이며, 야고보, 요세, 유다, 시몬과 형제간이 아닌가? 그의 누이들도 우리와 함께 여기에 살고 있지 않는가?" 그러자 예수님께서 그들에게 이르셨다. "예언자는 어디에서나 존경받지만 고향과 친척과 집안에서만은 존경받지 못한다." …… 그리고 그들이 믿지 않는 것에 놀라셨다(마르 6,1-6).

예수님께서는 성경에서 여기서만 "**마리아의 아들**"이라고 불린다. **마리아의 다른 자녀들에 대해서는 읽을 수 없으며 마리아를 다른 사람의 어머니로 언급하는 일도 결코 없다.** 유다인들이 어떤 사람을 "어머니의 아들"이라고 부르는 일은 거의 없었다. 루카 4,22의 "요셉의 아들"처럼, 언제나 명칭은 "아버지의 아들"이다. 예를 들어, 어머니가 평판이 나쁘거나(판관 11,1-2) 다윗의 누이 경우처럼 어머니가 아버지보다 더 알려졌다면 아버지의 명예를 훼손하기까지 했다(1사무 26,6; 1역대 2,15-16; 2사무 16,9-10). 아마도 요셉이 선종했고 과부인 마리아가 '예수님의 어머니'로 알려졌기 때문에 사용된 것 같다(루카 7,12의 예 참조). 그러나 오히려 경멸하는 듯 보인다. 나자렛 사람에 따르면, 예수님께서는 무명의 사람으로 그저 단순히 목수이며, 마태오 복음에서는 목수의 아들(마태 13,55)이다. 그러나 **마르코는 모든 독자들이 예수님께서 참으로 "목수"이자 "마리아의 아들"이라는 사실을 언제나 기억하**

길 원한다.

예수님의 어머니 마리아는 복음들에서 예수님의 추종자로 불리지 않았다. 그러나 다른 여성들은 예수님을 따르는 사람들로 인식되었다. 이 여성들은 아버지의 뜻을 완수하기 위해 예루살렘으로 향하는 그분과 동행함으로써 하느님의 뜻을 실현했다. 그분의 죽음 이후를 읽어 보자.

여자들도 멀리서 지켜보고 있었는데, 그들 가운데에는 마리아 막달레나, 작은 야고보와 요세의 어머니 마리아, 그리고 살로메가 있었다. 그들은 예수님께서 갈릴래아에 계실 때에 그분을 따르며 시중들던 여자들이었다. 그 밖에도 예수님과 함께 예루살렘에 올라온 다른 여자들도 많이 있었다(마르 15,40-41).

사도행전에 따르면, 사도들은 부활과 승천 후에 예루살렘으로 돌아가고 "여러 여자와 예수님의 어머니 마리아와 그분의 형제들과 함께 한마음으로 기도에 전념"하였다(사도 1,13). 그래서 예수님 가정의 이 구성원들은 그분의 제자들과 연결되어 있고, 부활의 증인이며, 오순절, 성령 강림에 참석한다. 여기서도 마리아는 다른 이들과 함께 계시며, 침묵하고 기도하며 주의를 기울여 하느님의 뜻을 행하는 이로 묘사된다(사도 1,12-2,4).

3) "내게서 물러가라.
너는 하느님의 일은 생각하지 않는다."(마르 8,33)

(1) 성경에 따르면 — δεῖ, μέλλειν

예수님께서 전적으로 하느님의 뜻에 헌신한 사람임은 분명하다. 그러나 항상 하느님의 뜻을 어떻게 알 수 있는지 의문이 든다. 이와 관련하여 이스라엘 사람들에게 한 가지 분명한 사실이 있다. **하느님의 뜻은 성경에서 찾을 수 있다**는 점이다. 어떤 것을 성경에 따라 행한다면 하느님의 뜻에 따르는 것이다. 그래서 초대 교회와 복음사가들은 예수님의 삶, 죽음과 부활이 성경에 따른 것임을 보여 주는 데 애썼다. 아마 그리스도교 교리의 가장 원시적인 공식은 1코린 15장에서 찾을 수 있을 것이다.

> 나도 전해 받았고 여러분에게 무엇보다 먼저 전해 준 복음은 이렇습니다. 곧 그리스도께서는 **성경 말씀대로** 우리의 죄 때문에 돌아가시고, 묻히셨으며, **성경 말씀대로** 사흘날에 되살아나시어……(1코린 15,3-4).

특별히 **두 단어**가 하느님의 뜻을 나타내기 위해 사용되었다. 사도행전에서 읽어 보자.

> 바오로는 늘 하던 대로 유다인들을 찾아가 세 안식일에 걸쳐 성경

을 가지고 그들과 토론하였다. 그는 메시아(그리스도)께서 고난을 겪으신 다음 죽은 이들 가운데에서 다시 살아나셔야 했음을 설명하고……(사도 17,2-3).

이 구절에서 그리스도의 고난과 부활의 필요성이 성경에 따라 입증된다는 점에 주목해야 한다. 바오로는 그것을 사도행전에서 다시 말한다.

> 그러나 나는 하느님의 도움을 받아 이날까지 이렇게 서서 낮은 사람에게나 높은 사람에게나 증언하고 있는데, **예언자들과 모세가 앞으로 일어나리라**mellóntôn고 이야기한 것 외에는 아무 말도 하지 않았습니다. 곧 메시아께서 고난을 받으셔야 한다는 것과, 죽은 이들 가운데에서 부활하신 첫 번째 분으로서 이 백성과 다른 민족들에게 빛을 **선포하시리라는** méllei 것입니다(사도 26,22-23).

두 그리스어 동사, 즉 δεῖ(deî), μέλλειν(méllein)은 매우 중요하다. 그것들은 어떤 것이 하느님의 뜻에 따르는 것이며 따라서 그것은 절대적으로 필요하고 일어날 운명임을 나타낸다. 'Deî'는 다음과 같이 번역될 수 있다. '신적인 필요성'이라는 의미에서 "필요하다" 혹은 "필수적이다" 혹은 "해야 한다"로 말이다. 'Méllein'은 또한 '신적인 필요성'이라는 의미를 전달하며 미래로, '확실하게' 미래로, 혹은 부정사인 '~로 정향된다'로 단순하게 번역될 수 있다.

(2) 베드로의 고백

베드로가 고백한 후, 다시 마르코에서 우리는 하느님의 뜻에 예수님께서 하신 헌신을 본다.

사람의 아들이 **반드시**dei 많은 고난을 겪으시고 원로들과 수석 사제들과 율법 학자들에게 배척을 받아 죽임을 당하셨다가 사흘 만에 다시 살아나셔야 한다는 것을 제자들에게 가르치기 시작하셨다(마르 8,31).

이는 예수님께서 겪는 고난과 배척, 죽음과 부활이 모두 하느님의 뜻에 따른 것임을 의미한다. 또한 성경을 따른다는 것은 마르 9,12를 보면 명확하다. "사람의 아들이 많은 고난과 멸시를 받으리라고 성경에 **기록되어 있는 것은**gégrapta 무슨 까닭이겠느냐?" 예수님께서 최후 만찬에서 선포한 말씀에서도 명확하다. "사람의 아들은 자기에 관하여 성경에 **기록된 대로**gégraptai 떠나간다."(마르 14,21) '떠나간다'는 말은 여기서 예수님의 폭력적 죽음에 대한 완곡한 표현이다.

베드로의 고백과 그의 죽음에 대한 예수님의 첫 번째 공식적인 예고 이후, 베드로는 메시아 예수님을 위한 미래를 받아들이고 싶지 않기 때문에 강하게 반응한다.

예수님께서는 이 말씀을 명백히 하셨다. 그러자 베드로가 예수님을 꼭 붙들고 반박하기 시작하였다. 그러나 예수님께서는 돌아서서 제자들을 보신 다음 베드로에게, "사탄아, 내게서 물러가라(Va' dietro a me, hypage opísô mou). 너는 하느님의 일은 생각하지 않고 사람의 일만 생각하는 구나." 하며 꾸짖으셨다(마르 8,32-33).

하느님의 일을 생각하는 것은 하느님의 방식과 생각에 따라, 하느님의 뜻에 따라 생각하는 것이다. 이사야서를 읽어 보자.

내 생각은 너희 생각과 같지 않고 너희 길은 내 길과 같지 않다. 주님의 말씀이다. 하늘이 땅 위에 드높이 있듯이 내 길은 너희 길 위에, 내 생각은 너희 생각 위에 드높이 있다(이사 55,8-9).

이때 베드로는 하느님 생각을 하고 싶지 않았으며 그분의 길을 따르기도 원하지 않았다. 그는 단지 사람 생각을 하고 사람의 길을 따르기를 원했다. 즉, 하느님의 뜻을 따르기를 원하지 않거나, 적어도 예수님의 말씀에서 하느님의 뜻을 인정하지 않는다는 것이다. 그래서 예수님을 자신의 말과 생각으로 반박한다. 예수님께서는 돌아서서 다른 제자들을 보시고 똑같이 강하게 반응하신다. 제자들이 베드로처럼 생각하는 것을 바라지 않으시기 때문이다. 베드로는 그분을 붙잡고 반박했지만 예수님께서는 모든 사람 앞에서 베드로에게 공개적으로 말씀하시고자 했다. "사탄아, 내게서 물러가라("Υπαγε ὀπίσω μου, hypage opísô mou)"라고 말하신다. 사탄이라는 단어는 적대자를 의미하며, 반드시 하느님의 대적 마귀를 가리키는 것은 아니다. 그것은 단순히 '적'을 의미할 수 있다(예를 들어, 2사무 19,23; 민수 22,22.32). 예수님께서는 여기서 베드로를 하느님의 적으로 여기며, 그것이 예수님의 미래와 그의 미래에 대한 하느님의 뜻을 가로막는다고 선언한다.

(3) "내게서 물러가라" Ὕπαγε ὀπίσω μου"

"내 뒤를 따르려면 ὀπίσω μου ἀκολουθεῖν"(마르 8,33-34)

예수님의 말씀을 주목하자. 일반적으로 이것은 "나에게 멀리 떠나라."(성경, N.V.) 혹은 "나에게서 떨어져라."(성경, C.E.I.) 등과 비슷하게 번역된다. 그러나 예수님께서는 이렇게 말씀하지 않으신다. 문자 그대로 말하는 것은 우리가 많이 본 단어인 'opísô mou'를 사용한 "나를 따르라"다. 'hypage'라는 동사는 이별하는 의미로 '가다' 혹은 '떠나다'일 수도 있지만, 예수님께서 부자에게 '가서 hypage 가진 것을 팔아 가난한 이들에게 주어라. …… 그리고 와서 나를 따르라.'(마르 10,21) 하신 것처럼 단순히 무엇을 하기 위한 '가다'를 의미할 수도 있다. 이 문장에서는 작별이 아니라, 오히려 명령하거나 초대하는 것이다. '여기서 멀리 가라' 혹은 '여기서 가라'라는 개념은 이 문장을 적절하게 표현한 것이 아니다. 'opísô mou'라는 단어는 예수님께서 베드로를 보내려고 하시는 것이 아니라 당신을 따르라는 것임을 보여 준다. 몇몇은 '더 이상 당신을 보고 싶지 않다'라는 의미로 이 문장을 해석한다. 예를 들어 영어는 'get out of my sight(내 시야에서 벗어나라)', 스페인어는 'quítate de mi vista(내 눈앞에서 없어져라)', 독일어는 'weg mit dir ······ geh mir aus den Augen(나와 떨어져 ······ 내 시야에서 사라져라)'로 번역되지만, 이는 그 단어의 의미를 잘 살려 번역된 것이 아니다. 작별을 의미하지 않기 때문이다.

마르코가 이야기하고픈 것을 잘 이해하기 위해서는 글자 그대로 "**내 뒤를 따라라**va' dietro a me"로 번역해야 하며, 예수님께서 나를 따르라(deûte opísô mou, 내 뒤를 따라오라vieni dietro a me)라고 말했을 때 마르코가 사용한 의미를 기억해야 한다. 이 마지막 문장은 제자로서 **예수님을 따르라**는 부드러운 초대다. 반면, 베드로에게 말한 첫 번째 문장은 제자에게 지시하는 예수님을 따르라는 엄한 명령이다. "나를 따라라"는 베드로에게 '제자로서 내 뒤를 따르고, 나를 따르고, 나에게 의지하고, 나를 지지하여라'라고 말하고 싶은 것이다. 이는 이별의 말이 아니며, 예수님께서 더 이상 베드로를 보지 않기를 원하신다는 말도 아니다. 참제자로서 그분을 진정으로 따르면서 더 이상 사탄이 되지 말고 다시는 하느님 뜻을 행하는 것을 방해하지 말라는 의미다. 예수님께서는 "**베드로야, 내 앞에서 나를 방해하지 말고, 내 뒤로 가서 나를 따르고 의지하여라.**" 말하고 싶어 하신다.

다음 구절에서 opísô mou(내 뒤에)를 사용한 것으로 보아 마르코의 의도는 분명하다. 예수님께서는 베드로를 만난 후에 그에게 하느님의 생각, 즉 하느님의 일을 어떻게 생각하는지, 하느님의 뜻을 이루기 위해 무엇을 해야 하는지를 명확히 하고 싶었던 것이다.

예수님께서 제자들과 함께 군중을 가까이 부르시고 그들에게 말씀하셨다. "누구든지 내 뒤를 따르려면(seguire dietro a me, opísô mou akoloutheîn) 자신을 버리고 제 십자가를 지고 나를 따라야(mi segua, akoloutheítô moi) 한다."(마르 8,34)

하느님께서는 당신이 바라시는 길인 십자가로 예수님을 인도하신다. 예수님께서는 기꺼이 따르지만 베드로는 그 길을 따르지 않는다. 그는 방해꾼, 적, 사탄이다. 그래서 예수님께서 '내 뒤를 따르라, 나를 따르라, 나에게 의지하라, 나를 방해하지 마라, 내 제자가 되어라.'라고 말씀하신다. 필자는 예수님께서 베드로에게 심한 말씀을 하지 않았다고 말하거나, 그분의 말씀을 순화하고 싶지 않다. 예수님께서 베드로를 쫓아내는 것이 아니라 그를 더 가까운 제자가 되도록, 하느님의 뜻을 따르도록 부르셨음을 분명히 하고 싶다. 필자는 다른 번역들이 이러한 해석을 담지 못했다고 본다.

(4) 세 번째 공식적인 예고의 서문

수난의 세 번째 공식적인 예고의 서문에서 마르코는 다시 하느님의 뜻을 강조한다. 이것은 제자들이 예수님의 태도와 하느님의 뜻을 따르겠다고 확고히 결정하면서 가졌던 어려움을 강조하는 특별한 서문이다.

그들이 예루살렘으로 올라가는 길이었다. 예수님께서는 제자들 앞에 서서 가고 계셨다. 그들은 놀라워하고 또 뒤따르는 이들은 두려워하였다. 예수님께서 다시 열두 제자를 데리고 가시며, **당신께 닥칠 일들을 그들에게 말씀하기 시작하셨다**(tà méllonta autô symbaínein)(마르 10,32).

이 서문은 매우 경쾌하고 역동적인 형태로 적혀 있다. 진행하는 행위를 가리키기 위해서 몇 개의 동명사가 포함된다. 이는 예루살렘으로 향하는 길에서 일어난 것을 묘사한다. 예수님께서는 예루살렘에 가려고 서두르시는 듯하다. 열두 제자보다 앞서 걷는데, 제자들은 그분을 따라갈 수 없었다. 그들은 그분의 태도에 놀라고 예루살렘이 적의 요새인 줄 알았기에 두려워했다(마르 3,22과 7,1 참조). 그러므로 예수님께서는 자신에게 일어나는 모든 것이 하느님의 뜻에 따른 것임을 다시 한번 강조한다. 마르코는 'tà méllonta'라는 단어로, **하느님의 자비로운 뜻에 따라 반드시 일어날 일**임을 언급한다. 그들은 **두려워해서는 안 된다**. 하느님께서는 그들의 길을 인도하신다. 예수님의 길은 예루살렘과 십자가로 인도된다. 하느님께서 원하시기 때문이다.

(5) 예수님께서 오신 목적

예수님께서는 예루살렘에서 자신의 죽음이 어떤 목적을 가졌는지 열두 제자에게 말씀하신다. 우리는 이미 이것을 다른 맥락에서 보았다. 예수님께서는 "사실 사람의 아들은 섬김을 받으러 온 것이 아니라 섬기러 왔고, 또 많은 이들의 몸값으로(antì pollôn) 자기 목숨을 바치러 왔다."(마르 10,45)라고 말씀하신다. 이 마지막 문장에서 우리는 아마도 예수님 죽음에 대한 가장 원시적인 그리스도교 신학적 이해를 가지게 될 것이다. 이는 원시적이지만 매우 심오하다. 이것을 최후의 만찬에서 다시 듣는다. "이는 많은 사람을 위하여(hypèr pollôn) 흘리는 내 계약의 피다."(마르 14,24) 하느님께서는 예수님께 자신의 생명은 다른 모든 사람을 위해 바쳐질 것이고, 그 생명은 다른 모든 사람보다 더 소중하기에 많은 이의 구원을 위해 죽는 것이 그분이 세상에 오신 목적이자 목표임을 이해하게 하셨다. 인간의 구원은 하느님께서 원하신 것이다. 하느님께서는 예수님의 죽음을 직접적으로 원하지 않으시지만, 죄스러운 인간으로 인해, 하느님의 종으로서의 예수님의 사명은 십자가로 이어진다. 하느님 자신이 당신의 아들을 죄인의 손에 넘겨주신다. 마르코는 신학적 수동태를 사용하여 이것을 분명히 말한다. "시간이 되어 사람의 아들은 죄인들의 손에 넘어간다."(마르 14,41; 로마 8,32 참조). 이것은 하느님의 관대하고 신비한 뜻의 일부이며 우리의 구원을 위한 하느님의 자비로운 계획의 일부다.

(6) 겟세마니(마르 14,32-41)

이 계획은 완수하기 쉽지 않다. 예수님께서는 우리의 고난과 죽음의 상태에 완전히 들어오셨다. 어려움에도 불구하고 하느님의 뜻을 온전히 받아들이신다. 이를 겟세마니 장면에서 볼 수 있다.

그들은 겟세마니라는 곳으로 갔다. 예수님께서는 제자들에게, "내가 기도하는 동안 너희는 여기에 앉아 있어라." 하고 말씀하신 다음, 베드로와 야고보와 요한을 데리고 가셨다. 그분께서는 공포와 번민에 휩싸이기 시작하셨다. 그래서 그들에게 "내 마음이 너무 괴로워 죽을 지경이다. 너희는 여기에 남아서 깨어 있어라." 하고 말씀하셨다. 그런 다음 앞으로 조금 나아가 땅에 엎드리시어, 하실 수만 있으면 그 시간이 당신을 비켜 가게 해 주십사고 기도하시며, 이렇게 말씀하셨다. "아빠! 아버지! 아버지께서는 무엇이든 하실 수 있으시니, 이 잔을 저에게서 거두어 주십시오. 그러나 제가 원하는 것을 하지 마시고 아버지께서 원하시는 것을 하십시오." 그리고 나서 돌아와 보시니 제자들은 자고 있었다. 그래서 베드로에게 "……한 시간도 깨어 있을 수 없더란 말이냐?" 하시고, 다시 가셔서 같은 말씀으로 기도하셨다. 그리고 다시 와 보시니 그들은 여전히 눈이 무겁게 내리감겨 자고 있었다. …… 예수님께서는 세 번째 오셔서 그들에게 말씀하셨다. "……시간이 되어 사람의 아들은 죄인들의 손에 넘어간다."(마르 14,32-41)

마르코는 다시 친밀한 기도에서 예수님의 내적 삶을 우리에게 보여 준다. 예수님께서는 첫 번째로 기도하신 후, 세 명의 제자에게 돌아가셔서 그들이 자고 있는 것을 보신다. 그분은 베드로에게 "한 시간도 깨어 있을 수 없더란 말이냐?"라고 말씀하신다. 이것은 예수님께서 한 시간 동안 기도하셨음을 의미한다. 그리고 나서 그분은 다시 가시어 같은 말씀으로 기도하신다. 마르코는 또 다른 시간의 기도를 강조한다. 그런 다음에 예수님께서 '다시 와 보니 그들이 여전히 자고 있는 것을 보셨다. …… 제자들은 그분께 무슨 말씀을 드려야 할지 몰랐다'고 언급한다. 그리고 곧바로 예수님께서 "세 번째로 오셔서"라고 말한다. 이것은 틀림없이 예수님께서 같은 기도를 세 번, 각각 한 시간 동안 기도하셨음을 의미한다. **세 시간 동안 예수님께서는 'deî', 즉 수난과 죽음의 필요성과 더불어 하느님의 뜻을 받아들인 것이다.** 예수님께서는 그 필요(수난과 죽음)가 하느님의 뜻과 완전히 연결되어 있음을 인식하고 계신다. 그래서 하실 수만 있다면 그러한 필요성, 그 시간, 그 잔을 멀리해 달라고 간절히 청한다. 그분은 하느님께서는 모든 것이 가능하심을 아신다. 예수님께서는 죽음 앞에서 매우 슬프고 번민으로 가득 찼다. 수난, 죽음에 대한 필요와 씨름하시고, 하느님께서 그것을 지나가게 하실 수 있는 가능성과 씨름하신다. 그분은 충만한 신뢰, 사랑, 희망으로 기도하신다. "제가 원하는 것을 하지 마시고 아버지께서 원하시는 것을 하십시오." 예수님께서는 전적으로 하느님의 뜻을 받아들이신다. 그래서 세 번째 기도 후 제자들에게 돌아오시어 "이제 되었다. **시간이 되어 사람의 아들은 죄인들의 손에 넘어간다.**"라고 말씀하신다. 이것은 우리가 본대로 하느님의 활동을 가리킨다. 다음 구절은 예수님을 수석 사제들, 율법 학자들, 원로들의 권위에 넘기려는 유다의 행동을 의미한다.

예수님께서는 기도 가운데 내적으로, 아버지이신 아빠abbà의 뜻을 받아들이셨다. 이제 겟세마니에서 그분은 이 내면의 태도를 공개적으로 보여 준다. 예수님께서는 그분을 체포하러 온 이들, 마치 강도를 치러 온 듯한 사람들에게 "성경 말씀이 이루어지려고 이리된 것이다."(마르 14,49)라고 말씀하신다. 이 문장은 불완전한 문장으로 이해될 수 있으며, 예수님의 말씀과 마르코 복음사가의 논평 모두 이렇게 이해되는 경우가 많다. **과거를 바라본다면** 이렇게 완성될 수 있다. "이 일을 했던 것은 성경을 완성하기 위한 것이었다." 현재를 보면, 다음과 같이 완성될 수 있다. "이 일을 하는 것은 성경을 완성하기 위한 것이다." 즉, 예수님께서 체포되어 강도 취급을 받는 것은 예를 들어 이사 53,8.12처럼 성경 말씀이 성취되도록 하기 위함이라는 의미다. "그가 구속되어 판결을 받고 제거되었지만 …… 무법자 가운데 하나로 여겨졌다."

마르코가 한 이 말은 **오히려 미래와 관련된 또 다른 의미, 기대, 바람의 의미로** 이해된다. 그래서 마르코가 아닌 예수님께서 하신 말씀으로 이해되며, 거의 명령과 지도의 형식으로 선포된다. 폭력과 동요의 장면에서 참으로 침착하고 고요한 분은 예수님밖에 없을 것이다. 매일 그분이 가르치시던 성전에서 낮에 잡는 것이 아니라 그 시간에, 그 장소에 비겁하게 잡으러 온 것에 관해 유다와 그 무리를 책망할 정도로 자제력 있으시다. 그분은 무슨 일이 일어나고, 어떤 일이 당신을 기다리는지 안다. 모든 것이 그분의 말씀을 기다린다. 그런 다음 예수님께서는 장엄하고 엄숙한 침묵 속에 명령하신다. "이제, 성경 말씀이 이루어졌다!" 이어지는 행동을 시작하는 이는 오직 그분밖에 없다. 이것은 예수님께서 기도 중에 이미 받아들이신 아버지의 뜻이며, 시간, 그리고 잔이다. 그분은 조용히 내면으로 받아들이셨다. 이제 공개적으로 모든 이 앞에서 당신의 뜻이 아버지의 뜻과 하나이며, 당신에게 이루어질 모든 것은 성경에 따른 것이라고 선언한다. 따라서 아버지의 뜻에 따라 자신의 생명이 모든 사람을 위한 속죄 제물로 주어진 것임을 인정하시고 다음과 같이 명령하신다. "성경 말씀이 이루어지게 하소서!" 이 말씀에 모든 제자들은 그분을 버리고 도망가 버린다. 예수님께서 친히 열두 제자들에게 일깨워 주신 성경 말씀이 완수된다.

예수님께서 제자들에게 말씀하셨다. "너희는 모두 떨어져 나갈 것이다. 성경에 '내가 목자를 치리니 양들이 흩어지리라.'고 기록되어 있다. 그러나 나는 되살아나서 너희보다 먼저 갈릴래아로 갈 것이다."(마르 14,27-28)

하느님의 뜻과 같은 예수님의 길, 이는 예수님을 예루살렘과 십자가로 인도하지만 십자가에서 끝나지 않는다. 마르코 복음에서 그분의 길은 죽음으로 끝나지 않고 부활로 끝나며 갈릴래아로 다시 인도된다. 이 모든 것은 아버지의 뜻이 이루어지기를 바라는 '성경이 이루어지도록' 하신 예수님의 말씀과 열망과 명령에 포함되어 있다.

3. 요약
— 마르코 복음에서 나타난 예수님의 길

 그렇다면 우리는 어떤 길에서 예수 그리스도를 따르는가? 예수님께서 우리에게 뒤를 따르라고 부르실 때, 그분을 따른다는 것은 어떤 길로 향하는 것일까? 마르코 복음에 따르면 그것은 명확하게 예수님께서 따른 것과 같은 길, 즉 **하느님의 길, 하느님에 의해 선택된 길, 아버지의 뜻과 동일시되는 길**이다. 예수님의 공생활 초기부터 아버지께 헌신하는 그분의 모습을 볼 수 있다. 그분은 요르단강에서 세례를 받으셨을 때 이 길을 깨닫는다. 사탄은 그가 하느님의 길을 포기하게 만들려고 유혹하지만 실패한다. 불신으로 가득 찬 그분의 가족과 동시대 사람들은 그분을 하느님의 일에서 돌아서게 할 수 없었다. 제자들 가운데 있는 "사탄"도 그분이 다른 길을 가도록 설득할 수 없었다. 결국 죽음 그 자체 앞에서 만난 두려움과 고뇌조차 그분이 하느님의 뜻을 포기하게 할 수 없었다. 예수님께서는 제자들에게 하느님의 길에서 당신을 따르고 아버지의 뜻을 행하라고 부르시고, 아버지의 뜻을 실행하는 사람이 실제로는 당신의 형제요 자매요 어머니라고 가르치신다.

마르코에 따르면 예수님께서는 성경에서 자신에 대한 하느님의 뜻을 보셨다. 거기서 그는 'deî'와 'méllein'이라는 단어를 발견한다. 즉 우리 구원을 위해 하느님의 뜻을 따를 필요가 있다는 것이다. 예수님께서는 성경에서 하느님의 생각을 찾으시고, 베드로에게 하느님의 것을 생각하기 시작하고 그분을 따르라고 초대하면서, 예루살렘과 십자가로 인도하는 하느님의 길을 따르겠다는 당신의 결정을 찬성하고 지지해 달라고 하신다. 예수님께서는 섬김을 받으러 오신 것이 아니라, 하느님의 뜻에 따라, 모든 사람들을 위해 당신의 생명을 바치러 오셨다. 겟세마니에서 기도하실 때 친밀감을 느끼신 예수님께서는 아버지의 선한 뜻에 전적으로 자신을 바치신다. 그다음 죽음 앞에, 적들 앞에, 더 중요하게는 제자들 앞에서 공개적으로 당신에 대한 하느님의 뜻, 당신 아버지의 길을 장엄하게 받아들이시고, '성경 말씀이 이루어졌다!'라고 선언하신다. 마르코 복음은 우리에게 예수님의 길을 보여 준다. 그 길은 우리가 따라야 하는 길이며, 하느님과 함께 생명으로 인도되는 길이기 때문이다.

제3장

어떻게 예수 그리스도를
따라야 하는가?

'주님의 종' 넷째 노래에서 이사야는 "우리는 모두 양 떼처럼 길을 잃고 저마다 제 길을 따라갔지만 주님께서는 우리 모두의 죄악이 그에게 떨어지게 하셨다."(이사 53,6)라고 쓴다. 그리고 예수님의 마지막 종말론적인 담론에서 그분은 "너희는 누구에게도 속는 일이 없도록 조심하여라."(마르 13,5)라고 말씀하신다. 예수님께서는 제자들에게 그릇된 길로 인도되지 않도록, 유혹에 넘어가거나 미혹되지 말라고, 속지 말라고 당부하셨다. 그분이 따르시고 가르치신, 즉 우리의 구원을 위한 하느님의 뜻인 그 길은 참된 길이다. 문제는 이 길을 어떻게 따라야 하는지, 예수님의 여정 속에서 어떻게 그분을 따라야 하는지다.

1. 하느님 나라. 회개

마르코 복음에서 예수님께서 하신 첫 말씀은 하느님 나라, 회개, 그리고 신앙에 대한 것이다.

요한이 잡힌 뒤에 예수님께서는 갈릴래아에 가시어, 하느님의 복음을 선포하시며 이렇게 말씀하셨다. "때가 차서 하느님의 나라(ἡ βασιλεία τοῦ θεοῦ)가 가까이 왔다. **회개하고 복음을 믿어라.**"(마르 1,14-15)

우리는 이미 예수님께서 처음부터 아버지와 그분의 뜻에 전적으로 헌신하셨음을 살펴보았다. 곧바로 예수님께서는 하느님의 복음, 즉 하느님 나라가 가까이 와 있다는 것을 선포하기 시작하신다. 'ἡ βασιλεία τοῦ θεοῦ'(hē basileía toû theoû)라는 문구는 첫 번째로 "**하느님의 주권, 왕권, 통치권, 지배**"를 의미하고, 두 번째로 "하느님께서 통치하시는 장소, 범위, 구획, 영역, 상태"를 의미한다. 히브리어 'malkûth' 와 '70인역'의 그리스어 번역, 'βασιλεία'(basileía)는 하느님 '나라'와 동일한 의미다. 여기서 고려해야 할 세 가지 측면이 있다. 첫째, 하느님의 나라는 영원하고 전능하며 영광을 받는다(시편 145[144],11-13; 103[102],19). 둘째, 하느님의 통치가 수용되고 당신의 법이 지켜지는 세상에서 하느님 나라가 나타난다. 셋째, 장차 하느님 나라는 온전히 임할 것이다. 미래에 이스라엘이 하느님께 기대하는 모든 것이 'ἡ βασιλεία τοῦ θεοῦ'의 개념에 포함되어 있다. 그래서 이 개념은 야훼의 날에 하느님 자신이 모든 악과 악의 세력을 없애시고 온 세상에 당신의 통치를 온전히 확장하실 것이라는 의미에서 종말론적이다.

주요한 개념은 하느님의 전능한 주권, 즉 악의 권세에 대한 그분의 선에 대한 의지지만, 하느님 나라 구성원의 공동체 개념이 포함된다. **하느님 나라의 구성원은 그분의 주권과 그분의 뜻에 복종한 사람들이다.** 마태오는 주님의 기도에서 그것을 올바르게 언급한다. "아버지의 나라가 오게 하시며 아버지의 뜻이 하늘에서와 같이 땅에서도 이루어지게 하소서."(마태 6,10) 두 번째 문장이 첫 번째 문장을 명시적으로 만드는 병렬 구조다. 즉, '당신의 뜻이 이루어지게 하소서.'라는 요청은 '당신의 나라가 오게 하라'는 요청과 같다. 이것은 **하느님의 뜻이 온전히 이루어질 때 하느님의 나라가 임한다**는 뜻이다.

예수님께서 선포한 복음은 하느님의 나라가 가까이 온 것이므로, **예수님께서는 회개를 요구한다.** 회개는 하느님 나라에 들어가기 위해 필요하다. 마르코는 '생각 혹은 마음을 바꾸는'이라는 의미를 가진 'metanoeîte'라는 단어를 사용하여 완전한 회개, 모든 의지와 모든 생각의 회개, 죄에서 하느님을 향해 돌아서는 것을 말한다. 그러므로 회개는 인간에게 해로운 모든 것으로부터 인간에게 유익한 모든 것을 향하여 돌아서는 것이다. 그래서 회개는 부정적이지 않고 전적으로 긍정적이며, 슬프지 않고 즐겁다. 하느님의 주권을 받아들여야 하는 인격적인 변혁이다. 그래서 하느님 나라의 구성원이 되기 위해 필요하다. 'metanoeîn'이라는 단어는 히브리어 'shûb'(돌리다)에 해당하는데 예언자들의 회개와 하느님으로 돌아섬, 죄에서 돌아서고(예를 들어 1열왕 8,35; 예레 18,8), 하느님에게 향하는 것을 기술하기 위해 자주 사용된다(예를 들어 1열왕 8,33; 이사 31,6). 예수님께서는 청중들에게 하느님 나라가 가까이 있다는 복음을 믿고 회개하라고 초대하신다. 그것은 기쁨과 희망으로 인도하는 충만한 초대이자 메시지다.

2. 예수님께서 부르신 사람들
예수님과 함께한 사람들

　　복음에 기술된 예수님을 따르는 방법은 때때로 특별한 방법이고 열두 제자와 같이 제한된 집단을 위한 것이다. 그러나 이러한 특별한 경우에도 예수님을 어떻게 따라야 하는지 발견할 수 있다. 예수님께서 부르신 첫 번째 사람들은 어부들이다. 예수님께서는 "나를 따라오너라. 내가 너희를 사람 낚는 어부가 되게 하겠다."(마르 1,17)라고 말씀하신다. 예수님께서는 여기서 개인적인 구원에 대해 말씀하시지 않고, 타인을 위한 활동적인 일에 대해 언급하신다. 처음부터 타인을 위한 직무, 다른 사람을 섬기는 일에 헌신하는, 그분을 따르는 일을 말씀하신 것은 매우 의미 있는 듯 보인다. 사람 낚는 어부라는 개념은, 가끔 위협이라는 부정적인 의미로 구약 성경에서 발견된다(예를 들어 하바 1,14-17; 예레 16,16; 에제 29,4; 아모 4,2). 그러나 마르코의 형상은 예수님과 유사한 직무를 통해 사람들을 하느님 나라로 인도하는 사도직, 하느님의 사명에 대한 선한 의미를 가지고 있다.

예수님께서 부르신 최초의 사람들은 어부였기에 **비천한 출신의 단순한 사람들이었음이 분명했다.** 그들은 귀족도, 율법 학자도, 사제들도, 부자들도 아니었다. 나중에 **예수님께서 부자를 부르실 때,** 성공하지 못한다. 그분이 부르시는 사람은 모든 계명들을 준수한 선한 사람이다. 예수님께서는 모든 이에게 요구하지 않는 것을 그에게 바라면서 그를 사랑하고 더 가까이 따르라고 부르신다. 또 그의 모든 소유물을 내놓으라고 요구하신다. 그가 진정으로 예수님을 따르려면 필요한 것이기 때문이다. "너에게 부족한 것이 하나 있다. 가서 가진 것을 팔아 가난한 이들에게 주어라. 그러면 네가 하늘에서 보물을 차지하게 될 것이다. 그리고 와서 나를 따라라."(마르 10,21) 예수님께서는 그에게 부족한 것이 무엇인지 정확히 말씀하시지 않는다. 그러나 하느님의 일에 온전하게 헌신하기 위해서 가져야 할 물질적인 것에 대한 초연함이 부족한 듯하다. "그러나 그는 이 말씀 때문에 울상이 되어 슬퍼하며 떠나갔다. 그가 많은 재물을 가지고 있었기 때문이다."(마르 10,22) 그에게 물질적 소유물은 예수님을 가까이 따르는 것보다 더 중요했다. 그것은 단지 예수님을 따르는 문제가 아니다. 하느님 나라에 들어가는 문제다. 예수님께서는 다음과 같이 말씀하신다.

"재물을 많이 가진 자들이 하느님 나라에 들어가기는 참으로 어렵다." …… "얘들아, 하느님 나라에 들어가기는 참으로 어렵다! 부자가 하느님 나라에 들어가는 것보다 낙타가 바늘귀로 빠져나가는 것이 더 쉽다."(마르 10,23-25)

제자들은 하느님 나라에 들어가기 어려운 사람을 보면서, "그러면 누가 구원받을 수 있는가?"라고 말한다. 예수님께서는 명확하게 대답하신다. "사람에게는 불가능하지만 하느님께는 그렇지 않다. 하느님께는 모든 것이 가능하다."(마르 10,27) 이러한 말씀은 부자에게 부족한 것이 무엇인지 이해하는 데 도움을 준다. 예수님께서는 그가 하느님보다 자기 자신과 재물을 더 신뢰한다고 말씀하시는 것이다. 그는 하늘의 보물을 얻기 위해 지상의 재물을 버리기를 원하지 않는다. 이 부자가 하느님 나라에 들어가기를 방해하는 모든 것을 스스로 내려놓아야 했던 일은 미래에 겪게 될 어려움을 암시하는 것 같다. 세상의 재물이 하느님 앞에 놓여 있다면, 즉 그것을 하느님보다 더 귀하게 여긴다면 하느님 나라에 들어갈 수 없으며 그분의 뜻을 자신의 뜻보다 우선시할 수 없다. 이것은 부자들만이 아니라 모든 사람들에게 해당된다. 그래서 예수님께서는 사람이 스스로 하느님의 나라에 들어가는 것이 불가능하다고 말씀하신다. 물질적 재물이 아니라 하느님에게 자신을 맡기고 하느님과 함께한 이라야 하느님 나라에 들어갈 수 있다. 다시 한번 우리는 이 세상의 재화에 대한 애착에서 오직 하느님께 대한 애착으로 전환하는 회개의 필요성을 본다. 또한 우리는 마르코 복음에 나오는 예수님의 첫 제자들, 그들이 물질적 재화와 가족까지 포기하는 모범적인 모습을 바라본다. 하느님과 예수님을 따르는 것이 다른 어떤 것, 자기 자신보다 우선시된다.

1) 세리들과 죄인들

예수님께 부름을 받은 최초의 제자들 중에는 사람들이 증오하는 부류, 세리(τελῶναι, telônai)였던 레위가 있었다. 세관telónion에 앉아 있는 레위를 부르신 사건을 읽어 보자.

그 뒤에 길을 **지나가시다가** 세관에 앉아 있는 알패오의 아들 레위를 보시고 말씀하셨다. "나를 따라라." 그러자 레위는 일어나 그분을 따랐다. 예수님께서 그의 집에서 음식을 잡수시게 되었는데, 많은 **세리와 죄인**도 예수님과 그분의 제자들과 자리를 함께하였다. 이런 이들이 예수님을 많이 따르고 있었기 때문이다. 바리사이파 율법 학자들은, 예수님께서 죄인과 세리들과 함께 음식을 잡수시는 것을 보고 그분의 제자들에게 말하였다. "저 사람은 어째서 세리와 죄인들과 함께 음식을 먹는 것이오?" 예수님께서 이 말을 들으시고 그들에게 말씀하셨다. "건강한 이들에게는 의사가 필요하지 않으나 병든 이들에게는 필요하다. 나는 의인이 아니라 죄인을 부르러 왔다."(마르 2,14-17)

여기서도 **예수님께서는** 당신이 오신 목적 즉, **죄인을 부르기 위해서 왔음을 선포**하신다. 의인을 부르러 오지 않으셨다고 하셨는데 그분이 하신 첫 번째 설교는 모든 사람들을 μετάνοια(metánoia, 회개)로, 회심으로, 복음을 믿으며 하느님의 뜻에 헌신하고 하느님 나라로 들어가라는 부르심이 분명하다. 따라서 이 구절에서 "의인"은 세리, 죄인과 대조되는 "바리사이파 율법 학자들"을 가리키는 듯하다. 몇몇 주석가들, 예를 들어 빈센트 테일러Vincent Taylor는 예수님의 말씀이 풍자적이라고 주장한다. 예수님께서 율법 학자들처럼 스스로 의롭다고 생각하는 사람을 부르러 오신 것이 아니라고 했다. 그들은 예수님께서 "너희는 사람들 앞에서 스스로 의롭다고 하는 자들이다. 그러나 하느님께서는 너희 마음을 아신다. 사실 사람들에게 높이 평가되는 것이 하느님 앞에서는 혐오스러운 것이다."(루카 16,15)라고 말씀하신 바리사이들과 같다. 그들은 자신이 건강하다고 생각하기 때문에 의사가 필요하다고 생각하지 않는다. 이러한 의미에서 그들은 예수님의 직무를 받아들이지 않는다. 예수님께서는 **모든 죄인, 즉 자신이 죄인이며 하느님의 용서가 필요함을 인정할 준비가 된 사람들을 부르러 오셨다**. 이 죄인들을 부르셔서 당신을 따르라고 하신다. 그분은 모두에게 잘 알려진 그룹인 "세리와 죄인들"과 함께 식사하기를 주저하지 않는다. 노먼 페린Norman Perrin은 다음과 같이 썼다.

예수님 시대에 동족인 유다인들이 증오한 특별한 집단은 '세리와 죄인들'로 인식되었다. 세리는 대부분 착취를 했을 뿐 아니라 직간접적으로 나라를 찬탈한 이방인들, 이방인의 권력에 부역하고, 부과된 세금을 거두었기 때문에 증오받았다. 또 '죄인들'은 그 행위와 직업이 하느님과 규정에 위배되는 사람들이다. 몸 파는 여인들은 그 예가 명백하다. 그들의 대상자에 로마 군인들이 포함되었다면 더욱 그렇다. 돼지를 치는 사람들은 또 다른 예시가 될 것이다. 동물 사육사들은 안식일 규정을 지킬 수 없었으며, 돼지 자체가 경신례로 부정했기 때문이다. 이는 되찾은 아들의 비유에서 젊은이가 돼지 치는 사람이 된다는 것이 핵심 포인트다. 이 사실은 유다인의 공동체에서 그를 죄인으로 바라보게 하며, 그의 아버지는 나중에 그를 배척해야만 했다. 그래서 '세리와 죄인'은 자신의 공동체에서 죄인이었던 유다인들을 의미하는 일반적 용어다. 그들이 행위와 직업으로 하느님께 죄를 범했기 때문이고, 아마도 그들의 존재 자체가 당신 백성을 위한 구원 행위를 지연시켰을 것이기 때문이다.

또 다른 책에서, 페린은 '세리와 죄인'에 대해 다음과 같이 언급한다.

우리는 '죄인'을 세 그룹의 용어로 생각할 수 있다. 1) 참회와 희망으로 영원하신 아버지에게 돌아갈 수 있었던 유다인들, 2) (참회와) 희망이 의심스러운 이방인 죄인들과 자신을 하느님의 자비 범위 밖에 있다고 여겼던 대다수의 유다인들, 3) 참회가 가능하긴 하지만 거의 할 수 없을 정도로 어려웠던, 스스로를 이방인처럼 만든 유다인들. 유다인과 그리스도교에서 사용된 언어에서 세리와 도둑이라는 조합이 발견되므로 이것들을 확신한다. 즉, 세리와 강도(Toh. [Tohoroth, Mishnah] 7.6) 이 단어들은 신성 모독과 연관된다. 세리는 이방인처럼 집 안에 들어갈 때 모든 것을 더럽힌다(B.K. [Baba Kamma] 10.2). 세리와 창녀(마태 21,32), 강도, 사기꾼, 간음하는 사람, 혹은 세리(루카 18,11), 살인자, 강도, 세리(Ned. [Nedarim] 3.4), 그리고 가장 중요한 것은, 세리와 죄인(마르 2,15 이하 및 종종), 세리와 이방인(마태 18,17)이 비교된다. 신약 성경에서 자주 등장하는 '세리와 죄인'이라는 단어는 '세리와 이방인처럼 된 유다인들'로 이해될 수 있다고 확신한다. 그러한 유다인은 대부분 참회나 용서에 대한 희망이 없다고 간주되었으며, 그들이 한집에 있는 것만으로도 그 안의 모든 것을 더럽혔다(Toh. 7.6, 앞에서 언급됨).

예수님께서 세리와 죄인과 함께 식탁에 앉는 것을 주저하지 않으셨다는 사실은 율법 학자와 바리사이에게는 수치스러운 일이었다. 루카 복음에서 나오는 잃어버린 양, 잃어버린 은화, 잃어버린 아들의 **세 가지 비유의 서론**은 예수님께서 이 사람들과 함께 식사하는 데 반대하는 것을 보여 준다.

세리들과 죄인들hoi telôani이 모두 예수님의 말씀을 들으려고 가까이 모여들고 있었다. 그러자 바리사이들과 율법 학자들이, "저 사람은 죄인들을 받아들이고 또 그들과 함께 음식을 먹는군." 하고 투덜거렸다. 예수님께서 그들에게 이 비유를 말씀하셨다(루카 15,1-3).

예수님께서는 세리와 죄인에 대한 당신의 태도를 질책하는 사람들에게 이 비유를 말씀하신 것이 분명하다. **비유는 하늘의 기쁨, 즉 죄인 한 사람이라도 회개시키는 하느님의 기쁨을 언급한다.** 그리고 예수님께서 이 죄인들과 함께 식탁에 앉으신 것은 그들에게 이미 영원한 기쁨이 시작된 것이다. 이와 관련하여, 예레미아스는 《이것은 나의 몸이다 *Questo è il mio corpo*...》라는 그의 책에 다음과 같이 썼다.

동양에서 함께 먹는다는 의미는 우리 서양보다 더 심오하다. 그것은 친구 모임 이상이다. 자신의 식탁에 누구를 초대하는 것은 평화, 신뢰, 형제애, 용서의 상징이다.
…… 식사의 기도와 함께 식사는 종교적 차원을 가진다. …… 바로 이러한 이유로 경건한 사람은 공동체 식탁을 순결하게 유지하며, 불경한 사람들과 함께 식탁에 앉지 않을 종교적 의무를 가진다.
예수님과 함께 식사하는 것은 그 이상이다. 그것은 구원의 시간이 시작되었음을 선포한 것이다. 예수님께서는 가족을 대신하여 주변에 모인 새로운 하느님 백성에게 기꺼이 자격이 있다고 말씀하신다(마르 10,29 이하). 마지막 때 하느님 가족에서는 …… 그들은 하느님의 가족이며 손님이다(마태 10,25). 당신의 말씀을 듣는 나이 많은 여인은 당신의 어머니요, 남자와 청년은 그분의 형제다(마르 3,34). 하느님의 가족은 무엇보다 공동체 식사에서 드러난다(마르 6,41; 8,6; 14,24). 놀라운 것은 죄인과 세리도 하느님 가족 만찬의 손님이라는 것이다. 우리보다 상징적 행위의 가치를 더 잘 파악하는 동양인은 죄 많은 사람들에게 …… 예수님과 함께 식사하는 것이 용서받고 구원받았다는 사실임을 즉시 이해한다.

'죄인을 받아들이는 사람은 그들의 죄를 용서한다'고 사마리아 전례에서 언급된다. 예를 들어, 자캐오가 예수님께서 자기 집에 머무르셨을 때(루카 19,1-10) 느꼈던 무한한 감사와, 동시에 바리사이파들의 격렬한 항의는 제자들에게 악한 자들과 교류하는 사람으로부터 거리를 두라고 권한 것이다(마르 2,16; 루카 15,2; 19,7 참조). 경멸받는 사람들과 함께 식사하시면서, 예수님께서는 죄인을 포용하는 것이 하느님의 뜻임을 가장 분명하면서도 동시에 가장 나쁘게 소문이 나는 방법으로 선포하신다.

카이사리아 필리피에서 베드로가 한 고백(마르 8,29)은 예수님의 만찬에 참여하는 의미를 더욱 깊게 했다. 사실 예수님께서 메시아라면, 당신의 제자단에게는 그분과 나눈 모든 식사가 종말론적 식사의 예시이자 예표였다. 그때부터, 스승과 함께 먹고 마시는 것은 구원된 공동체와 구세주와의 친교, 혼인 잔치, 영원한 잔치에 참여하겠다는 서약에 불과했다. 베드로의 고백으로 시작하여, 예수님의 만찬에 참여하는 모든 사람은 다음과 같이 선포한다.

메시아 시대가 **열렸다**.

메시아 시간은 **구원의 시간이다**.

메시아 시간은 **용서의 시간이다**.

오늘 잃어버렸던 아들이 돌아와 아버지 식탁에 앉을 수 있다.

2장과 3장에서, 마르코는 예수님을 반대하는 에피소드 다섯 개를 이야기한다. 처음부터 적들은 그분의 가르침과 다른 사람들을 향한 그분의 태도를 반대하기 시작한다. 마르 3,6에서 우리는 그분을 제거하려는 음모에 대해 읽는다. 음모를 꾸민 이유는 그분이 세리와 죄인과 함께 식사를 하신 것, 죄인과 의인을 동등하게 대하신 것 때문이다. 이는 하늘나라 잔치에 하느님께서 죄인을 받아들여 주신다는 것을 확인하는 상징적 행위였다. 이러한 예수님의 행동은 그분을 단죄와 죽음으로 이끌었던 주요 요소 중 하나였다는 것이 확실하다.

예수님께서는 세리와 죄인들과 어울리기를 두려워하지 않으신다. 사실 이 어울림은 율법에 따라, 사람들에게 그분을 의례적으로 부정하게 만들 수 있다. 그럼에도 예수님께서는 자신을 부정하게 만든 것에 조금도 주저하지 않으신 듯하다. 마르코 복음 1장에서 우리는 나병 환자가 예수님께 다가가는 것을 읽는다. 율법에 따르면 그는 나병에 걸리지 않은 사람에게 가까이 가지 말아야 했다.

악성 피부병에 걸린 병자는 옷을 찢어 입고 머리를 푼다. 그리고 콧수염을 가리고 '부정한 사람이오.', '부정한 사람이오.' 하고 외친다. 병이 남아 있는 한 그는 부정하다. 그는 부정한 사람이므로, 진영 밖에 자리를 잡고 혼자 살아야 한다(레위 13,45-46).

누구도 부정을 저지른 사람과 관계를 맺지 않기 위해서는 법적으로 그를 만지면 안 되었다(레위 13—14 참조). 그러나 예수님께서는 나병 환자를 두려워하지 않으시고, 그를 쫓아내지 않으신다. "예수님께서 가엾은 마음이 드셔서 손을 내밀어 그에게 대시며 말씀하셨다. '내가 하고자 하니 깨끗하게 되어라.'"(마르 1,41) **예수님께서는 자주 말씀으로만 치유하셨기에 반드시 이런 행위를 할 필요는 없으셨다**(예를 들어 마르 1,25; 2,5-11; 3,5; 10,52). 그러나 친절하고 인격적인 행동으로, 나병 환자에게 손을 대신다. 이렇게 하신다면 온종일 부정해지며 성전이나 회당에 들어가기 전에 그리고 다른 사람들과 접촉하기 전에 자신을 정결케 해야 한다.

혈우병을 앓고 있는 여인이 예수님께 다가가 손을 댈 때도 같은 일이 일어난다. 이러한 행위는 또한 법적으로 부정했지만(레위 15,25-30 참조), 또 예수님께서는 고통당하는 사람들과 접촉해서 더럽혀졌다고 느끼지 않으신 것 같다. **예수님께서는 소외된 사람들을 두려워하지 않으시며 법적으로 부정한 것을 두려워하지 않으셨다.**

이 사건 직후에 예수님께서는 죽은 딸이 누워 있던 야이로의 집으로 들어가신다. 그러고는 소녀의 손을 잡으시고 "탈리타 쿰!"이라 말씀하신다. 다시 한번 예수님께서는 시신을 접촉함으로써 법적으로 부정하게 된다(민수 5,1-4). 또다시 그분은 이 의식적이고 법적인 측면에 동요하지 않는 것 같다.

그분의 행동은 당신의 말씀으로 분명해진다고 필자는 믿는다. "안식일이 사람을 위하여 생긴 것이지, 사람이 안식일을 위하여 생긴 것은 아니다."(마르 2,27) 하느님께서는 인간의 선익을 위하여 율법을 만든 것이지 율법의 선익을 위해 인간을 만든 것이 아니다. 예수님께서는 섬기러 오셨기에 율법에 앞서 인간의 선익을 우선시하셨다.

하느님의 법은 확실히 인간의 선익을 위한 것이지만 예수님께서는 때때로 사람들이 하느님의 의도를 왜곡했음을 분명히 아신다(7장에서 그 예를 참조). 따라서 예수님께서는 세리와 죄인, 나병 환자, 병자, 창녀, 이방인들에 의해 부정하게 되는 것을 두려워하지 않으셨다. 그분은 "죄인"을 부르러 오셨고, 이러한 배경에서 "의인"과 반대되는 "죄인"은 특정 집단에 한정되지 않는다(마르 2,17). 죄인은 모든 사람을 말한다. 예수님께서는 모든 사람에게 하느님의 용서를 선사하신다. 그분의 제자는 그분의 행동을 배워야 하고 동일한 방식으로 그분의 길을 따라야 한다.

2) 유다인과 이방인

예수님께서는 모든 사람을 회개로 부르신다. 이 부르심은 모든 사람이 죄인이며 하느님 나라로 들어가기 위해서는 회개해야 한다고 가정하는 것이다. 우리는 예수님께서 특별히 당신 주변으로 '세리와 죄인', 즉 이방인 같은 사람들을 부르시는 것을 보았다. 이것은 이미 예수님께서 이방인도 자신에게로 부르셨다는 표시다. 그러나 7장까지 그분은 갈릴래아 바다 동쪽의 게라사인의 땅으로 잠시 여행하신 것(마르 5,1-20) 외에는 유다인의 땅에서 당신 백성과 함께 직무를 행하셨으므로 이방인, 즉 비유다인을 대하는 그분의 태도를 분명히 볼 수 없다. 7장 첫 부분에서 마르코는 예수님께서 바리사이의 율법주의와 오래된 전통에 대한 그들의 해석에서 어떻게 예수님 스스로를 분리하셨는지 설명한다(마르 7,1-23 참조). 바리사이의 가르침에 반하여 예수님께서는 "모든 음식이 깨끗하다"고 선언하신다고 말하기까지 한다. 분명히 이방인의 선익을 위하여 이렇게 언급했을 것이다.

(1) 첫 번째 빵을 많게 하는 기적.
유다인을 위한 빵(마르 6,34-44)

이제 마르코는 이방인에 대해 훨씬 더 많은 것을 이야기한다. 첫 번째 빵의 기적 이전에, 마르코는 사도들이 첫 사명을 받을 때 예수님께서 하신 지시를 말한다. "길을 떠날 때에 지팡이 외에는 아무것도, 빵도 여행 보따리도 전대에 돈도 가져가지 말라고 명령"(마르 6,8)하신다. 나중에 마르코는 예수님께서 제자들에게 빵을 가져가지 말라고 명하신 이유가 그분이 직접 빵을 마련해 주실 것이기 때문이라고 알려 준다. 우리는 이미 양 떼를 돌보는 목자처럼 예수님께서 어떻게 군중을 위해 빵을 많게 하셨는지 살펴보았다. **빵을 많게 하는 첫 번째 기적이 갈릴래아 바다 해변에 있는 유다인 영토에서 이루어졌다**(마르 6,34.45.53 참조)는 것에 주목하지 못하였을 뿐이다. 에제키엘에 의해 묘사된 양 떼에 대한 암시(34장)는 또한 이 기적이 하느님의 백성인 유다인을 위한 것임을 상기시켜 준다. 에드워드 말리는 마르코가 열두 바구니 혹은 '상자'를 칭하는 데 사용한 'kóphinos'라는 단어가 유다인이 전형적으로 쓰는 바구니를 나타낸다고 지적한다. 첫 번째 빵을 많게 하는 기적은 유다인들을 먹이기 위한 것이었다는 다른 암시로는 이러한 것이 있다. 예를 들어 열두 바구니는 열두 사도뿐만 아니라 유다인의 열두 지파를 생각나게 한다.

(2) 시리아 페니키아 여인(마르 7,24-30)

예수님께서는 갈릴래아에서 직무를 계속하셨지만, 그 후 유다인의 땅(갈릴래아)을 떠나 티로 지역으로 가셨다. 그분은 아무에게도 알려지기를 원하지 않으셨으나 어떤 여인이 찾아와 딸에게서 귀신을 쫓아 달라고 간청했다. 마르코는 그 여인이 그리스 사람, 즉 시리아 페니키아 출신의 이방인이었다고 특별한 방법으로 언급한다.

예수님께서는 그 여자에게, "먼저 자녀들을 배불리 먹여야 한다. 자녀들의 빵을 집어 강아지들에게 던져 주는 것은 옳지 않다." 하고 말씀하셨다. 그러자 그 여자가, "주님, 그러나 상 아래에 있는 강아지들도 자식들이 떨어뜨린 부스러기는 먹습니다." 하고 응답하였다. 이에 예수님께서 그 여자에게 말씀하셨다. "네가 그렇게 말하니, 가 보아라. 마귀가 이미 네 딸에게서 나갔다."(마르 7,27-29)

여기서 흥미로운 점은 **여인이 기적을 청하자, 예수님께서는 기적 대신 빵에 대해 말씀하셨다**는 것이다. 여인과 그 민족의 관점에서 보면, 사실 예수님께서는 강아지와 대조되는 자녀, 이방인과 대조되는 유다인에 대해 매우 모욕적인 방식으로 말씀하신다. 그러나 희망의 빛을 남겨 두신다. 그분은 "먼저" 자녀들을 배불리 먹여야 한다고 말씀하신다. 그것은 나중에 다른 사람들을 위해 적어도 약간은 남은 음식이 있을 것이라는 의미다. 우리는 마르코가 첫 번째 빵의 기적 후에 "**사람들은 모두 배불리 먹었다.**"(마르 6,42)라고 이미 말했음을 기억해야 한다. 또 다른 주목할 만한 점은 예수님께서 들개가 아니라, 자녀들 근처의 식탁 아래서 찾아볼 수 있는 집 강아지로 말씀하신다는 것이다.

딸을 걱정하는 여인은 예수님의 경멸적인 언사에 상처받지 않고, 재치와 독창성을 가진 답변을 한다. 예수님께서는 그 대답에 만족했고 기뻐하셨으며, 그녀의 간청을 들어주신다. **그런데 왜 빵을 언급하는가?** 여인이 그분에게서 권력의 행위, 기적을 원한다는 것은 분명하다. 여기에서 예수님께서는 빵의 상징 혹은 형상 아래에서 당신의 권능에 대해 말씀하신다. 우리는 그분의 직무가 유다인에게만 제한되지 않고 이방인에게로 확장됨을 본다. 이 작은 빵 조각, 이 부스러기는 이방인에게 주어졌지만, 그것은 단지 유다인 자녀들의 빵에서 남겨진 것이거나 여분의 열두 바구니의 빵을 상징할 뿐이다.

(3) 두 번째 빵의 기적.

이방인들을 위한 빵(마르 8,1-10)

앞에 나온 사건 이후에 우리는 "예수님께서 다시 티로 지역을 떠나 시돈을 거쳐, 데카폴리스 지역 한가운데를 가로질러 갈릴래아 호수로 돌아오셨다."(마르 7,31)라는 것을 본다. 이 묘사는 중동의 지리를 잘 아는 사람들에게 매우 이상하다. 누군가가 휴가를 보내기 위해 로마에서 피렌체로 갔다가 돌아오는 길에 "피렌체를 출발하여 볼로냐를 거쳐 아브루초주 한가운데를 지나 로마로 왔다."라고 말하는 것과 비슷할 것이다. 일부 주석가들은 마르코가 팔레스타인의 지리를 전혀 몰랐기에 틀렸다고 말한다. 아마도 예수님께서 몇 주 동안 휴가를 갔다는 생각조차 하지 못할 것이다. 그러나 그렇게 묘사한 마르코의 의도를 찾기는 어렵지 않다. 사실 **마르코는 다음 이야기에서, 갈릴래아 바다 동쪽의 팔레스타인 외곽 이방인 영토에 예수님을 남겨 두고 싶어 한다.** 이를 알아채는 것은 간단한 일이다. 마르코가 자신이 쓴 것의 의미를 정확히 알고 있으며, 의도를 담아 글을 작성했다는 사실을 안다면 말이다.

그래서 예수님께서 말 못하고 듣지도 못하는 사람을 치유하실 때, 데카폴리스 지역에서 유다인이 아닌 듯한 사람을 치유했다(마르 7,31-37). 이러한 사건 이후, "그 무렵에 다시 많은 군중이 모여 있었는데 먹을 것이 없었다. 예수님께서 제자들을 가까이 불러 말씀하셨다. '저 군중이 가엾구나. 벌써 사흘 동안이나 내 곁에 머물렀는데 먹을 것이 없으니 말이다.'"(마르 8,1-2)라는 구절을 읽는다. 그리고 "저들 가운데에는 먼 데서 온 사람들도 있다."(마르 8,3)라는 문장이 덧붙여질 때, 마지막 구절은 이방인들에게 적용되었다는 점에 유의해야 한다(예를 들어 여호 9,6.9; 2열왕 6,32; 토빗 13,11; 특별히 에페 2,13). 마르코는 여기서 이방인을 다룬다는 사실을 암시한다.

제자들은 "이 광야에서 누가 빵을 구해 저 사람들을 배불릴 수 있겠습니까?"라고 묻는다. 마르코 복음에서 그분의 제자들이 첫 번째 빵의 기적을 목격한 후 이렇게 말한다는 것은 놀라운 일이다. 그러나 답은 명백하다. 예수님께서는 빵을 주셨고 군중은 "배불리 먹었다"(마르 8,8). 그러나 이번에는 그들이 이방인이었다. 또 남거나 모은 빵이 있다. 이번에는 일곱 '바구니spyrídes', 즉 그리스 사람들이 자주 사용했던 '상자'보다 더 크고 예쁜 바구니에 모아졌다. **이를 통해 예수님께서는 자신의 직무를 이방인들에게로 확장하시고, 자신을 따라오라는 부르심이 모든 사람을 위한 것임을 보여 주신다.** 이 두 번째 빵의 기적 이후, 예수님께서는 갈릴래아 바다를 건너 유다인 영토로 다시 들어가신다.

3) "그분과 함께 있다."(마르 3,14)

5장에서 마르코는 마귀 들린 사람의 이야기를 들려준다. 이것은 유다인 땅 밖의 게라사인의 영토에서 일어나므로 마귀 들린 사람은 이방인으로 간주된다. 예수님께서 마귀 들린 사람에게서 마귀를 쫓아내신 후, 제정신으로 돌아온 그 사람은 예수님께 당신 곁에 머물 수 있도록, 즉 'hína met' autoûê', 문자적으로 '그분과 함께 있게 해 달라고' 청한다(마르 5,18). 그러나 예수님께서는 이를 허락하지 않으신다. 이는 마치 **예수님께서 그를 거부하고, 제자로 삼기를 원하지 않는** 듯 이상하게 보인다. 대신에 예수님께서는 주님께서 그에게 행하신 일과 그에게 베푸신 자비를 알리기 위해 그를 집으로 보내셨다. 그 사람은 물러가서 **예수님**께서 그에게 하신 일을 데카폴리스 사람들에게 알리기 시작한다. 예수님께서는 그를 제자로 삼기를 원하지 않으신 것이 아니다. 사실 그에게 사명을 주고 파견하신다. 그에게 허락하지 않으시는 것은 그와 함께 있는 것이다.

이 '그분과 함께 있는 것'은 무엇을 의미하는가? 마르코는 예수님께서 '열두 제자'라는 특별한 그룹을 어떻게 선택하셨는지 설명한다.

예수님께서 산에 올라가신 다음, 당신께서 원하시는 이들을 가까이 부르시니 그들이 그분께 나아왔다. 그분께서는 열둘을 세우시고 그들을 사도라 이름하셨다. 그들을 **당신과 함께 지내게 하시고**(hína ôsin met' autoû), 그들을 파견하시어 복음을 선포하게 하시며, 마귀들을 쫓아내는 권한을 가지게 하시려는 것이었다(마르 3,13-16).

마르코는 여기서 열두 제자의 소명에 관한 두 가지 특별한 표징을 언급한다. 하나는 예수님과 함께 있거나 곁에 머무르는 것이고, 다른 하나는 복음을 선포하며 마귀들을 쫓아내는 권한을 가지는 것이었다. 그러므로 예수님께서 마귀 들렸던 사람이 '당신과 함께 있는' 것을 허락하지 않는 이유는 그가 열두 제자 중 하나가 되는 것을 원하지 않으시기 때문임을 알 수 있다. '그분과 함께 있는' 것은 열두 제자의 표징 중 하나이며, 그분과 동행하고 지속적으로 그와 함께하도록 특별히 선택된 그룹이다.

카를로 마리아 마르티니 추기경이 교황청 성서연구원에 있었을 때, 열두 제자의 소명에 대해 다음과 같이 썼다.

사실 '열두 제자가 수행하는 것'의 목적은 무엇일까? 그는 두 개의 동사를 제시한다.

1) "제자들이 그분과 함께하기 위해서", 바로 이것은 제자들에 대한 예수님의 의지, 확신, 선택의 핵심이다. 그분과 함께 있다는 것은 무엇을 의미하는가? 놀랍게도 이 모든 위대한 장면의 목적이 열두 제자가

그분과 함께 있는 것을 강조하는 것이다.

무엇보다도 육체적으로 그분 곁에 있기를 원하고 그분과 동반하기를 바란다. 수난받을 동안, 카야파의 하녀가 베드로를 고발하기 위해 "당신은 제자이지요?"라고 말하지 않고, "당신도 예수와 함께 있던 사람이지요?"(마르 14,67)라고 말한다. 그러므로 우리는 이 사람들이 지적으로 충실한 사람이기보다는, 그분과 함께 언제나 육체적(물리적)으로 머무르는 사람들이라는 것을 알 수 있다.

이 머무름은 예수님께서 부르신 가장 중요한 이유이며, 이 '그분과 함께 있는 것'은 더 나아가 '하느님께서 우리와 함께 계시고 우리도 그분과 함께'라는 전형적인 계약의 형식을 기억한다면 아마도 더 많은 것을 알 수 있을 것이다. 이 단순한 공존에서, '하느님께서 우리와 함께 계시고 우리도 그분과 함께'라고 표현한 새로운 계약의 백성이 실현된 것이다. 결국 접속법 동사(hína Ósin)는 정확하게 안정성을 나타낸다. 그들이 그분과 함께 안정적으로 머물기 위해서다. 그들이 그분의 제자였기 때문이 아니라, 그분을 환대하고, 그분을 받아들이고, 그분께 순종했기 때문이다. 반면에 무엇보다도, 부름과 선택, 선발의 목적 그 자체인 물리적으로 곁에 머무르는 것이 강조된다.

그와 함께 있는 것에서 '열두 제자들을 만드셨다'는 또 다른 동사가 파생된다.

2) 그들을 보내어 (말씀을) 전하게 하신다. 그분과 함께 머무르며 (말씀을) 전하라고 말하지 않았지만, 그들을 보내어 말씀을 전하게 하신 분

이 바로 "그분"이라고 언급되어 있음에 주목한다. 다시 말해서 예수님의 주도권은 그리스도와 제자들 사이의 관계에 언제나 존재한다.

로마 10,15에서 바오로 사도는 설교에 관련하여 거의 기술적인 관계로 '선포하기 위해 파견한다'라고 표현한다. 그들을 설교하고, 선포하며, 외치도록 파견하신 분은 바로 예수님이시다. 무엇을 설교하는가? 이것은 마르코 복음 전체에 걸쳐 설명될 내용이다. 하느님 나라를 …… 선포할 것이라고 예상할 수 있다.

그분과 함께 있는 것에서 나오는 또 다른 현실은 마귀를 쫓아내는 권능을 갖는 것이다. 그것을 쫓아내라는 것이 아니라 그렇게 할 수 있는 권능이 있다는 것이다. 여기서도 그 말씀이 의미심장하다. 예를 들어 마르코에서 exusían이라는 용어는 예수님과 열두 제자에게만 사용된다. 오직 예수님과 열두 제자만이 탁월한 권능을 가지고 있다는 의미다. 마르 1,22에서는 그리스도의 가르침이 권위 있는 새로운 것임을 언급한다. 마르코에게 '마귀를 내쫓는다'는 구절은 매우 중요하다. 구마와 그에 담긴 의미를 통해서 예수님께서 악에 맞서는 싸움을 보여 주기 때문이다. 그러므로 예수님의 일은 그분의 제자들과 함께한다. 예수님께서 제자들을 선교하라고 파견하실 때, 동일한 말씀을 6장과 7장에서도 하신다. 이 개념에 따르면, 이것은 선포와 악에 대항하는 싸움이 밀접하게 연결되어 있음을 의미한다. 추상적인 선포와 이로운 행위가 아니라 권위 있게 선포하는 것이 중요하다(마르 1,22 참조).

본질적으로 제자들은 어떤 존재인가? 그들은 예수님의 행위를 연장하는 예수님 자신이다. 그들은 단지 들었던 것을 반복할 뿐만 아니라, 그분의 행동을 확장하고 넓힌다. 다시 한번 그분과 함께 있다는 것은 몇 단어를 모방하거나 몇 가지 문장을 따라 하는 것이 아니라 그분의 생활 방식과 행동 방식을 동일시한다는 것임을 이해해야 한다.

……이것이 예수님께서 자신의 사람을 준비하신 방법이며, 영원히 주님과 함께하도록 부르심받은 교회의 모든 사람들을 준비시키는 방법이다.

그러므로 예수님과 함께 있는 것은 바로 열두 제자, 사도에게 속한 것이다. 그러나 더 넓은 의미에서 예수님과 함께 있는 것은 그리스도의 제자로 부르심받은 모든 사람에게 당연한 일이라고 말할 수 있다. 사도직, 설교, 사도 직무의 가치를 보장하는 것은 이러한 친교의 친밀성이다. 오로지 예수님과 함께해야만 우리는 아버지 나라의 기쁜 소식을 전하는 참된 설교자가 될 수 있다.

3. 예수님에 대한 반대가 커짐

예수님과 함께 있다는 것은 예수님께서 반대의 대상이 되셨을 때에도 원래부터 예수님과 함께 있었다는 느낌을 갖는 것이다. 마르코는 2장, 3장의 에피소드 다섯 개에서 이러한 반대를 미묘하게 다룬다.

1. **첫 번째 단계**에서는 율법 학자 몇 사람이 예수님을 마음속으로 의아하게 생각하는데 그분의 행동이 하느님을 모독하는 매우 심각한 일이지만 드러내 놓고 말하지 못한다(마르 2,1-12).

2. **두 번째 단계**에서 바리사이파 율법 학자는 예수님께서 죄인과 세리들과 함께 식탁에 앉으셨다고 제자들 앞에서 비난하면서도 여전히 예수님께 직접 말하지 못하고 있다(마르 2,13-17).

3. **세 번째 장면**에서 그들은 요한의 제자들과 바리사이의 제자들을 대조하여 단식하지 않는 그분의 제자들에 대해 예수님 앞에서 불평한다. 그들은 예수님께서 단식하지 않는다고 직접 비난하지 않

고 제자들을 비난하지만 간접적으로 단식을 허락하시는 예수님을 비난하는 것이다(마르 2,18-22). 이는 율법을 어긴 것이 아니라 단지 바리사이의 관습을 따르지 않았다는 비난이다. 비난은 실제로 증가하고 있다.

4. **네 번째 에피소드**에서 바리사이들은 예수님께 자신들이 해석한 안식일 율법을 어겼다고 제자들을 비난하는 말을 한다(마르 2,23-28). 그들은 여전히 예수님을 직접 고발하지는 않지만, 고발의 대상이 제자들을 방어하는 분임은 분명하다.

5. **마지막 논쟁**에서 예수님을 고발하려는 바리사이들의 주장에 따라 그분의 행위가 율법을 어긴 것이 된다. 안식일에 그분이 병을 고치셨기에, 바리사이들이 그분을 죽이려는 음모를 꾸미는 데 헤로데 당원들이 연결되어 있다(마르 3,1-6).

앞에서 살펴보았듯이 예수님께서는 동시대 사람들에게도 배척 받았다. 이 에피소드 이후 예수님께서는 열두 제자를 파견하신다. 우리는 "[사람들에게] 회개하라고 선포하였다."(마르 6,12)라는 구절을 읽는다. 이 부분에서 요한 세례자의 죽음에 대한 이야기가 열두 제자들이 파견되고 돌아오는 것 사이에 삽입된 '샌드위치 구조'를 가지고 있음을 알 수 있다. **마르코에는 수난에 대한 두 이야기, 요한 세례자의 수난과 예수님의 수난 이야기가 있다고 한다.** 마르코는 샌드위치 구조를 사용하여 신학적으로 관찰한다. 즉, 하느님 말씀과 하느님의 사명에 충실한 사람은 격렬한 반대, 심지어 죽음에 이르는 반대에 직면할 수 있다. 반대를 겪는 일은 언제나 예수님 눈앞에서 일어났으며, 마르코는 예수님을 따르는 사람들 눈앞에서도 그것을 드러낸다. 하느님 말씀을 선포하는 선교 사명의 어려움은 그 사명을 실천하기 전 예수님께서 열두 제자들에게 주셨던 가르침 속에 이미 존재한다. "어느 곳이든 너희를 받아들이지 않고 너희 말도 듣지 않으면, 그곳을 떠날 때에 그들에게 보이는 증거로 너희 발밑의 먼지를 털어 버려라."(마르 6,11) 아마도 예수님께서 나자렛에서 같이 살았던 사람들에게서 겪은 슬픈 경험을 일깨워 주는 말씀이었을 것이다.

그러나 마르코 복음은 요한 세례자의 죽음 이야기에서 선교 사명의 어려움을 강조한다. 그는 주님의 말씀을 전하는 사명에 충실했기 때문에 헤로데, 헤로디아와 충돌했다.

이 헤로데는 사람을 보내어 요한을 붙잡아 감옥에 묶어 둔 일이 있었다. 그의 동생 필리포스의 아내 헤로디아 때문이었는데, 헤로데가 이 여자와 혼인하였던 것이다. 그래서 요한은 헤로데에게, "동생의 아내를 차지하는 것은 옳지 않습니다." 하고 여러 차례 말하였다. 헤로디아는 요한에게 앙심을 품고 그를 죽이려고 하였으나 뜻을 이루지 못하였다. 헤로데가 요한을 의롭고 거룩한 사람으로 알고 그를 두려워하며 보호해 주었을 뿐만 아니라, 그의 말을 들을 때에 몹시 당황해하면서도 기꺼이 듣곤 하였기 때문이다(마르 6,17-20).

아마 이 이야기를 알고 있을 것이다. 요한은 하느님의 선교 사명과 말씀에 충실했기에 목숨을 잃었다. "그 뒤에 요한의 제자들이 소문을 듣고 가서, 그의 주검을 거두어 무덤에 모셨다."(마르 6,29) 마르코는 예수님을 따르는 이들이 예수님과 그분 말씀에 충실하는 것 그 자체는 위험이 있으며 심지어 폭력적인 죽음으로 이어질 수도 있음을 체감하기를 원한다. 예수님께서는 당신을 따르는 사람과 사도직 활동에 대한 보상을 언급할 때에도, 어려움과 반대를 잊지 않으셨다. 부자와 있었던 사건 이후를 읽어 보자.

그때에 베드로가 나서서 예수님께 말하였다. "보시다시피 저희는 모든 것을 버리고 스승님을 따랐습니다." 예수님께서 말씀하셨다. "내가 진실로 너희에게 말한다. 누구든지 나 때문에, 또 복음 때문에 집이나 형제나 자매, 어머니나 아버지, 자녀나 토지를 버린 사람은 현세에서 박해도 받겠지만 집과 형제와 자매와 어머니와 자녀와 토지를 백 배나 받을 것이고, 내세에서는 영원한 생명을 받을 것이다."(마르 10,28-30)

예수님을 따르는 사람들에게 이는 아름답고 격려가 되는 말씀 중 하나다. 이 말씀의 세 가지 현실은 서로 얽혀 있다. 즉, 예수님을 따르는 사람들은 박해를 받겠지만, 그에 맞는 영원한 생명을 희망할 수 있으며 더불어 현세에서 백 배로 받을 수 있다는 것이다. 이 현실은 언제나 제자들의 눈앞에 있다.

1) 희망

예수님의 죽음을 초래한 폭력적인 반대의 그림자는 이미 그분의 직무가 시작될 무렵부터 있었다. 바리사이들과 헤로데 당원들이 그분을 죽이기 위해 음모를 꾸미는 순간에 이미 나타난 것이다(마르 3,6). 그리고 곧바로 열두 제자의 이름을 거명하고 유다 이스카리옷에 관한 끔찍한 소식, 즉 "예수님을 팔아넘긴(배신한)"(마르 3,19)다는 것을 읽는다. 예수님의 친척들이 '그가 미쳤다.'(마르 3,21)라고 말하는 소리가 들리고, 율법 학자들이 예루살렘에서 와서 '그는 베엘제불에게 사로잡혔다.'(마르 3,22)라고 말하는 소리가 들린다. 실패와 비극의 그림자가 예수님의 머리 위로 드리워지는 것 같다.

(1) 비유(마르 4,1-34)

어쩌면 이 어두운 그림 때문에 마르코는 예수님께서 하신 비유로 가득 찬 한 장을 쓴다. 여기서 그림은 정반대다. 일어날 수 있는 모든 악에도 불구하고, 씨앗은 삼십 배, 육십 배, 백배의 열매를 맺을 것이다(마르 4,8.20). 등불은 등경 위에 놓일 것이고, 숨겨진 것도 감추어진 것도 반드시 드러나게 마련이다(마르 4,21-22). 사실 하느님의 나라는 모든 씨앗보다 더 작은 겨자씨와 같지만, 모든 풀보다 더 크게 자라며 하늘의 새들도 그 그늘 아래에서 쉴 수 있을 정도가 된다(마르 4,30-32; 판관 9,15; 다니 4,7-11.17-19; 에제 17,22-24; 31,1-9). 이것은 사람의 눈에는 가려져 있지만, 예수님께서는 반드시 그렇게 될 것이라고 말씀하신다.

> 하느님의 나라는 이와 같다. 어떤 사람이 땅에 씨를 뿌려 놓으면, 밤에 자고 낮에 일어나고 하는 사이에 씨는 싹이 터서 자라는데, 그 사람은 어떻게 그리되는지 모른다. 땅이 저절로 열매를 맺게 하는데, 처음에는 줄기가, 다음에는 이삭이 나오고 그다음에는 이삭에 낟알이 영근다(마르 4,26-28).

마르코는 하느님 말씀을 전파하는 직무에 반대하여 일어날 모든 것에도, 하느님께서는 친히 현존하시며, 그 직무를 씨앗처럼 성공하게 하실 것이라고 말한다. 우리는 하느님께서 열매를 맺게 하기 위해 밤낮으로 어떻게 일하시는지 알지 못한다. 그러므로 예수님 뒤를 따르는 사람들은 충만한 믿음과 희망을 가져야 한다.

씨앗의 이미지는 초기 그리스도인에게서 발현된 형상 중 하나였고, 하느님 나라, 생명, 부활의 상징 즉, 희망의 모든 이유다. 이 본문에서는 씨앗 일부가 손실되더라도, 다른 씨앗은 백배로 늘어날 수 있다. 엄청난 양의 열매를 맺는다. 씨앗은 땅에 떨어지고, 우리는 어떻게 그리되는지 모르지만, 하느님께서 그 씨앗이 열매를 맺게 하신다. 하느님 나라는 이렇다. 처음에는 가장 작은 것으로 뿌려져 가장 크게 되는 겨자씨와 같다. 요한 복음에서 예수님께서는 씨앗의 비유를 사용하여 당신의 죽음을 말씀하신다. "내가 진실로 진실로 너희에게 말한다. 밀알 하나가 땅에 떨어져 죽지 않으면 한 알 그대로 남고, 죽으면 많은 열매를 맺는다."(요한 12,24) 그리고 바오로는 "죽은 이들이 어떻게 되살아나는가? 그들이 어떤 몸으로 되돌아오는가?"(1코린 15,35)라는 질문에 이렇게 답한다.

> 그대가 뿌리는 씨는 죽지 않고서는 살아나지 못합니다. 그리고 그대가 뿌리는 것은 장차 생겨날 몸체가 아니라 밀이든 다른 종류든 씨앗일 따름입니다. 그러나 하느님께서는 당신이 원하시는 대로 그 씨앗에 몸체를 주십니다. 씨앗 하나하나에 고유한 몸체를 주시는 것입니다. …… 죽은 이들의 부활도 이와 같습니다. 썩어 없어질 것으로 묻히지만 썩지 않는 것으로 되살아납니다. 비천한 것으로 묻히지만 영광스러운 것으로 되살아납니다. 약한 것으로 묻히지만 강한 것으로 되살아납니다. 물질적인 몸으로 묻히지만 영적인 몸으로 되살아납니다. 물질적인 몸이 있으면 영적인 몸도 있습니다(1코린 15,36-44).

마르코의 이러한 비유(마태 13,33; 루카 13,21의 누룩의 비유)에 관하여 예레미아스는 다음과 같이 쓴다.

> ……예수님의 말씀을 듣는 청중들은 겨자씨와 누룩의 비유를 대조되는 것으로 이해했다. 이것이 그 비유의 의미다. 가장 작은 것, 사람

들이 보기에는 아무것도 아닌 것에서부터 하느님께서는 지상의 모든 민족을 포용할 당신의 위엄 있는 왕권을 시작하셨다. 그것이 정확하다면, 두 비유가 서술된 상황은 예수님 사명에 대한 어떤 의심이 표현된 것으로 추론되어야 한다. 예수님께서 선포하신 구원의 때의 시작은 그것을 상상했던 사람들의 시작과 얼마나 달랐는가! 수많은 악명 높은 인물들을 포함한 비참한 군중이 구원의 혼인 잔치에 부르심받은 하느님 공동체였을까? 예수님께서는 그렇다고 말씀하신다. 작은 겨자씨에서 커다란 나무로 자라는 것과 작은 누룩에서 큰 빵으로 변화되는 것과 마찬가지로, 하느님의 기적은 모든 민족을 품을 구원의 때에 작은 무리를 전 세계의 위대하고 보편적인 하느님의 백성으로 만들 것이다.

……많은 일이 사람들의 눈에도 무익하고 헛된 것처럼 보이고, 실패만 반복하는 듯 보일지라도, 예수님께서는 기쁨과 확신에 차 있다. 모든 기도와 상상을 뛰어넘는 풍성한 추수와 함께 하느님의 시간이 다가온다. 모든 실패와 반대가 절망스러울 듯하지만 그럼에도 하느님께서는 그분이 약속하신 영광으로 끝맺으신다. 다시 말해서, 예수님께서 이 비유의 발판을 마련하신 상황을 이해하기는 어렵지 않다. 겨자씨와 누룩의 비유가 언급될 때, 두 비유는 매우 유사하다. 이는 기쁜 소식을 선포하는 데 성공할지에 대한 의구심이다. …… 들판의 사람을 바라보라고 예수님께서는 말씀하신다. 씨앗 뿌리기를 방해하는 수많은 반대에 직면하여 그분은 낙담할 수도 있었다. 그러나 풍족한 수확이 주어질 것이라는 확신으로 흔들리지 않으셨다. 이렇게 신앙이 없느냐! "아

직도 믿음이 없느냐?"(마르 4,40)라고 말씀하셨다.

결국 대조의 비유에 속하는 스스로 자라는 씨앗의 비유도 참으로 인내하는 농부라고 불러야 할 비유다(마르 4,26-29). 다시 하느님 나라의 오심을 추수와 비교하고, 또다시 선명하게 대조를 이루었다. 이것은 예수님께서 자신의 사명과 무너진 희망에 대한 의심에 답하시는 대조 되는 비유다. 수확의 시간을 인내롭게 기다리는 밭의 사람들을 바라보라고 그분은 말씀하신다. 하느님의 시간도 당연히 오고야 만다. 그분은 특별하게 시작하시고, 씨앗은 던져졌다. 그분과 함께 완성되지 않는 것이 없다(필리 1,6 참조). 그분의 시작은 완성을 보장한다. 그때까지 인내심을 가지고 기다릴 필요가 있으며, 하느님보다 앞서지 않고, 오히려 충만한 믿음으로 그분께 모든 것을 맡겨야 한다.

이 네 가지 비유는 모두 처음과 마지막 간의 대조에 공통점이 있다. 눈에 띄지 않는 시작과 강력한 끝, 이 얼마나 대조되는가! 그러나 이러한 대조가 전부 진리는 아니다. 낟알에서 열매가 나오고, 시작에서 끝이 온다. 아주 작은 것에서 이미 거대한 것이 꿈틀거린다. 현재의 사건은 비밀리에 이미 시작되었다. 하느님 나라의 이 신비는 아직 그것을 전혀 모르는 세상에서 믿어지길 바란다. 하느님 나라의 신비를 깨달은 사람(마르 4,11)은 이미 감춰지고 눈에 띄지 않는 시작에서 하느님의 미래의 광채를 바라본다.

예수님께서 선포한 기쁜 소식의 핵심은 하느님의 시간이 다가올 뿐 아니라 이미 일어나고 있다는 굳건한 확신이다. 하느님의 시작에 이미 끝이 포함되어 있다. 그분의 사명에 대해 어떤 의심도, 조롱도, 미지근함도, 성급함도 예수님의 확신을 흔들 수 없다. 무에서, 그리고 모든 절망에도 불구하고 하느님께서는 시작하신 것을 멈추지 않고 완성하신다. 우리는 어떤 모습이라도 진지하게 하느님을 대하고 진정으로 그분에게 의지할 필요가 있다.

예수님께서는 이 비유에서 하느님에 대한 믿음, 희망, 그리고 하느님께서 그의 선교 사명에 주실 성공에 대한 확신을 단순한 형상으로 가르치는 것을 쉽게 알 수 있다. 그러므로 예수님을 따르는 사람도 굳건한 신뢰와 견고하고 행복한 희망을 가져야 한다.

(2) "왜 겁을 내느냐? 아직도 믿음이 없느냐?"(마르 4,40)
이 비유를 가르친 직후에, 마르코는 고독과 괴로움 속에서도 믿음과 희망이 필요함을 보여 준다. 우리는 예수님의 정체성을 곰곰이 생각하는 중에 돌풍이 잠잠해진 과정을 이미 보았다.

그날 저녁이 되자 예수님께서 제자들에게, "호수 저쪽으로 건너가자." 하고 말씀하셨다. 그래서 그들이 군중을 남겨 둔 채, 배에 타고 계신 예수님을 그대로 모시고 갔는데, 다른 배들도 그분을 뒤따랐다. 그때에 거센 돌풍이 일어 물결이 배 안으로 들이쳐서, 물이 배에 거의 가득 차게 되었다. 그런데도 예수님께서는 고물에서 베개를 베고 **주무시**

고 계셨다. 제자들이 예수님을 깨우며, "스승님, 저희가 죽게 되었는데도 걱정되지 않으십니까?" 하고 말하였다. 그러자 예수님께서 깨어나시어 바람을 꾸짖으시고 호수더러, "잠잠해져라. 조용히 하여라!" 하시니 바람이 멎고 아주 고요해졌다. 예수님께서는 그들에게, "왜 겁을 내느냐? 아직도 믿음이 없느냐?" 하고 말씀하셨다. 그들은 큰 두려움에 사로잡혀 서로 말하였다. "도대체 이분이 누구시기에 바람과 호수까지 복종하는가?"(마르 4,35-41)

마르코는 매우 흥미롭고 상세한 것을 제공하며 다양한 측면들을 강조한다. 사건은 해가 진 후에 일어난다. 예수님께서 그들에게 호수를 건너자고 제안하면서 행동을 시작하신다. 하루 종일 활동한 후에는 피곤하셔서 배의 고물에서 베개를 베고 주무신 것 같다. 복음사가들은 이 사건에서만 예수님께서 주무시고 계신다고 말한다. 파도가 배 안으로 들이쳐서, 물이 배에 거의 가득 차는 때, 어떻게 돌풍 가운데서 예수님께서 주무실 수 있겠는가? **예수님께서는 당신 아버지 하느님에 대한 조용하고 완전한 믿음을 가진 이에 대한 꿈을 꾸신 것이다.** 제자들은 이렇게 하지 않는다. 그들은 직접적인 도움을 청하지도 않고, 거의 비난하듯이 자신들의 안위만을 묻는다. 예수님의 비유는 하느님의 섭리에 대해 그들을 설득시키기에 적합하지 않은 듯 보인다. "스승님, 저희가 죽게 되었는데도 걱정되지 않으십니까?" 예수님께서는 충만한 믿음으로 답하신다. "왜 겁을 내느냐? 아직도 믿음이 없느냐?"

나의 비유를 이해하지 못하느냐? 하느님에 대한 믿음이 왜 없느냐? 초대 교회가 자신을 향하는 이러한 말씀을 어떻게 들을 수 있었는지 이해하기는 어렵지 않다.

예수님께서 다시 호숫가에서 가르치기 시작하셨다. 너무 많은 군중이 모여들어, 그분께서는 호수에 있는 배에 올라앉으시고 군중은 모두 호숫가 뭍에 그대로 있었다. 예수님께서 그들에게 많은 것을 비유로 가르치셨다(마르 4,1-2).

배는 여기서 설교대 혹은 강론대로 예수님에 의해 사용되었다. 이것은 스승님이신 예수님의 고상하고 매우 아름다운 상징 중 하나다. 그리고 초대 교회가 "배"를 교회의 상징으로 여겼기 때문에 이해하기 쉽다. 마르코는 폭풍의 장면에서 세 번이나 이 "배"를 언급한다. 예수님께서는 제자들과 함께 있는 배를 강조하고 싶은 것 같다. 다른 배를 언급하지만 그에 대해서는 전혀 듣지 못한다. 마르코는 '제자들'이라는 단어를 사용하지 않지만, 배에 있는 사람들이 제자들임은 분명하다. 그들은 예수님을 "스승님"이라고 부른다. 이렇게 예수님의 제자들이 타고 있는 배는 교회, 예수님을 따르는 이들의 집회와 비교될 수 있다.

테르툴리아누스는 교회와 배를 비교하는 많은 교회 박사들 중

최고라고 할 수 있다.

특별히 그 배는 바다, 즉 세상의 파도, 박해와 유혹에 흔들리는 교회의 형상을 표현한 반면에, 인내심 많은 주님은 주무시는 것 같지만, 훌륭한 성도들의 기도로 세상을 바로잡고 다시 당신의 백성들에게 평안을 주실 때까지 주무시는 분이시다.

그래서 마르코는 우리 삶의 폭풍 가운데서 하느님께 가져야 할 신앙을 가르치기 위해 주님의 기적을 보여 주는 데 한 장을 할애한다. 그러니 확신을 가지고 하느님 나라에서 승리하시는 예수님의 뒤를 따라야 한다.

희망의 또 다른 이유, 예수님의 제자가 그분 가족의 구성원이라는 사실도 언급해야 한다. 예수님께서 "하느님의 뜻을 실행하는 사람이 바로 내 형제요 누이요 어머니다."(마르 3,35)라고 말하셨음을 우리는 안다. 이것은 아버지께 헌신하는 예수님을 따르는 사람들이 그분의 가족 구성원이 된다는 의미다. 그러나 핏줄 위에 기초한 가족이 아니라, 오히려 하느님의 뜻에 함께 헌신하는 것에 기반한 가족이다. 따라서 예수님의 교회에 대한 개념은 동일한 헌신에 기초한 것이다. 교회는 하느님의 뜻에 헌신하는 사람들로 구성되고, 그들은 예수님의 가족이 된다. 마리 조제프 라그랑주(Marie Joseph Lagrange, O.P)는 다음과 같이 언급한다.

하느님의 뜻을 실행하는 것은 신비가에 따르면, 완덕의 뿌리와 절정이다. 예수님께서 이 표징을 선택하셨다면, 그분이 항상 아버지의 뜻을 행하는 것을 당신의 사명으로 삼으셨기 때문이다.

4. 제자에 대한 예수님의 가르침

1) 죽음과 부활에 대한 첫 번째 공식적인 예고와 가르침(마르 8,31-38)

베드로도 예수님께서 하느님의 뜻을 실행하려고 왔다는 사실에 귀를 닫은 것 같다. 그래서 하느님의 뜻을 이루기 위해 반대파에 내몰리고 고난받으며 결국 죽어야 한다는 예수님의 선포에 반대하는 베드로의 반응 후에 예수님께서는 그를 엄히 꾸짖으신다. "너는 하느님의 일은 생각하지 않고 사람의 일만 생각하는구나."(마르 8,33) **이 시점에서 군중을 부르시고 하느님의 일을 생각하도록 가르치시기 시작하셨다.** 그런데 이 군중은 어디서 왔는가? 예수님과 제자들은 카이사리아 필리피로 가는 길에 있다. 마르코는 그들과 함께 있는 군중에 대한 언급이 없다. **이때 군중에 대한 언급은 마르코의 단서다.** 이는 예수님의 가르침이 제자들에게만 해당되는 것이 아니라 그분을 따르도록 부르심받은 모든 사람에게 적용된다는 뜻이다. 마르코는 군중이 이러한 가르침을 들을 필요가 있다고 본다. 군중은 예수님을 따르는 우리 모두를 대표한다.

예수님께서 제자들과 함께 군중을 가까이 부르시고 그들에게 말씀하셨다. "**누구든지 내 뒤를 따르려면**(opísô mou akoloutheîn), **자신을 버리고 제 십자가를 지고 나를 따라야 한다**(akoloutheítô moi). 정녕 자기 목숨(psychên, 생명, 자기 자신)을 구하려는 사람은 목숨을 잃을 것이고, 나와 복음 때문에 목숨psychên을 잃는 사람은 목숨을 구할 것이다. 사람이 온 세상을 얻고도 제 목숨psychên을 잃으면 무슨 소용이 있겠느냐? 사람이 제 목숨psychên을 무엇과 바꿀 수 있겠느냐? 절개 없고 죄 많은 이 세대에서 누구든지 나와 내 말을 부끄럽게 여기면, 사람의 아들도 아버지의 영광에 싸여 거룩한 천사들과 함께 올 때에 그를 부끄럽게 여길 것이다."(마르 8,34-38)

예수님의 수난, 죽음과 부활에 대한 이 첫 번째 공식적인 예고 이후, 베드로는 예수님의 사명을 완전히 이해하지 못하고, 단호하게 반대한다. 예수님께서는 사람의 아들의 신비에 대해 제자들에게 가르치기 시작하신다. 제자들의 몰이해와 제자에 대한 예수님의 가르침이 뒤따른 다른 두 예고에서도 동일한 구조가 발견된다.

우리는 마르코가 '셈족의 이중 포괄'을 통하여 어떻게 전체를 포괄하는지 이미 살펴보았다.

  1. 두 치유 사건, 즉 벳사이다의 눈먼 이와 예리코의 눈먼 이의 치유다.

  2. 마르 8,27과 마르 10,52의 '길에서'(en tê hodô)라는 문구. 따라서 이 부분은 사도들의 눈이 점진적으로 열리는 것과 동시에 제자들의 길인 사람의 아들의 길에 관한 가르침을 다룬다. 예수님께서는 제자 즉, 그리스도인에게 길에서(en tê hodô) 그분을 어떻게 따라야 할지 가르치신다.

  그러므로 그분은 "누구든지 내 뒤를 따르려면"이라는 말씀으로 가르침을 시작한다. 즉 '누구든지 내 제자가 되고자 한다면', 어떻게 해야 하는가? 무엇보다도 먼저, "자신을 버리고", "자기 십자가를 지고", 이렇게 "나를 따라야 한다". 그리스어 문법에 따르면, "지고"라는 명령어는 'καί'(kai)에 의해 다른 이전 명령형 '버려라'에 결합되어 이전 동작의 결과를 나타낼 수 있다. 그리고 부정과거 시제("부정하다 - 버리다"), ("지고")의 다른 두 명령 뒤에 오는 현재 시제의 명령형("따르다")은 지속 기간의 현재를 의미할 수 있다. 그래서 예수님 가르침의 의미는 "누구든지 내 뒤를 따르려거든, 자신을 버리고, 그런 다음 제 십자가를 져야만 **나의 제자가 될 것이다.**"라는 것이다.

(1) "자신을 버리고 — 제 십자가를 져라."(마르 8,34)

  "자신을 버리고"는 무엇을 의미하는가? 'aparnéomai'(그리고 arnéomai)는

"아니다, 부정하다, 버리다, 거부하다"라는 말을 의미한다. 신약 성경에서 일반적으로 "사람을 부인하다"를 의미하기도 한다. **마르코는 다른 사건, 베드로의 부인에서만 이를 사용한다.**

예수님께서 그에게 말씀하셨다. "내가 진실로 너에게 말한다. 오늘 이 밤, 닭이 두 번 울기 전에 너는 세 번이나 나를 모른다고 할 것이다." 그러자 베드로가 더욱 힘주어 장담하였다. "스승님과 함께 죽는 한이 있더라도, 저는 결코 스승님을 모른다고 하지 않겠습니다." 다른 이들도 모두 그렇게 말하였다(마르 14,30-31).

마르코가 비극적인 요소를 강조하기 위해 '샌드위치 구조'로 베드로의 부인을 묘사(마르 14,53-54[55-65]66-72)하고 있다는 점에 주목해야 한다. 예수님께서는 안뜰 수석 사제 앞에서 "나다."라고 말씀하시고, 베드로는 뜰 밖에, 대사제의 하녀 앞에서 "나는 이 사람을 알지 못하오."라고 말한다.

그들은 예수님을 대사제에게 끌고 갔다. 그러자 수석 사제들과 원로들과 율법 학자들이 모두 모여 왔다. 베드로는 멀찍이 떨어져서 예수님을 뒤따라 대사제의 저택 안뜰까지 들어가, 시종들과 함께 앉아 불을 쬐고 있었다. [수석 사제의 예수님에 대한 질문(55-65)] 베드로가 안뜰 아래쪽에 있는데 대사제의 하녀 하나가 와서, 불을 쬐고 있는 베드로를 보고 그를 찬찬히 살피면서 말하였다. "당신도 저 나자렛 사람 예수와 함께 있던 사람이지요?" 그러자 베드로는, "나는 당신이 무슨 말을 하는지 알지도 이해하지도 못하겠소." 하고 부인하였다. 그가 바깥뜰로 나가자 닭이 울었다. 그 하녀가 베드로를 보면서 곁에 서 있는 이들에게 다시, "이 사람은 그들과 한패예요." 하고 말하기 시작하였다. 그러나 베드로는 또 부인하였다. 그런데 조금 뒤에 곁에 서 있던 이들이 다시 베드로에게, "당신은 갈릴래아 사람이니 그들과 한패임에 틀림없소." 하고 말하였다. 베드로는 거짓이면 천벌을 받겠다고 맹세하기 시작하며, "나는 당신들이 말하는 그 사람을 알지 못하오." 하였다. 그러자 곧 닭이 두 번째 울었다. 베드로는 예수님께서, "닭이 두 번 울기 전에 너는 세 번이나 나를 모른다고 할 것이다." 하신 말씀이 생각나서 울기 시작하였다(마르 14,53-72).

베드로는 자신을 버리는 대신에 예수님을 부인한다. **이 비극적 장면은 예수님께서 무엇을 말씀하시려는지 이해하는 데 도움이 된다.** '자신을 버리는 것'은 '자신에게 아니다'라고 말하는 것이고, '자신을 잊는 것'을 의미한다. 요셉 슈미트Josef Schmid는 다음과 같이 말한다.

이것은 일반적으로 나쁜 유혹을 극복하고 고통과 일상의 역경을 견디는 '수덕적' 의미로 해석될 수 없다. 반면에 보다 더 근본적인 것을 의미한다. 예수님을 따르는 사람은 더 이상 자신에 대해 아무것도 알고 싶어 하지 않아야 하며, 자신의 자아와 원의가 열망하는 모든 것을 희생해야 한다.

그러면 "자신의 십자가를 지고"라는 구절은 무엇을 의미하는가? 다시 예레미아스의 말을 들어 보자.

"자신의 십자가를 지고"라는 표현에서 우리는 주로 하느님께서 우리에게 보내신 것을 견뎌 내는 일을 생각한다. 그러나 이 의미는 십자가를 영광스럽게(aírein tòn staurón) 하기 위한 것이 아니다. 순교 성향이라는 의미의 해석도 문자 그대로의 취지는 맞지 않는다. 오히려 이 표현은 완전히 구체적인 사건, 즉 십자가형을 선고받은 사람이 십자가 patibulum를 어깨에 메고 조롱과 비난으로 그를 환영하며 고함을 지르는 군중 사이로 무서운 여정을 떠나는 순간을 겨냥하고 있다. 이 여정의 괴로움은 사회로부터 무자비하게 쫓겨나고 무방비 상태로 분노와 멸시 속에 넘겨진다는 느낌이다. 나를 따르는 사람은 누구든지 사형대로 가는 처벌을 받은 사람의 십자가의 길via crucis만큼 힘들게 생명의 위험을 감당해야 한다고 예수님께서는 말씀하신다. 그러나 죽어서도 그들은 참새 한 마리도 지붕에서 떨어지지 않게 하시는 분의 손 안에 있음이 사실이다(마태 10,29; 루카 12,6). 그리고 그들은 어머니의 모범으로부터, 그들을 기다리는 큰 기쁨이 그들이 견뎌 온 모든 고통을 잊게 만드는 방법을 배울 수 있다(요한 16,21 이하).

그러므로 이 두 구절은 예수님의 참된 제자가 되기 위해 필요한 것을 요약한 것이다. 즉 자신을 완전히 헌신하고 바치는 것, 하느님의 일과 예수님의 인격에 대한 포기, 스스로 내어줌이다.

(2) 예수님의 삶의 원칙

아마도 여기서 주목해야 할 가장 중요한 것은 예수님께서 당신을 따르기 위해 필요한 것이 무엇인지 다른 사람에게 가르치실 때 자신을 드러내신다는 점일 것이다. 이러한 가르침은 이론적인 것도 아니고 추상적인 것도 아니다. 오히려 그것은 예수님 자신의 삶의 원칙이다. 필자는 그것을 "예수님의 삶의 원칙"이라고 부른다.

복음에는 예수님의 심리학에 대해 다룬 것이 없지만, 예수님을 따르는 것에 대한 이러한 가르침은 예수님의 심리학, 즉 예수님 자신이 삶에 대해 어떻게 생각하고 자신의 삶을 어떻게 규정하는지에 대한 심리학이라 볼 수 있다. 예수님의 사고방식은 어떤가? 여기에 이러한 가르침이 있다.

예수님께서는 먼저 내적 태도 즉, 자신을 버리는 것, 자신에게 "아니요"라고 말하고, 하느님의 뜻에 맞추기 위해 자신의 뜻에 "아니요"라고 말하기를 강조하신다. 이것은 제 삶의 이익에 반대하는 것, 자신의 갈망보다 제자로서의 자신의 존재를 우선시하는 것, 자신을 버리고 하느님의 뜻에 전적으로 헌신하는 것, 죽을 때까지 기꺼이 예수님을 따르려는 것을 의미한다. 자신을 버린다는 것은 자기 자신을 포기하는 것을 의미하지만, 동시에 자신을 다른 존재에 맡기는 것이다. 부정적인 측면은 긍정적인 측면과 결합된다. 자신을 버리는 것은 사람의 아들이자 하느님의 종이신 그리스도 예수님의 인격에 대한 개인적인 애착이어야 한다. 자신을 버리는 사람은 자신을 전적으로 예수님과 복음에 맡긴다. 이것은 예수님의 인격 안에 표현된 하느님의 뜻에 자신을 맡기는 것을 의미한다.

그리고 예수님께서는 이러한 태도의 외적인 측면, 즉 **예수님을 따르려면 자신의 십자가를 져야 한다고 주장하신다.** 예수님께서 자신의 죽음을 방금 선언하셨기 때문에, 십자가를 진다는 것은 죽음으로 이어지는 것과 같다. 예레미아스가 언급한 것처럼, 십자가를 진다는 것은 "사형대로 가는 처벌을 받은 사람의 십자가의 길via crucis만큼 힘들게 생명의 위험을 감당"해야 함을 의미한다. 그래서 자신의 십자가를 진다는 것은 예수님과 함께 죽음을 받아들일 준비가 되어 있음을 의미한다. 그러나 예수님께서는 역설적인 선언을 통해 자신의 가르침을 이어 가신다. '정녕 자기 목숨(영혼)을 구하려는 사람은 목숨을 잃을 것이다.'(마르 8,35) **"누구든지 자기 십자가를 지고 예수님을 따르지 않고, 자기의 생명을 얻으려고 한다면 그 생명을 잃을 것이다."** 예수님께서는 삶과 죽음에 대해 명확하게 말씀하신다. 생명을 얻기 위해서는 예수님을 따라야 한다. 그렇게 하지 않는다면, 생명을 잃을 것이다. 누구든지 이 세상에서 자신의 이익과 혜택만을 찾는다면 실패할 것이다. 누구든지 예수님 없이 자기 생명을 구하려고 하면 잃을 것이다. 누구든지 죽음을 회피하고 생명을 구하려 한다면, 누구든지 자기 뒤에 있는 십자가를 지지 않는다면, 도리어 죽을 것이고 목숨을 잃을 것이다.

역설은 다음과 같이 계속된다. "나와 복음 때문에 영혼(목숨)을 잃는 사람은 목숨을 구할 것이다."(마르 8,35) 이것은 역설의 이면이다. 누구든지 정말로 자기 목숨을 구하길 원한다면 예수님과 복음 때문에 그것을 버려야 한다. 그렇게 해야 목숨을 구할 수 있기 때문이다. 예수님께서 방금 자신의 죽음을 언급하셨기 때문에, 여기서 죽음 너머의 생명에 관해 이야기하는 것이 분명하다. 그분은 죽어도 생명을 얻을 것임을 기대하신다. 생명을 잃는다면 생명을 구할 수 있음을 기대하신다. 즉 생명을 잃음으로써 이를 얻을 것이다. 이것은 그분에게는 삶의 원칙이다. 그분의 생명은 땅에 뿌려진 씨앗처럼 마침내 싹이 움트고 자랄 것이다. 생명을 얻고 열매를 맺으려면 일단 땅에 뿌려져야 한다. 예수님께서는 당신의 제자에게도 마찬가지라고 말씀하신다. 생명을 얻으려면 죽을 때까지 예수님을 따라야 한다. 이것은 자신의 구원을 위해서가 아니라, 예수님과 복음을 사랑하기에 하는 것이다. 베드로에게 답하시는 예수님의 말씀을 기억한다.

예수님께서 말씀하셨다. "내가 진실로 너희에게 말한다. 누구든지 나 때문에, 또 복음 때문에 집이나 형제나 자매, 어머니나 아버지, 자녀나 토지를 버린 사람은 현세에서 박해도 받겠지만 집과 형제와 자매와 어머니와 자녀와 토지를 백 배나 받을 것이고, 내세에서는 영원한 생

명을 받을 것이다."(마르 10,29-30)

그러므로 "예수님과 복음 때문에" 자신의 생명을 잃는 데 동의한다는 것은 예수님과 십자가를 함께 나누기까지 하느님의 복음에 헌신하며, 예수님의 사명을 받아들이고, 처음부터 그분의 고난과 죽음에 참여하는 것을 의미한다. 그러나 또한 확실하게 영원한 생명을 얻고 그분 부활의 권능에 참여하는 것을 의미한다. 그래서 예수님을 통해 삶 자체의 의미를 이해할 수 있다. 예수님의 제자가 된다는 것은 예수님을 자신의 삶으로 받아들이고, 예수님과 함께하며 그분의 운명을 나누는 것을 의미한다. 예수님을 따른다는 것은 그분만이 우리를 삶의 길로 안전하게 인도하실 수 있다는 것, 그분 안에서만 우리가 인간 삶의 의미와 중요성을 발견하고 영원한 생명에 도달할 수 있음을 깨닫는 것을 의미한다. 예수님의 인격에 대한 긴밀한 애착, 예수님과의 인격적 일치, 하느님에 대한 헌신, 예수님과 함께 하느님의 뜻에 대한 전적인 헌신의 문제라는 것을 알 수 있다.

결국 예수님께서 말씀하신 것처럼 이 세상에는 사람의 생명만큼 가치 있는 것은 아무것도 없다. "사람이 온 세상을 얻고도 제 목숨을 잃으면 무슨 소용이 있느냐? 사람이 제 목숨을 무엇과 바꿀 수 있겠느냐?"(마르 8,36-37) 오직 예수님께서 주시는 것은 영원한 생명이다. 예수님의 말씀은 지금 우리와 그분과의 관계가 미래에 우리의 구원을 결정하게 될 것임을 보여 준다. 지금 예수님을 향한 우리의 태도는 미래에 우리를 향한 그분의 태도를 결정할 것이다.

절개 없고 죄 많은 이 세대에서 누구든지 **나와 내 말을 부끄럽게 여기면, 사람의 아들도 아버지의 영광에 싸여 거룩한 천사들과 함께 올 때에 그를 부끄럽게 여길 것이다**(마르 8,38).

사실 예수님과 그분의 말씀을 부끄럽게 여기는 것은 그분을 부인하는 것을 의미하며, 자신의 인격을 그분께 맡기기를 거부하는 것, 요컨대 그분의 삶보다 자신의 삶을, 하느님 나라보다 개인적 바람을 더 선호하는 것을 의미한다. 이 말씀은 아마 예수님의 선포에 반대하고 예수님과 그분의 말씀을 부끄럽게 여겼던 베드로에게 하는 경고일지 모르고, 우리에게 하는 경고일지도 모른다. 만일 그분의 말씀을 수용할 준비가 되어 있지 않으면, 예수님과 그분의 말씀을 부끄럽게 여기면, 진실로 하느님의 뜻을 받아들일 준비가 되지 않은 것이며, 사람의 아들도 마지막 심판 날에 우리를 부끄럽게 여길 것이다. 영원한 생명이 위태롭게 될 것이다. 종말에 사람의 아들로서 예수님과 그분의 말씀을 부끄럽게 여기는 사람을 부끄럽게 여기듯, **사람의 아들도 지금 예수님과 그분의 말씀을 받아들이는 사람을 영광스럽게 여길 것이다**. 마태오와 루카는 이러한 예수님의 말씀을 이렇게 해석했다.

누구든지 사람들 앞에서 나를 안다고 증언하면, 나도 하늘에 계신 내 아버지 앞에서 그를 안다고 증언할 것이다. 그러나 누구든지 사람들 앞에서 나를 모른다고 하면, 나도 하늘에 계신 내 아버지 앞에서 그를 모른다고 할 것이다(마태 10,32-33; 루카 12,8-9 참조).

예수님의 말씀은 우리의 구원이 그분과의 관계, 그분과의 일치에 따라 결정된다고 확증한다. 하느님과 동등하신 그분의 아드님만이 이렇게 말씀하실 수 있으며, 그렇기에 오직 세상의 심판관은 그분뿐이다. 이것은 마르코가 예수님의 신성을 인식했다는 또 다른 단서다. 그리고 이 모든 가르침은 예수님과 마르코가 예수님을 따르는 데 필수적인 것으로 이해한 것이다.

몇 년 전의 체험을 말하고 싶다. 여름 학기 동안에 몇몇 미국 가톨릭 대학교에서 마르코 복음을 가르쳤다. 종교 과정의 요건을 획득하기 위해서만 공부하는 몇몇 학생들이 있다는 것을 알았다. 그래서 성경 입문 자료를 어느 정도 인식하고 있는지 파악하기가 어려웠다. 복음의 의미를 이해시키기 위해 언제나 필요한 성경 구절에 대한 수많은 참고 자료를 제공했다. 모든 이가 참고 자료를 이해했다고 가정했다. 그러나 한 주가 지난 후, 어떤 청년은 칠판에 적었던 것을 모은 그 자료 숫자가 무엇을 의미하는지 물었다. 그는 참고 자료 숫자의 의미를 전혀 이해하지 못했다. 그에게 처음부터 모든 것을 설명했고 결국 이해했다고 믿었다. 나머지 과정 동안 잘 참여하고 이해한 듯싶었다. 과정이 끝나 갈 무렵, 모든 학생에게 논문 주제를 선정하기 위한 주제어를 제시하라고 했다. 그는 '평범함'에 관해 쓰길 원했다고 언급하면서 이를 제출했다. '평범함이 마르코 복음과 어떤 관련성이 있는가?'라는 의문을 해소하기 위해 갖은 노력을 다했지만 모두 물거품이 되었다. 가르칠 때는 '평범함'이라는 단어를 사용한 적이 없었다. 그래서 그것이 무엇을 의미하는지 물어보았다. 그는 "신부님, 저는 성격이 매우 나약하고 인내력이 없습니다. 의예과인데, 시험을 볼 때 다른 방식으로 부정행위를 하거나 베낍니다. 저는 마르코 복음을 공부하면서, 그 복음이 우리에게 전적인 헌신, 자신을 우선하지 않고 완전히 투신하며, 스스로에게 정직하라고 부르신다고 이해했습니다. 지금 시험에서 부정행위를 한다면, 내가 의사가 되었을 때, 환자들에게도 똑같이 할 것인가, 라고 저에게 물었습니다. 저는 도덕과 인품이 너무 약하기에 평범함에 대해 써야겠다고 생각했습니다." 마르코 복음의 낭독은 의학 연구, 삶에 대한 그의 모든 태도와 그의 모든 존재에 대한 도전이었다. 그리고 그는 그 도전과 예수님의 이러한 가르침에서 제자들이 치러야 할 대가를 아주 잘 이해했다.

2) 죽음과 부활에 대한 두 번째 공식적인 예고와 가르침(마르 9,30-37)

예수님께서 자신을 따르는 것에 관해 최초로 가르침을 주신 이후, 마르코는 베드로, 야고보와 요한 앞에서 예수님께서 변모하신 사건을 이야기한다. 이 장면이 예수님의 죽음과 부활에 대한 첫 번째 공식적인 예고와 가르침을 제자에게 준 뒤에 바로 나온다는 사실은 매우 중요하다. 구름에서 들려오는 음성은 예수님께서 세례받으실 때 하늘에서 들려오는 음성과 거의 같지만, 매우 중요한 내용을 덧붙인다. "이는 내가 사랑하는 아들이니 너희는 **그의 말을 들어라!**"(마르 9,7) 하느님의 음성은 베드로, 야고보와 요한, 그리고 그들을 통해 모든 제자들과 우리 모두에게 "그의 말을 들어라."라고 말씀하신다. 이는 하느님께서 예수님의 말씀을 받아들이신다는 분명한 표시이며, 우리가 방금 들은 그분의 말씀, 특히 그분의 죽음과 부활에 대한 첫 번째 공식적인 예고와 제자에게 준 가르침이 참으로 하느님의 생각과 뜻을 표현한다는 것이다. 그래서 "그의 말을 들어라!"는 하느님께서 친히 베드로에게 직접 말씀하시고 그를 통해 우리 모두에게 말씀하신 것과 같다. "하느님의 아들과 그의 말을 부끄럽게 여기지 말고, 그의 말을 들어라!" 그 길은 험난하고 죽음으로 인도할 수도 있지만 부활은 그분과 함께 우리를 기다린다. 그의 말을 들어라! 그리고 이 "그의 말을 들어라"는 "나를 따르라"는 뜻임이 분명하다.

그분의 부활 이후 이 모든 것에 관해 말하는 것이 허락되었다. 처음 예수님께서는 소위 '메시아의 비밀'에 대해 언급하는 것을 금지하셨다. "그들이 산에서 내려올 때에 예수님께서는 그들에게, 사람의 아들이 죽은 이들 가운데에서 다시 살아날 때까지, 지금 본 것을 아무에게도 말하지 말라고 분부하셨다."(마르 9,9) 그분의 죽음과 부활 이후, 제자들은 그분이 메시아라는 사실에 대해 올바른 인식을 갖게 될 것이며, 그분에 관해 언급할 수 있을 것이다.

또한 이어지는 사건, 마귀 들린 소년을 고치신 후에 하신 **예수님**

의 최후 말씀도 주목해야 한다. 이 장면은 바티칸 미술관에 있는 라파엘로의 위대하고 매우 아름다운 그림인 거룩한 변모의 일부이며, 성 베드로 대성당의 왼쪽 복도에 있는 변모 제대에 모자이크 사본이 있다. 다른 제자들이 소년이 사로잡힌 말 못하게 하는 마귀를 쫓아내지 못하자 아이 아버지는 예수님께 그렇게 해 주시길 청한다. 우리는 예수님께서 말씀하신 대로 그것이 신앙의 문제임을 본다. "믿음이 없는 세대로다!"

"이제 하실 수 있으면 저희를 가엾이 여겨 도와주십시오." 예수님께서 그에게 "'하실 수 있으면'이 무슨 말이냐? 믿는 이에게는 모든 것이 가능하다." 하고 말씀하시자, 아이 아버지가 곧바로, "저는 믿습니다. 믿음이 없는 저를 도와주십시오." 하고 외쳤다(마르 9,22-24).

예수님께서 마귀 들린 영을 쫓아내신 후에, 제자들은 왜 자기들이 마귀를 쫓아내지 못했는지 묻는다. 예수님께서는 "그러한 것은 기도가 아니면 다른 어떤 방법으로도 나가게 할 수 없다."(마르 9,29)라고 답하신다. 여러 고대 사본은 "그리고 단식으로"를 덧붙인다. 예수님께서 여기서 하느님 나라의 직무를 수행하기 위한 기도의 필요성을 가르치셨음이 분명하다. 이러한 고대 전통에 따르면 참회도 필요하다. 그러나 믿는 이에게는 모든 것이 가능하다. 즉, 예수님과 하느님과 함께한 제자에게는 모든 것이 가능하다. 악과의 싸움에서 제자는 혼자가 아니다. 그들은 특히 기도와 신앙을 통해 하느님과 예수님의 싸움에 동참한다. 이 사건 이후 곧바로 마르코는 예수님의 죽음과 부활에 대한 두 번째 공식적인 예고를 선포한다.

그분께서 "사람의 아들은 사람들의 손에 넘겨져 그들 손에 죽을 것이다. 그러나 그는 죽임을 당하였다가 사흘 만에 다시 살아날 것이다." 하시면서, 제자들을 가르치고 계셨기 때문이다. 그러나 제자들은 그 말씀을 알아듣지 못하였을 뿐만 아니라 그분께 묻는 것도 두려워하였다(마르 9,31-32).

예수님께서 "가르쳤다" 혹은 "가르치고 계셨다"라는 반과거 시제는 수난에 대해 한 번 이상 말했음을 암시한다. 그러나 제자들이 깨닫지 못했다는 것이 이 사건 직후 그들의 행동에서 명확하게 드러난다.

그들은 카파르나움에 이르렀다. 예수님께서는 집 안에 계실 때에 제자들에게, "너희는 길에서en tê hodô 무슨 일로 논쟁하였느냐?" 하고 물으셨다. 그러나 그들은 입을 열지 않았다. 누가 가장 큰 사람이냐 하는 문제로 길에서en tê hodô 논쟁하였기 때문이다. 예수님께서는 자리에 앉으셔서 열두 제자를 불러 말씀하셨다. "누구든지 첫째가 되려면, 모든 이의 꼴찌가 되고 모든 이의 종diákonos이 되어야 한다." 그러고 나서 어린이 하나를 데려다가 그들 가운데에 세우신 다음, 그를 껴안으시며 그들에게 이르셨다. "누구든지 이런 어린이 하나를 내 이름으로 받아들이면 나를 받아들이는 것이다. 그리고 나를 받아들이는 사람은 나를 받아들이는 것이 아니라 나를 보내신 분을 받아들이는 것이다."(마르 9,33-37)

마르코는 제자들의 논쟁이 길에서en tē hodô 이루어졌음을 강조한다. 그들이 길, 즉 그리스도의 길에 속한 사람임을 상기시킨다. 그리고 그 길에서 예수님의 수난과 죽음에 대한 예고를 완전히 무시하면서 누가 가장 큰 사람인지 논쟁하고 있었다. 그들이 예수님의 물음에 침묵한 것을 보면 적어도 자신들의 행동을 부끄러워하기는 했던 것 같다. 예수님께서는 강한 인내심으로 다시 열두 제자들, 그다음으로 다른 제자들을 가르치셨다. 그분은 스승으로 자리에 앉아서 첫째가 되고자 하는 사람은 꼴찌가 되어야 한다고 역설적으로 선언하신다. 이 말은 그들이 듣고 싶은 말이 아니었다. 예수님께서는 특별히 첫째가 되고자 하는 사람은 모든 이를 섬기는 사람이 되어야 한다고 가르치셨다. 이 가르침 역시 그들은 듣고 싶어 하지 않았다. 이는 예수님께서 자신에 대해 분명히 언급하신 것이다. 다른 사람들을 위한 가르침일 뿐 아니라 예수님께도 삶의 원칙이다. 그분은 많은 사람을 위해 내어줄 "하느님의 종"이시기에 당신을 따르는 사람들의 모범이시다. 그분이 가르치는 것은 기존 가치관들의 역설이다.

훌륭한 스승으로서 그분은 당신 가르침의 모범을 보여 주신다. 우리는 '종'에 대해 살펴보았다. 즉, 아람어로 'talya'라는 단어와 그리스어로 'país'라는 단어가 '소년' 혹은 '종'이라는 의미다. 여기서 마르코는 '어린이'를 의미하는 축소형 'paidíon'과 '종'을 의미하는 'diákonos'라는 단어를 사용하지만 개념의 연관성은 분명해 보인다. 어린이는 우선순위에 따라 마지막으로 간주되는 열두 사도의 본보기다. 첫째가 되고자 하는 사람은 어린아이와 같아야 하며 모든 사람의 종과 같아야 한다. 종은 우선순위에 따라 중요한 것으로 간주되지 않는다. 그러나 예수님께서는 "이런 어린이 하나를 내 이름으로 받아들이면 나를 받아들이는 것이다."라고 말씀하시면서 자신을 어린이와 종과 동일시하셨다(마르 9,37). 모든 사람의 종이자 어린이로서 예수님께서는 자신을 꼴찌에 놓으셨다. 그분을 따르는 이도 같은 방식으로 행동해야 한다. 그리고 언제나 꼴찌에 있는 사람들을 기꺼이 환영해야 한다. 누구든지 이 어린이와 종 중 하나를 받아들인다면, 실제로는 예수님을 받아들이는 것이고, 예수님을 받아들이는 것은 실제로는 그분을 보내신 아버지를 받아들이는 것이다.

이것은 그리스도인의 전통에서 놀라운 발전을 가져올 가르침이지만, 그 뿌리가 여기에 있다. 예수님께서는 당신을 파견하신 분과 자신을 동일시하셨지만, 어떤 면에서는 가장 작은 자, 곧 그분의 제자로 삼고자 하시는 사람들과도 동일시하셨다. 예수님과 아버지가 하나(필리 2,6)이며 예수님께서는 그분의 제자들과 동일시되고(사도 9,4-5), 그들이 참으로 예수님의 몸(1코린 12,27)이요, 예수님과 하느님이 그 제자들 안에 거하신다는 것(2코린 13,4; 6,16)을 **다마스쿠스의 길**에서 계시를 받은 이후 바오로는 완전히 인식하게 될 것이다. 요한 복음에서, 예수님께서는 "나를 본 사람은 곧 아버지를 뵌 것이다. 내가 아버지 안에 있고 아버지께서 내 안에 계시다고 한 말을 믿어라."(요한 14,9.11)라고 선언하신다. 요한은 예수님께서 포도나무시고 우리는 그분과 같은 생명을 나누는 가지라는 것을 가르칠 것이다. 특히 예수님과 그분의 아버지가 우리에게 오셔서 우리 가운데 거처를 정하실 것이라고 가르칠 것이다(요한 15,5; 14,23). 그러므로 마르코는 우리는 예수님의 것, 즉 그리스도께 속한다고 말할 수 있다. "너희가 그리스도의 사람이기 때문에 너희에게 마실 물 한 잔이라도 주는 이는, 자기가 받을 상을 결코 잃지 않을 것이다."(마르 9,41) 그러므로 예수님을 따르는 사람은 예수님께서 그와 함께 계시다는 사실을 알 뿐 아니라, 그가 그리스도에 속했다는 사실, 참으로 그리스도에게 속했다는 사실을 알고 예수님을 따라야 한다.

죽음과 부활의 두 번째와 세 번째 예고 사이에는 어린이와 연관된 예수님의 행동과 당신을 따르는 사람들이 가져야 할 행동을 보여 주는 아름다운 계시적 장면이 있다.

사람들이 어린이들을 예수님께 데리고 와서 그들을 쓰다듬어 달라고 하였다. 그러자 제자들이 사람들을 꾸짖었다. 예수님께서는 그것을 보시고 언짢아하시며 제자들에게 이르셨다. "어린이들이 나에게 오는 것을 막지 말고 그냥 놓아두어라. 사실 하느님의 나라는 이 어린이들과 같은 사람들의 것이다. 내가 진실로 너희에게 말한다. 어린이와 같이 하느님의 나라를 받아들이지 않는 자는 결코 그곳에 들어가지 못한다." 그리고 나서 어린이들을 끌어안으시고 그들에게 손을 얹어 축복해 주셨다(마르 10,13-16).

다시 말하지만, 이것은 제자들에게 주신 가르침인 동시에 하느님 나라와 하느님을 향한 예수님의 태도를 드러낸다. 예수님께서는 누구든지 어린이처럼 하느님 나라를 받아들이지 않는다면, 하느님 나라에 들어갈 수 없다고 단호하게 말씀하셨다. 사실, 하느님 나라는 그들과 같은 사람들의 것이다. 아버지의 절대적 선물로 하느님 나라를 받아들여야 한다. 어린이는 받기만 할 수 있기 때문에 받는 방법을 알고 있다. 하느님 나라를 자신의 노력의 결과라고 생각하는 사람은 은총의 선물, 절대적인 무상의 선물로서 하느님으로부터 그것을 수용할 수 없다. 모든 것이 잘되기를 바라시는 하느님 아버지를 인식하고, 아버지의 품에 안겨 안전함과 신뢰를 느끼는 어린이처럼, 모든 것을 아버지의 뜻에 맡길 수 있는 깨달음이 필요하다. 그러므로 누구든지 하느님 나라에 들어가고자 한다면 예수님께서 겟세마니에서 하셨던 것처럼 하느님을 알아보고 "아빠"라고 부를 준비가 되어 있어야 한다(마르 14,36). 어린이처럼 하느님 나라를 받아들이는 것은 하느님을 그의 "아빠"로 인식한 사람이 하느님 나라를 받아들이는 것이다.

3) 죽음과 부활에 대한 세 번째 공식적인 예고와 가르침(마르 10,32-45)

이미 마르코 복음의 세 번째 공식적인 예고와 놀라운 서문을 보았지만, 다시 읽어 보자.

> 그들이 예루살렘으로 올라가는 길이었다. 예수님께서는 제자들 앞에 서서 가고 계셨다. 그들은 놀라워하고 또 뒤따르는 이들은 두려워하였다. 예수님께서 다시 열두 제자를 데리고 가시며, 당신께 닥칠 일들을 그들에게 말씀하기 시작하셨다. "보다시피 우리는 예루살렘으로 올라가고 있다. 거기에서 사람의 아들은 수석 사제들과 율법 학자들에게 넘겨질 것이다. 그러면 그들은 사람의 아들에게 사형을 선고하고 그를 다른 민족 사람들에게 넘겨 조롱하고 침 뱉고 채찍질하고 나서 죽이게 할 것이다. 그러나 사람의 아들은 사흘 만에 다시 살아날 것이다."(마르 10,32-34)

이 구절은 너무 감동적이어서 제자로 부르신 첫 두 사람이자 예수님의 친밀한 세 동료 중 두 사람인 야고보와 요한의 반응을 듣는 것은 참으로 충격적이다. 다시 한번 슬프게도 우리는 예수님과 함께 있도록 선택된 열두 제자 모두가 주님을 이해하지 못했고, 그분의 마음을 헤아릴 수 없었음을 본다. 야고보와 요한은 예수님께 그분의 영광 가운데서 첫 번째 영광의 두 자리를 차지하게 해 달라고 요청한다. 이는 너무 부끄럼 없이 청하는 것이다. "스승님, 저희가 스승님께 청하는 대로 저희에게 해 주시기를 바랍니다."(마르 10,35) 이는 단순히 야고보와 요한의 태도의 문제가 아니다. 다른 사도들도 여전히 명예로운 자리를 차지하고픈 동일한 열망을 갖고 있는 것 같다. "다른 열 제자가 이 말을 듣고 야고보와 요한을 불쾌하게 여기기 시작하였다."(마르 10,41) 다시 한번 예수님께서는 당신의 제자들에게 가르침을 줄 필요를 느껴 인내심을 가지고 다시 제자가 어떠해야 하는지 말씀하신다. 그러나 무엇보다도 그분은 자신의 마음을 드러내신다.

예수님께서는 그들을 가까이 불러 이르셨다. "너희도 알다시피 다른 민족들의 통치자라는 자들은 백성 위에 군림하고, 고관들은 백성에게 세도를 부린다. 그러나 너희는 그래서는 안 된다. 너희 가운데에서 높은 사람이 되려는 이는 너희를 섬기는 사람이 되어야 한다. 또한 너희 가운데에서 첫째가 되려는 이는 모든 이의 종이 되어야 한다. 사실 사람의 아들은 섬김을 받으러 온 것이 아니라 섬기러 왔고, 또 많은 이들의 몸값으로 자기 목숨을 바치러 왔다."(마르 10,42-45)

여기서 이러한 가르침은 예수님의 제자들뿐 아니라 예수님 자신을 위한 삶의 원칙임을 분명히 알 수 있다. 사실 여기서는 그분 자신의 삶과 행동 방식을 예로서 사용한다. 예수님의 행동은 제자들의 행동과 정반대다. 먼저 그분은 백성에 군림하는 통치자들의 태도와 백성에게 세도를 부리는 폭정을 예로 든다. 예수님께서는 명확하고 직접적인 명령을 하신다. "너희는 그래서는 안 된다", 다른 사본에서는 더욱 명확하게 말씀하신다. "너희는 이런 일을 절대 해서는 안 된다"는 뜻으로 "너희는 그래서는 안 된다"인 것이다. 예수님께서는 여기서 특별히 열두 제자들에게 말씀하시지만, 그들을 통해서 모든 추종자들에게 말씀하신다. 이 명령은 분명하며 열두 제자에게 직접 전달되는 몇 안 되는 명령 중 하나다. 그리고 예수님께서 그들 가운데에서 권위에 대해 언급하신 것은 모든 시대의 교회에 적용된다. 그러므로 예수님의 제자들 가운데 권위, 통치, 권력은 교회 안에 있는 봉사의 권위, 봉사의 통치, 봉사의 권력이여야 한다.

다시 예수님께서는 가치관의 전도에 대해 말씀하신다. 누구든지 높은 사람이 되고자 하는 사람은 섬기는 사람이 되어야 하고, 첫째가 되고자 하는 사람은 종이 되어야 한다. 이것이 예수님께서 하셨던 일이다. 이것이 그분의 모든 추종자가 해야 할 일이다. 초대 교회는 하나의 신앙으로 예수님의 이러한 말씀을 되새겼다. 바오로가 그리스도 예수님께서 '당신 자신을 비우시어 종의 모습을 취하신다'(필리 2,7)고 말씀하실 때, 아마도 전통에서 취한 찬미의 형식으로 이 말씀을 반복했을 것이다. 첫째가 되고 싶지만 모든 이의 종이 되고 싶지 않다면, 참으로 예수님을 따르는 사람이 될 수 없다. 더욱이 열두 제자나 교회의 지도자들이 모든 이의 종이 되기를 원하지 않는다면, 예수님의 진정한 추종자가 될 수 없다. 높은 사람이 되기를 원하지만, 다른 사람들의 종이 되고 싶지 않다면, 진정으로 예수님을 따르는 자가 될 수 없으며, 그리고 더욱이 열두 제자들, 교회

지도자들이 다른 이의 종이 되기를 원하지 않는다면, 예수님의 진정한 추종자가 될 수 없다. 그들은 예수님처럼 봉사하고 많은 이를 위해 목숨을 바칠 준비가 되어 있어야 한다.

이것은 제자들의 눈을 뜨게 하려고 예루살렘으로 향하는 길에 예수님께서 마지막으로 시도하신 일이다. 그들이 예리코에 도착하자 예수님께서는 티매오의 아들 바르티매오의 눈을 뜨게 하신다. 그는 곧바로 길에서 예수님을 따른다. 이제 예수님의 세 가지 가르침 이후, 제자들은 눈을 뜨고 예수님의 길, 즉 종으로서 예수님을 어떻게 따라야 하는지, 꼴찌처럼 어떻게 봉사해야 하는지를 알아야 한다. 이제 그들은 예루살렘에 도착할 준비를 해야 한다.

4) 제자에 대한 다른 가르침들

하느님의 뜻을 따르는 데 방해가 될 수 있는 모든 것에 대한 경고의 형식으로 예수님께서 제자들에게 주신 다른 가르침들도 있다.

(1) 내적 태도

예수님께서는 내적인 태도의 중요성을 강조하신다. 외적인 행위가 중요하지 않다는 것은 아니지만, 내적인 태도에서 외적인 행위가 비롯된다. 그래서 예수님께서는 가르침에 맞지 않는 행동을 하는 율법 학자, 곧 이스라엘의 종교 지도자와 같이 되지 말라고 사람들에게 경고하신다. 예수님께서 비판하시는 것은 주로 율법 학자의 외적 행위들보다는 내적인 태도다.

예수님께서는 가르치시면서 이렇게 이르셨다. "율법 학자들을 조심하여라. 그들은 긴 겉옷을 입고 나다니며 장터에서 인사받기를 즐기고, 회당에서는 높은 자리를, 잔치 때에는 윗자리를 즐긴다. 그들은 과부들의 가산을 등쳐 먹으면서 남에게 보이려고 기도는 길게 한다. 이러한 자들은 더 엄중히 단죄를 받을 것이다."(마르 12,38-40)

마찬가지로 예수님께서는 식사 전에 손을 씻지 않는다는 이유로 예수님의 제자들을 비판하는 바리사이와 율법 학자를 책망하신다.

예수님께서 그들에게 이르셨다. "이사야가 너희 위선자들을 두고 옳게 예언하였다. 성경에 이렇게 기록되어 있다. '이 백성이 입술로는 나를 공경하지만 그 마음은 내게서 멀리 떠나 있다. 그들은 사람의 규정을 교리로 가르치며 나를 헛되이 섬긴다.'[70인역', 이사 29,13] 너희는 하느님의 계명을 버리고 사람의 전통을 지키는 것이다." …… "너희는 이렇게 너희가 전하는 전통으로 하느님의 말씀을 폐기하는 것이다. 너희는 이런 짓들을 많이 한다." 그리고 나서 예수님께서는 다시 군중을 가까이 불러 그들에게 말씀하셨다. "너희는 모두 내 말을 듣고 깨달아라. 사람 밖에서 몸 안으로 들어가 그를 더럽힐 수 있는 것은 하나도 없다. 오히려 사람에게서 나오는 것이 그를 더럽힌다." 예수님께서 군중을 떠나 집에 들어가시자, 제자들이 그 비유의 뜻을 물었다. 예수님께서 그들에게 대답하셨다. "너희도 그토록 깨닫지 못하느냐? 밖에서 사람 안으로 들어가는 것은 무엇이든 그를 더럽힐 수 없다는 것을 알아듣지 못하느냐? 그것이 마음속으로 들어가지 않고 배 속으로 들어갔다가 뒷간으로 나가기 때문이다." 예수님께서는 이렇게 모든 음식이 깨끗하다고 밝히신 것이다. 또 이어서 말씀하셨다. "사람에게서 나오는 것, 그것이 사람을 더럽힌다. 안에서 곧 사람의 마음에서 나쁜 생각들, 불륜, 도둑질, 살인, 간음, 탐욕, 악의, 사기, 방탕, 시기, 중상, 교만, 어리석음이 나온다. 이런 악한 것들이 모두 안에서 나와 사람을 더럽힌다."(마르 7,6-23)

이사야서 인용문은 문제를 강조한다. 즉, 문제는 하느님을 향한 인간의 태도, 마음과 입술의 대립, 순전히 외적인 태도와 내적인 태도의 대립이다(시편 78[77],36-37 참조). 예수님과 이사야는 하느님에 대해 순전히 외적인 태도를 갖는 사람들을 비판한다. 예수님과 진정한 종교가 요구하는 태도는 내적인, 마음의 태도다. **예수님을 따르는 사람들은 항상 진정한 내면의 길, 마음의 길에서 그분을 따라야 한다.**

문제는 단순히 이론적인 것이 아니다. 특히 초기 그리스도인에게는 실제적인 문제였다. 정결 예식에 관한 레위기의 규정에 대해 바리사이들과 율법 학자는 유다인과 이방인이 함께 식사하는 것을 허용하지 않는다고 해석했다. 이 해석이 초기 그리스도인에게 문제였다. 유다인과 이방인 출신의 그리스도인이 성체성사에 함께했기 때문이다. 마르코는 예수님의 태도와 가르침을 명확히 하고 싶어 한다.

사람 밖에서 몸 안으로 들어가 그를 더럽힐 수 있는 것은 하나도 없다. …… 밖에서 사람 안으로 들어가는 것은 무엇이든 그를 더럽힐 수 없다는 것을 알아듣지 못하느냐? 그것이 마음속으로 들어가지 않고 배 속으로 들어갔다가 뒷간으로 나가기 때문이다(마르 7,15-19).

마르코는 이러한 가르침을 명확히 하기 위해 다음과 같이 덧붙인다. "예수님께서는 이렇게 모든 음식이 깨끗하다고 밝히신 것이다." 장 라데르마케르Jean Radermakers는 다음과 같이 언급한다.

하느님 나라의 오심은 사람들을 내면으로부터, 즉 마음을 통해 일치시키는 것이다. 갑작스럽게 음식을 못 먹게 하는 것은 그 의미를 잃어버리는 것이며, 모든 사람이 하느님 말씀에 마음을 열고자 한다면, 먼저 자신의 마음의 더러운 것을 발견하고 정화하도록 해야 한다. 마르코는 여기서 예수님의 가르침을 두 개의 빵의 기적, 즉 첫 번째는 유다인을 위한 것이고 두 번째는 이방인을 위한 것에 두었다는 점을 유의해야 한다. 이는 바로 예수님의 모든 추종자들이 함께 앉아서 먹을 수 있는 친교의 성체성사를 승인하기 위한 것임을 주목해야 한다. **사람**

을 더럽히고 분열시키는 것은 외적인 것들이 아니라 마음에서 나오는 것들이다. 이것들은 하느님의 뜻을 완수하고 하느님 나라에 들어가려는 사람을 방해하는 것이다.

예수님께서 추문, 즉 누군가를 죄에 빠지게 하거나 누군가가 하느님의 뜻을 수행하는 것을 방해하는 장애물, 누군가를 타락하게 만드는 장애물에 대해 말씀하실 때 내적 태도는 가장 중요하다. 추문은 단순히 나쁜 예나 혐오스러운 행동, 혹은 여론에 활발한 반응을 불러일으키는 사건이 아니다. 추문의 근원은 사람의 외적인 것에서 발견되는 것이 아니라 마음에서 발견된다. 그러므로 예수님께서는 하느님 나라에 들어가지 못하게 하는 모든 것은 사람을 죄에 빠지게 하고, 하느님의 뜻을 행하지 못하게 하기에 마음을 더럽히지 않도록 잘라 버려야 한다고 가르치신다. 예수님께서는 제자들에게 추문의 근원을 밝히기 위해 그들의 삶과 행위를 생각해 보라고 권유하신다. 손과 발, 눈의 예시를 사용하여 사람을 넘어지게 할 수 있는 것, 즉 하느님의 뜻을 실천하고 믿는 데 방해될 모든 것을 지적하셨다.

"네 손이 너를 죄짓게 하거든 그것을 잘라 버려라. 두 손을 가지고 지옥에, 그 꺼지지 않는 불에 들어가는 것보다, 불구자로 **생명에 들어가는 편이** 낫다. 네 발이 너를 죄짓게 하거든 그것을 잘라 버려라. 두 발을 가지고 지옥에 던져지는 것보다, 절름발이로 **생명에 들어가는 편이** 낫다. 또 네 눈이 너를 죄짓게 하거든 그것을 빼 던져 버려라. 두 눈을 가지고 지옥에 던져지는 것보다, 외눈박이로 하느님 나라에 들어가는 편이 낫다. 지옥에서는 그들을 파먹는 구더기도 죽지 않고 불도 꺼지지 않는다[이사 66,24]."(마르 9,43-48)

이 본문에서 "생명에 들어가는 편"이 "하느님 나라에 들어가는 편"과 어떻게 동일한지 주목해라. 이것이 인간을 위한 최고의 선이며, 이것을 방해하는 것은 무엇이든지 인간의 생명에서 제거해야 된다. 생명과 반대되는 지옥Geenna은 복음에서 영원한 고통의 장소 이름이고 하느님 나라와 생명을 잃어버린 상징이다. 따라서 이것은 인간에게 있어서 가장 악한 것의 상징이다. 지옥gê' hinnom, "힌놈 골짜기"(혹은 다른 말로는 "힌놈의 자녀의 골짜기", 느헤 11,30; 2열왕 23,10; 예레 7,30-32; 32,35)를 의미하는 히브리어는 바알과 몰록Moloch의 영광을 위해 아기들을 불태우는 희생 제사를 지내던 예루살렘 남쪽 계곡의 이름이다. 이러한 사실에 대한 공포로 주민들은 그곳을 도시의 쓰레기 처리장으로 만들어 버렸다. 그리하여 계곡에서는 계속해서 불이 났는데, 이것은 어린 아기들의 희생의 불을 연상케 하여 기원전 1세기에 죄인들을 처벌하는 끔찍한 장소로 사용한 이유가 되었다. 예수님의 말씀은 박해 속에 있는 교회를 위한 희망의 원천이면서 동시에 경고였다. 씨 뿌리는 사람의 비유에 대한 설명에서 마르코는 다음과 같이 쓴다.

말씀이 돌밭에 뿌려지는 것은 이러한 사람들이다. 그들은 말씀을 들으면 곧 기쁘게 받는다. 그러나 그들에게 뿌리가 없어서 오래가지 못한다. 그래서 말씀 때문에 환난이나 박해가 일어나면 곧 걸려 넘어지고 만다(마르 4,16-17).

그리고 최후의 담화에서 예수님께서는 다음과 같이 말씀하셨다.

너희는 스스로 조심하여라. 사람들이 너희를 의회에 넘기고, 회당에서는 너희가 매를 맞을 것이다. 또 너희는 나 때문에 총독들과 임금들 앞에 서서 증언할 것이다. …… 사람들이 너희를 끌어다가 법정에 넘길 때, 무슨 말을 할까 미리 걱정하지 마라. 그저 그때에 너희에게 일러 주시는 대로 말하여라. 사실 말하는 이는 너희가 아니라 성령이시다. …… 너희는 내 이름 때문에 모든 사람에게 미움을 받을 것이다. 그러나 끝까지 견디어 내는 이는 구원을 받을 것이다(마르 13,9-13).

아마도 박해로 말미암아, 몇몇 신앙인이 변절할 것이다. 반면에, 어떤 이들은 예수님의 말씀을 기억하면서, 변절의 추문의 휘말리기보다는 장애인이 되거나 눈이 멀게 될지라도 확실히 하느님 나라의 생명으로 들어갈 확신을 갖게 될 것이다.
또한 예수님 말씀에서 신앙인 안에 성령이 머무르신다는 교리의 뿌리를 볼 수 있다. 예수님께서는 추종자들이 통치자와 임금 앞에서 해야 할 말을 '그때에 그들에게 일러 주신' 것을 말할 때, 신학적 수동태를 사용하셨는데, 이는 '하느님께서 일러 주신 것'을 의미한다. 그런 다음 예수님께서는 그들 안에서 말씀하시는 분이 성령임을 분명히 밝히셨다. 이것은 성령께서 예수님의 추종자들 안에 사신다는 것을 말하기도 한다. 이 교리도 나중에 중요한 신학적 발전을 이루게 된다(1코린 3,16-17; 6,19; 로마 8,9-11; 요한 14,15-17.26; 16,7-15 참조).

(2) 무화과나무의 저주와 성전 정화(마르 11,11-26)

예루살렘에 도착하신 후, 예수님께서는 수석 사제들과 율법 학자의 태도를 말이 아니라 행동으로 비판하신다. 마르코는 다시 '샌드위치 구조'(11,11-14[15-19]20-26)를 사용하여, 말하자면 성전 정화 사건을 무화과나무의 저주 사건으로 제한한다. 예수님께서 베타니아에서 예루살렘까지 기쁜 여정을 마친 후, 우리는 예수님에 관한 드문 이야기를 읽게 된다. "이윽고 예수님께서 예루살렘에 이르러 성전에 들어가셨다. 그리고 그곳의 모든 것을 둘러보신 다음, 날이 이미 저물었으므로 열두 제자와 함께 베타니아로 나가셨다."(11,11) 마르코는 그분을 성전을 둘러보는 관광객으로 묘사한다. 이 설명은 본문을 좀 더 자세히 바라보라는 마르코가 남긴 특별한 단서 중 하나다. 마태오와 루카는 이 시점에서 예수님께서 성전에서 장사꾼들을 어떻게 쫓아내는지를 설명하지만, 마르코는 이것을 말하고 싶어 하지 않는다. 그래서 예수님께서는 성전의 놀라운 건축물을 둘러보는 것 이외에 아무것도 하지 않으셨다. 이 복음에서 예수님께서 예루살렘에 오신 것은 이번이 처음이라는 것을 기억해야 한다. 마르코는 계속 다음과 같이 언급한다.

이튿날 그들이 베타니아에서 나올 때에 예수님께서는 시장하셨다. 마침 잎이 무성한 무화과나무를 멀리서 보시고, 혹시 그 나무에 무엇이 달렸을까 하여 가까이 가 보셨지만, 잎사귀밖에는 아무것도 보이지 않았다. 무화과 철이 아니었기 때문이다. 예수님께서는 그 나무를 향하여 이르셨다. "이제부터 영원히 어느 누구도 너에게서 열매를 따 먹는 일이 없을 것이다." 제자들도 이 말씀을 들었다. 그들은 예루살렘으로 갔다. 예수님께서는 성전에 들어가시어, 그곳에서 사고팔고 하는 자들을 쫓아내기 시작하셨다. …… 그리고 그들을 가르치시며 이렇게 말씀하셨다. "'나의 집은 모든 민족들을 위한 기도의 집이라 불릴 것이다.'[이사 56,7]라고 기록되어 있지 않으냐? 그런데 너희는 이곳을 '강도들의 소굴'로 만들어 버렸다."[예레 7,11] 수석 사제들과 율법 학자들은 이 말씀을 듣고 그분을 없앨 방법을 찾았다. 군중이 모두 그분의 가르침에 감탄하는 것을 보고 그분을 두려워하였던 것이다. 날이 저물자 예수님과 제자들은 성 밖으로 나갔다. 이른 아침에 그들이 길을 가다가, 그 무화과나무가 뿌리째 말라 있는 것을 보았다. 베드로가 문득 생각이 나서 예수님께 말하였다. "스승님, 보십시오. 스승님께서 저주하신 무화과나무가 말라 버렸습니다."(마르 11,12-21)

이제 마르코가 예수님을 관광객으로 묘사하고 다음 날까지 성전 정화에 대해 이야기하고 싶지 않은 이유를 알 수 있다. 마르코는 무화과나무 저주 사건을 먼저 이야기하고자 했다. 왜 그런가? 어떤 사람들은 이 행위를 정신 나간 사람의 행동으로 보았다. 예수님께서는 무화과나무에 열매가 없는 것을 보고 난 후 매우 화를 내시고, 무화과나무를 저주하신다. 그리고 마르코는 지금은 무화과 철이 아니라고까지 말했다. 이러한 관찰은 예수님의 행위가 변덕스럽고 이성적이지 않은 행동이라는 생각을 강조한 것 같다. 그 대신, 이 관찰은 다시 한번 '무슨 일이 일어났는지', 즉 신학적 의도를 알아들을 수 있도록 우리를 초대하는 마르코의 단서 중 하나다. 이 관찰은 정신 나간 사람의 행위가 아니라 오히려 가르치기 위해 의도적으로 행해진 행위다. 그러므로 마르코가 지금은 무화과를 수확할 때가 아니라고 알려 준다면, 예수님께서 하신 행위에 다른 이유가 있었음을 분명히 밝히고자 하는 것이다. **무화과나무, 특히 열매 없는 무화과나무는 이미 구약 성경에서 이스라엘의 상징으로 나타났다.** 예레미야는 사실 다음과 같이 언급한다.

"내가 거두어들이려 할 때 — 주님의 말씀이다. — 포도나무에 포도가 하나도 없고 **무화과나무에 무화과가 하나도 없으리라.** 이파리마저 말라 버릴 것이니 내가 그들에게 준 모든 것이 사라지리라."(예레 8,13)

그리고 호세아 또한 무화과나무에 대해 다음과 같이 언급한다.

내가 처음 만났을 때 이스라엘은 광야의 포도송이 같았다. 내가 처음 보았을 때 너희 조상들은 첫 절기의 무화과나무 맏물 같았다. 그러나 바알 프오르에 이르자 그들은 우상에 몸을 바쳐 저희가 사랑하던 것처럼 혐오스럽게 되어 버렸다. 에프라임은 찍히고 뿌리가 말라 열매를 맺지 못하리라. 그들이 자식들을 낳는다 하여도 나는 그들의 태에서 나온 그 소중한 것들을 죽이리라(호세 9,10.16).

예언자들은 이스라엘이 열매를 맺지 못하는 말라 버린 무화과나무와 같기 때문에 큰 벌을 받을 것이라고 경고한다. 예수님의 행동은 같은 맥락에 있으며, 이것은 벳사이다의 눈먼 이 치유를 연구할 때 이미 고려된 형태의 **예언적 행동**이다.

겉으로 보았을 때, 무화과나무는 아름다운 모습을 보여 주고 잎이 풍성했지만 열매를 맺지 못했다. **내적인 힘은 무화과나무의 존재 이유를 만들어 내지 못했다.** 이러한 상황은 **내면이 가장 중요한 것**이라는 이미 우리가 본 상황과 유사하다. 무화과나무는 예수님이 "위선자들"(마르 7,6)이라고 부르셨던 많은 바리사이들과 율법 학자들과 비슷하며, 또한 예수님께서 카이사르의 동전으로 당신을 시험(마르 12,15)하려고 했을 때 "그들의 위선"을 알았다고 전해지는 바리사이와 헤로데 당원들과 유사하다. 열매를 맺지 못한 무화과나무는 이스라엘의 종교 지도자들과 백성들의 비천함을 상징한다. 이것은 제자들이 성전 정화의 의미를 이해할 수 있도록 하는 표징이다. 예수님께서는 수석 사제들과 율법 학자들이 성전에서 허용했던 것을 비판하신다. 동물 시장은 이방인에게 허락된 성전의 유일한 곳인 이방인의 뜰에 자리 잡고 있었다.

사실, 성전은 "모든 민족들을 위한 기도의 집"이어야 하지만, 사제는 그곳을 "강도들의 소굴"로 만들어 버렸다. 예수님께서 싸우시는 것은 외부적인 측면이라기보다는 기도의 집인 성전의 성격을 파괴한 거짓 종교와 같은 내면적인 태도이다. 예언자들은 하느님을 향한 이와 같은 그릇된 태도에 대해 강하게 반대했으며 심지어 성전을 파괴하겠다고 이스라엘을 위협하기도 했다(예를 들어 예레 7,1-15 참조). 그러므로 성전의 정화는 외적인 행위라기보다는 내적인 정화의 상징이다. 예수님께서는 행동으로 가르치셨다. 그러므로 수석 사제들과 율법 학자들은 그분을 두려워하여 죽이고자 하였다.

마르코는 **기도와 용서**에 관한 몇 가지 가르침으로 이 사건을 마무리한다. 하느님의 집이 기도의 집이라면, 예수님께서는 제자들에게 진정한 기도에 대해 다음과 같이 가르치신다.

"하느님을 믿어라. 내가 진실로 너희에게 말한다. 누구든지 이 산더러 '들려서 저 바다에 빠져라.' 하면서, 마음속으로 의심하지 않고 자기가 말하는 대로 이루어진다고 믿으면, 그대로 될 것이다. 그러므로 내가 너희에게 말한다. 너희가 기도하며 청하는 것이 무엇이든 그것을 이미 받은 줄로 믿어라. 그러면 너희에게 그대로 이루어질 것이다. 너희가 서서 기도할 때에 누군가에게 반감을 품고 있거든 용서하여라. 그래야 하늘에 계신 너희 아버지께서도 너희의 잘못을 용서해 주신

다."(마르 11,22-25)

장 라데르마케르는 이 부분에 대해 다음과 같이 언급한다.

    무화과나무에 관한 예수님의 행위는 상징적이다. 그 의미는 예루살렘과 성전에서 두 모습으로 나타나신 예수님을 언급하지 않고서는 이해할 수 없다. 그 열매에 따라 각각을 심판하면서, 메시아는 무화과나무로 상징된 계약의 백성에게 그들의 율법에 대한 충실함과 그에 따른 예배 행위의 진실성, 기도의 진정성에 대해 설명할 것을 요청한다. 메마른 무화과나무는 열매 없는 믿음의 이미지다. …… 그 불모는 제자들을 계시와 신앙으로 초대한다. 이것은 마치 성전에서 장사꾼들을 내쫓는 것이 사람들과 공적인 지도자들에게 예배의 무상함을 확인하고, 선별이 모든 사람에게 제공된다는 보편적 개방으로의 초대를 표현한 것처럼 보인다.

    믿는다는 것은 하느님의 충만한 은총을 받으면서, 아버지 하느님을 향한 예수님의 신실함으로 들어가는 것을 의미한다. 마르코에 의하면, 그것은 예수님의 자녀로서의 기도를 공유하는 것을 의미한다. 선포된 것이 이루어진다는 것을 믿는 것은 메시아가 오실 상징을 아는 것을 의미한다. 즉, 참으로 보편적인 기도에서 예수님을 믿는 신앙의 힘은 바로 그러한 것이다. 그러므로 기도의 효력에 대한 확신은 예수님에게서 일어난 결정적인 구원에 대한 인식에서 즉각적으로 일어난다. 사랑하는 아들에게서 받고, 형제들 사이에 나누는 용서에서 태어나는 제자 공동체를 세우신 분은 바로 그분이시다. …… 예수님께서는 당신을 따르는 제자들에게 자녀로서의 현실을 알리시고 그들이 상호 용서하도록 당부하신다. 사실 용서하기를 거부하는 것은 [우리가] 하늘에 계신 아버지의 자비를 거부하는 것을 의미하며, 그분의 무한한 사랑을 표현하는 용서의 힘을 우리가 내보이지 않는 것이다.

이러한 마지막 지침은 성전 예배와 열매 없는 무화과나무에 대한 예수님의 태도를 밝힌다. 그분은 당신 인격에 대한 사람들의 반대를 용서하시고, 제자들도 하느님의 자비 앞에 놓이도록 초대하신다. 그래서 그들이 박해와 죽음을 마주할 수 있도록 한다.

(3) 하느님 사랑과 이웃 사랑(마르 12,28-34)

예수님께서 당신의 내면으로의 부르시는 것과 다른 이들을 용서하는 것은 우리를 마르코의 가장 중요한 구절 중 하나로 인도한다.

율법 학자 한 사람이 이렇게 그들이 토론하는 것을 듣고 있다가 예수님께서 대답을 잘하시는 것을 보고 그분께 다가와, "모든 계명 가운데에서 첫째가는 계명은 무엇입니까?" 하고 물었다. 예수님께서 대답하셨다. "첫째는 이것이다. '이스라엘아, 들어라(Sh^{e}ma', 셰마). 주 우리 하느님은 한 분이신 주님이시다. 그러므로 너는 마음을 다하고 목숨을 다하고 정신을 다하고 힘을 다하여 주 너의 하느님을 사랑해야 한다.'[신명 6,4-5] 둘째는 이것이다. '네 이웃을 너 자신처럼 사랑해야 한다.' 이보다 더 큰 계명은 없다."[레위 19,18] 그러자 율법 학자가 예수님께 말하였다. "훌륭하십니다, 스승님. '그분은 한 분뿐이시고 그 밖에 다른 이가 없다.' 하시니, 과연 옳은 말씀이십니다. 또 '마음을 다하고 생각을 다하고 힘을 다하여 그분을 사랑하는 것'과 '이웃을 자기 자신처럼 사랑하는 것'이 모든 번제물과 희생 제물보다 낫습니다." 예수님께서는 그가 슬기롭게 대답하는 것을 보시고 그에게, "너는 하느님의 나라에서 멀리 있지 않다." 하고 이르셨다. 그 뒤에는 어느 누구도 감히 그분께 묻지 못하였다(마르 12,28-34).

이 본문은 하느님의 객관적 사랑, 즉 하느님에 대한 우리의 사랑을 언급하는 신약 성경에서 몇 안 되는 구절 중 하나다. 예를 들어, 바오로는 지나가는 말 외에는 하느님을 향한 우리의 사랑을 거의 언급하지 않는다. 신약 성경에서는 하느님을 향한 우리의 사랑을 거의 언급하지 않더라도, 우리를 향한 하느님의 사랑은 자주 언급된다. 아마도 하느님을 향한 우리의 사랑에 관해 가장 중요하고 유사한 구절은 앞에서 언급한 구절과 그 병행 구절(마태 22,34-40; 루카 10,25-37)일 것이다. 모든 계명 중 첫째인 것에 관한 질문의 대답으로 예수님께서 신명 6,4-5(Sh^ema', 들어라)을 인용하신 것은 특별히 놀라운 일이 아니다. 이 구절은 모든 성인 남성 유다인이 하루에 두 번 기도해야 하는 신앙의 행위이기 때문에 모든 사람에게 잘 알려져 있다.

이스라엘아, 들어라(Sh°ma')! 주 우리 하느님은 한 분이신 주님(야훼)이시다. 너희는 마음을 다하고 목숨을 다하고 힘을 다하여 주 너희 하느님(야훼)을 사랑해야 한다. 오늘 내가 너희에게 명령하는 이 말을 마음에 새겨 두어라(신명 6,4-5).

그러나 주목할 만한 것은 이 인용문이 질문의 답이 되기에 충분하더라도, 예수님께서는 거기에 멈추지 않고, 이웃을 사랑하라는 레위기의 계명을 강제로 덧붙이신 듯하다는 것이다. 마태오는 특별하게 다음과 같이 언급한다. "둘째도 이와 같다(homoía)"고 했는데, 이는 하느님을 사랑하라는 계명과 이웃을 사랑하는 계명은 "가장 크고 첫째가는 계명이다. …… 온 율법과 예언서의 정신이 이 두 계명"(마태 22,38-40)에 달려 있다. 즉 구약 성경 전체가 달려 있는 것이다. 이를 또 다른 방법으로 표현하면, 실제로는 두 얼굴을 가진 사랑의 계명은 단 하나, 즉 이웃 사랑과 하느님 사랑을 모두 포함한다는 것이다. 그래서 마르코는 '이것보다 더 큰 계명은 없다.'라고 말할 수 있었다. 그는 **그것들을 하나의 계명으로 여긴다**.

이것은 또한 바오로가 사랑이 율법의 완성임을 가르칠 때 하느님의 사랑을 언급하지 않은 이유를 설명한다. "사실 모든 율법은 한 계명으로 요약됩니다. 곧 '네 이웃을 너 자신처럼 사랑하여라.'[레위 19,18] 하신 계명입니다."(갈라 5,14) 하느님의 사랑은 이웃을 사랑하라는 계명에 포함되어 있기에 때문에 굳이 언급할 필요가 없다. 로마 신자들에게 보낸 서간에서, 바오로는 사랑을 통해 율법 전체가 완성된다는 가르침을 반복하면서, 레위 19,18 "네 이웃을 너 자신처럼 사랑해야 한다."라는 말씀을 다시 인용한다. 구약 성경에서 이 "이웃"은 '동족 이스라엘 사람', 즉 자신이 속한 집단, 마을, 종교, 부족, 인종 혹은 국가의 구성원을 의미한다. 레위 19,33-34에서 계속해서 그들 가운데 거주하는 외국인을 포함하도록 확장되었지만, 팔레스타인 외부에 거주하는 외국인, 즉 비이스라엘인은 **포함되지 않았다**. 1979년 여름, 예루살렘의 구시가지 유다인 지구를 걷고 있었는데, 영어로 "당신의 동료 유다인을 사랑하여라Love your fellow Jew."라고 적힌 거대한 간판을 보았다. 필자는 이것이 이스라엘에서 살려고 온 다양한 국적의 유다인 집단 사이에 평화와 일치를 촉구했음을 알았다. 이들 집단들 사이에 많은 편견과 차별이 있었기 때문이다. 그러나 이것이 이웃을 사랑하라는 레위기의 명령을 정확히 반영했으며, '너희 동족인 이스라엘인을 사랑하여라'라는 뜻이라는 것도 인지하였다. 필자는 유다인 예수 그리스도의 해석에서 이러한 명령의 차이를 인지할 수밖에 없었다. 그분은 시리아 페니카아 여인에 대한 당신의 직무를 통해, 많은 사람, 즉 모든 사람을 위해 피를 흘림으로써 이러한 배타적인 태도를 깨뜨렸다. 또한 루카 복음에서 "누가 저의 이웃입니까?"라고 물었을 때, 그분은 유다인에게 사랑을 보여 주는 미움받는 외국인인 착한 사마리아인의 비유를 들어 대답하실 때도 마찬가지였다(루카 10,25-37). 바오로는 이러한 해석을 완전히 수용한다.

아무에게도 빚을 지지 마십시오. 그러나 서로 사랑하는 것은 예외입니다. 남을 사랑하는 사람은 율법을 완성한 것입니다. "간음해서는 안 된다. 살인해서는 안 된다. 도둑질해서는 안 된다. 탐내서는 안 된다."는 계명과 그 밖의 다른 계명이 있을지라도, 그것들은 모두 이 한마디 곧 "네 이웃을 너 자신처럼 사랑해야 한다."는 말로 요약됩니다. 사랑은 이웃에게 악을 저지르지 않습니다. 그러므로 **사랑은 율법의 완성입니다**(로마 13,8-10).

영원한 생명을 얻기 위해 무엇을 해야 하는지 예수님께 질문한 부자 청년의 이야기에서도 비슷한 내용이 있다. 예수님께서는 다양한 계명을 인용하며 답하셨지만, **하느님을 사랑하는 것에 대해서는 언급하지 않으셨다**(마르 10,17-22). 이것은 영원한 생명을 얻기 위해 필요하고, 이웃과 관계를 규정하는 이 계명들 안에 하느님의 객관적인 사랑이 담겨 있다고 말하는 것과 같다.

사람의 아들 앞의 최후 심판에 관한 마태오 복음의 구절에서, 영원한 저주를 받는 사람에게나, 영원한 생명을 얻는 사람(마태 25,31-46)에게나 **하느님을 사랑한다는 말씀은 한마디도 하지 않았다는 점은 특별히 의미가 깊다.** 어쨌든 축복받은 사람들과 저주받은 사람들은 임금이 그에게 선을 행했다고 하거나 선을 행하지 않았다고 말할 때 놀란다. 이웃을 사랑하거나 사랑하지 않는 행위를 의도하지는 않았더라도 동시에 왕이신 예수님을 사랑하기도 하고 사랑하지 않기도 한다는 것이 이야기의 핵심이다.

> **마태 25,40** "내가 진실로 너희에게 말한다. 너희가 내 형제들인 이 가장 작은 이들 가운데 한 사람에게 해 준 것이 바로 나에게 해 준 것이다."

> **마태 25,45** "내가 진실로 너희에게 말한다. 너희가 이 가장 작은 이들 가운데 한 사람에게 해 주지 않은 것이 바로 나에게 해 주지 않은 것이다."

예수님께서는 당신 앞에 있는 모든 나라의 모든 사람들과 당신을 동일시하신다. 루카에 따르면, 이것은 예수님께서 자신을 박해받은 교회와 동일시하셨을 때 바오로가 다마스쿠스 체험에서 배운 진리다. "나는 네가 박해하는 예수다."(사도 9,5; 22,8; 26,15)

이웃과 하느님 사랑의 계명이 일치하는 것에 대한 매우 훌륭하고 단순한 설명이 요한의 첫째 서간에서 발견된다.

> 그 사랑은 이렇습니다. 우리가 하느님을 사랑한 것이 아니라, 그분께서 우리를 사랑하시어 당신의 아드님을 우리 죄를 위한 속죄 제물로 보내 주신 것입니다. 사랑하는 여러분, 하느님께서 우리를 이렇게

사랑하셨으니 우리도 서로 사랑해야 합니다. 지금까지 하느님을 본 사람은 없습니다. 그러나 우리가 서로 사랑하면, 하느님께서 우리 안에 머무르시고 그분 사랑이 우리에게서 완성됩니다. 우리가 사랑하는 것은 그분께서 먼저 우리를 사랑하셨기 때문입니다. 누가 "나는 하느님을 사랑한다." 하면서 자기 형제를 미워하면, 그는 거짓말쟁이입니다. 눈에 보이는 자기 형제를 사랑하지 않는 사람이 보이지 않는 하느님을 사랑할 수는 없습니다. 우리가 그분에게서 받은 계명은 이것입니다. 하느님을 사랑하는 사람은 자기 형제도 사랑해야 한다는 것입니다 (1요한 4,10-12.19-21; 4,7-21 참조).

요한에 따르면 이웃을 사랑하지 않으면 하느님을 사랑할 수 없다. 이것의 다른 면은 바오로가 가르친 것인데, 그것은 "사랑은 율법의 완성"(로마 13,10)이라는 것이다. 그러므로 이웃을 사랑하면, 하느님도 사랑하는 것이다.

(4) 가난하지만 관대한 과부(마르 12,41-44)

사랑에 관한 가르침은 예수님께서 공생활의 거의 마지막에 하신 것이다. 그분은 골고타로 가는 길을 택하심으로써, 우리를 향한 당신 사랑을 잘 보여 주신다. 그 외에도 예수님께서 우리를 위해 하신 일이 무엇인지 잘 보여 준 **공생활의 마지막 사건**이 있다.

예수님께서 헌금함 맞은쪽에 앉으시어, 사람들이 헌금함에 돈을 넣는 모습을 보고 계셨다. 많은 부자들이 큰돈을 넣었다. 그런데 가난한 과부 한 사람이 와서 렙톤 두 닢을 넣었다. 그것은 콰드란스 한 닢인 셈이다. 예수님께서 제자들을 가까이 불러 이르셨다. "내가 진실로 너희에게 말한다. 저 가난한 과부가 헌금함에 돈을 넣은 다른 모든 사람보다 더 많이 넣었다. 저들은 모두 풍족한 데에서 얼마씩 넣었지만, 저 과부는 궁핍한 가운데에서 가진 것을, 곧 생활비를 모두 다hólon tòn bíon autês 넣었기 때문이다."(마르 12,41-44)

이 장면은 예수님 공생활의 마지막 장면이자 수난과 죽음을 앞둔 마지막 장면이기 때문에 매우 중요하다. 예수님 말씀의 중요성은 그분이 중요하고 계시적인 말씀 앞에 사용하시는 단어 "진실로amen"로 강조된다. 예수님의 마지막 말씀은 일반적으로 '그의 모든 양식' 또는 '살아가기 위해 가지고 있던 모든 것'으로 번역된다. 그러나 예수님께서는 문자 그대로 과부가 "전 생애hólon tòn bíon autês"를 바쳤다고 말씀하신다. 마르코는 공생활 마지막에 이러한 말을 쓴다. 그런 다음 그는 예수님께서 어떻게 우리를 위해 '자신의 전 생애'를 바치셨는지 설명한다. 이 가난한 과부는 많은 이를 위해 바치신 생명, 많은 사람을 위해 흘리신 그분의 피, 예수님의 완전한 자기희생의 상징이 된다. 여기서 과부는 위선과 반대되는 참된 종교, 참된 내면성의 상징이다. 이러한 행동은 내면과 마음에서 나온다. 그리고 예수님의 마음에서, 이웃에 대한 사랑에서, 우리를 향한 사랑에서 우러나오는 예수님 행동을 상징하기도 한다. 그분을 따르는 사람들에게는 예수님을 어떻게 따라야 하는지 보여 주는 가난하고 관대한 과부의 모범보다 더 좋은 모범은 없다. 이렇게 마르코는 예수님의 지상 생애의 마지막 날 이야기를 우리에게 소개한다.

5. 예수님의 수난과 죽음과 부활

　복음은 광범위한 서문으로 수난 이야기를 묘사한다. 마르코 복음은 처음부터 예수님의 수난과 죽음과 부활 그리고 우리의 구원을 위해 아버지의 뜻을 이루시려는 예수님의 바람이 지배적이다. **우리는 예수님께서 메시아, 사람의 아들, 주님의 종, 하느님과 동일하신 하느님의 아드님이심을 보았다. 예수님의 길은 하느님의 뜻을 행하기 위해 예루살렘으로 가는 길임을 보았다. 그리고 그분이 자신을 부정하면서까지 믿음, 희망, 진실한 내적 태도, 하느님과 이웃을 향한 사랑을 통해서 이 길을 따르는 것을 보았다. 마르코 복음의 끝에 있는 예수님의 수난과 죽음, 부활의 이야기는 이 모든 것을 확증하고 강조한다.**
　역사적 의도와 비교하여 신학적 의도에 대해 이전에 언급했던 모든 것을 기억하는 것이 가장 중요하다. 마르코는 표면에 있는 것, 외부 사건, 단순한 역사적 사건보다 더 깊은 것을 말하고 싶어 한다. 줄 사이에 무언가를 쓰고 싶어 한다. 사건의 의미, '무슨 일이 일어나고 있는지'에 훨씬 더 관심을 둔다. 제1장에서 언급한 것처럼 **특별하게 수난이야기에서 우리는 복음사가들의 주요 차원인 신학적 차원을 더 살펴봐야 한다.**

마르코에서 예수님의 모든 수난, 죽음과 부활은 주목할 만한 셈족 포괄에 포함된다(서문 5 참조). 예수님께서 겟세마니에서 체포되기 전에 제자들에게 "나는 **되살아나서 너희보다 먼저 갈릴래아로 갈 것이다.**"(마르 14,28)라고 말씀하셨다. 수난 후에 빈 무덤에서 우리는 다음의 말을 듣는다. "너희가 십자가에 못 박히신 나자렛 사람 예수님을 찾고 있지만 그분께서는 **되살아나셨다.** 그래서 여기에 계시지 않는다. …… 제자들과 베드로에게 이렇게 일러라. '예수님께서는 전에 여러분에게 말씀하신 대로 **여러분보다 먼저 갈릴래아로 가실 터이니, 여러분은 그분을 거기에서 뵙게 될 것입니다.**'"(마르 16,6-7) 마르코 복음에서 수난은 부활에 대한 찬란한 약속에서 시작되어 갈릴래아에서 예수님을 다시 만날 것이라는 확신으로 끝난다.

1) 예수님의 죽음에 관한 마르코의 신학적 전망

우리가 마르코 복음을 연구하면서 고려한 것처럼, 복음은 각기 다른 관점을 가진 네 명의 복음사가가 작성했다는 점이 중요하다. 예수님의 수난과 죽음에 관한 이야기도 마찬가지다. 이를 잘 이해하기 위해서는 각 복음사가의 신학적 관점을 존중할 필요가 있다. 다른 복음사가들처럼, 마르코는 자신의 관심사에 따라 자신만의 방식으로 예수님의 수난과 죽음의 이야기를 풀어 간다. 예수님의 죽음에 관한 이야기는 마치 네 장의 그림과 같으며, 그 사건을 강조한 각 복음사가는 서로 다른 예술적 재능과 스타일을 지닌 위대한 화가와 같다. 렘브란트, 엘 그레코, 조르주 루오, 살바도르 달리는 모두 십자가를 그렸지만 그들의 그림은 예술적이고 신학적 전망에서 모두 다르다. 유사하면서도 모두 달랐다.

마르코가 10,45에서 사용하는 많은 이를 위하여(antì pollôn)와 14,24에서 많은 사람을 위하여(hypèr pollôn)가 사용된 문구는 신약 성경에서 마르코 이전의 다른 복음사가에게서는 찾아볼 수 없으며, 마르코 이후의 병행 구절들(마태 20,28, 그리고 26,28에서 '많은 이를 위해서 perì pollôn'로 변형시키면서)에서 마태오만 반복하고 있다. '많은 이pollôn'라는 단어는 앞에서 언급한 것처럼 히브리어 단어 '많은 이rabbîm'의 포괄적인 의미다. 그러므로 마르코는 예수님 죽음의 목적 '많은 이를 위하여'에 대해 자신의 이해를 제공하기 위해 사용하는 고대 형식을 여기에 보존했다. 이것은 초기 그리스도교의 전통과 일치하지만 마르코 복음에서만 유일한 것은 아니다. 그러나 마르코가 이 형식을 쓴 최초 복음사가이며, 아마도 이 형식의 가장 오래된 표현을 보존하고 있을 것이다. 그렇기에 우리는 예수님의 죽음의 의미에 대한 마르코의 신학적 전망을 "많은 이를 위하여"라는 단어로 특징지을 수 있을 것이다.

2) 예수님 시대 유다인의 하루 시간

마르코 복음의 수난 이야기를 다루기 전에, 예수님 시대 이스라엘에서 하루를 어떻게 나누었는지 생각해 보아야 한다. 유다인의 하루는 24시간이지만 우리와 달리 자정이 아니라 일몰부터 하루가 시작된다. **밤**은 일몰부터 일출까지며, 하루의 시작은 낮의 12시간을 채우고 **일몰부터 계산되었다**. 밤에는 로마 군사 체계에 따라 세 시간마다, **4교대로 경비하거나 군사 경비를 하였고** 교대할 때는 트럼펫, 뿔 나팔 소리로 알렸다. 첫 번째 전야인 저녁은 일몰에서부터 밤의 세 번째 시간까지이며 두 번째 전야인 자정은 밤의 세 번째 시간부터 자정까지다. 세 번째 전야인 '닭이 우는 시간'(alektorophônías, gallicinium)은 자정부터 닭이 우는 시간까지이며 네 번째 전야인 이른 새벽은 닭이 우는 시간부터 새벽까지다. "그러니 깨어 있어라. 집주인이 언제 돌아올지, 저녁일지, 한밤중일지, 닭이 울 때일지, 새벽일지 너희가 모르기 때문이다."(마르 13,35)

낮은 일출부터 일몰까지다. 12시간이었고(요한 11,9-10 참조), 연중 계절에 따라 지속 시간이 가변적이었으며 **해가 돋을 때부터 계산되었다**. 낮의 시간은 다양한 시간에 일을 시작하는 포도원 일꾼의 비유를 이야기하는 마태 20,1-16에 잘 설명되어 있다.

현재 우리의 시간 체계	유다인의 시간 체계	신약 성경의 예시들
18:00 ~ 21:00	저녁, 일몰, 첫 번째 경비	마르 13,35
21:00	밤의 세 번째 시간	사도 23,23
21:00 ~ 24:00	자정, 두 번째 경비	마르 13,35
00:00 ~ 03:00	닭이 우는 시간, 세 번째 경비	마르 13,35
03:00 ~ 06:00	이른 아침, 새벽 때 네 번째 경비	마르 13,35
06:00	이른 아침, 새벽에	마르 20,1
09:00	세 번째 시간	마태 20,3
12:00	여섯 번째 시간	마태 20,5
15:00	아홉 번째 시간	마태 20,5
17:00	열한 번째 시간	마태 20,6
18:00	저녁, 일몰 때	마태 20,8

3) 마르코가 계획한 수난 시간

마르코가 구성한 수난 시간을 관찰한다면, 자신의 이야기를 이 시간의 형식에 따라 구성했음을 알 수 있다. 수난은 최후의 만찬에서 시작하여 예수님의 장례가 끝나는 24시간, 하루로 구성되며, 모두 3시간 단위로 나누어진다. 3시간마다 특별한 일이 일어난다. 그날은 그해의 금요일, 유월절인 니산달 15일이다. 즉, 유다인의 체계에 따르면 유월절은 일몰(목요일)에 시작하여 일몰(금요일)에 끝난다.

해 질 녘인 저녁 6시, 수난의 날인 유다인의 파스카 축제를 기념하는 일이 시작되고, 예수님과 열두 제자가 파스카를 보내기 위해 식탁에 앉는다. 최후의 만찬에서 예수님께서는 유다의 배반을 설교하셨다(마르 14,17-25). 만찬이 끝난 후, 올리브산으로 가는 중에 예수님께서는 '오늘 밤에' 사도들이 흩어질 것과 베드로가 배반할 것을 예견하셨고, 당신은 부활 후에 그들보다 먼저 갈릴래아로 가실 것을 약속하셨다(마르 14,26-31). 밤의 세 번째 시간인 저녁 9시, 겟세마니에 도착하신 예수님께서는 한 시간 동안 기도하신 후 자고 있는 제자 세 명을 발견하셨다. 두 번째, 세 번째에도 같은 기도를 하신다. 여기서 마르코는 예수님께서 세 시간 동안 기도하셨음을 말하고 싶어 하는 것이다(마르 14,32-42).

이 세 시간 기도가 끝난 후, 자정에 예수님께서는 넘겨지고, 수석 사제 앞에서 심문이 이어지며, 베드로는 예수님을 부인한다. 베드로가 세 번째로 부인하자 닭이 울었다. 즉 닭이 우는 소리가 3시에 들렸다. 베드로가 세 번 부인한 것은 예수님께서 겟세마니에서 세 시간 동안 기도하신 것과 대조되고 병행을 이룬다. 베드로는 세 시간 동안 예수님과 함께 깨어 기도하지 못하였고 유혹에 빠져 세 번이나 예수님을 부인하였다. 예수님께서 최고 의회 앞에 서서 "나다."라고 선언하시는 동안, 베드로는 정원에 서서 "나는 그 사람을 모르오."라고 선언한다. 마르코는 세 시간의 기도(저녁 9시부터 자정까지)와 병행하여 심문과 베드로가 부인한 세 시간(자정부터 3시까지)을 말하고 싶어 한다.

니산달 14일, 파스카 전날(파스카를 준비하는 날). "무교절 첫날 곧 파스카 양을 잡는 날."(마르 14,12) 마르코에 따르면, 예수님께서 죽으신 해의 니산달 14일은 목요일이었다. 파스카 준비는 목요일 해가 지기 전 이루어졌다.

니산달 15일, 파스카 당일. 마르코에 따르면, 그해 니산달 15일 파스카는 안식일 준비일, 즉 금요일이었다. 준비는 일몰(전날, 목요일 저녁)부터 시작되었다.

"그날은 준비일 곧 안식일 전날이었으므로"(마르 15,42)

니산달 14일 - [목요일] 마르 14,12-16			
니산달 15일 - (일몰부터 시작)			
저녁(일몰 이후)	18:00	유다와 연관된 예언	마르 14,17-21
		최후 만찬	마르 14,17-26
밤	21:00	베드로와 연관된 예언	마르 14,26-31
		겟세마니, 세 시간 기도	마르 14,32-42
(세 시간 후)[금요일]	24:00	예수님께서 넘겨지심	마르 14,41-53
		최고 의회 앞에서 심문	마르 14,53-65
[닭의 첫 울음]		베드로의 처음 두 번의 부인	마르 14,54.66-70
닭의 두 번째 울음	03:00	베드로의 세 번째 부인	마르 14,70-72
아침	06:00	빌라도 앞에서의 재판	마르 15,1-15
		골고타로 가는 길	마르 15,16-23

세 번째 시간	09:00	십자가에 못 박히심	마르 15, 24-25
여섯 번째 시간	12:00	어둠의 시작	마르 15,33
아홉 번째 시간	15:00	어둠의 끝, 예수님의 죽음	마르 15,33-39
저녁(해가 지기 전)	18:00	예수님의 장례	마르 15,42-47

니산달 16일 – [해 질 때 유다 안식일 시작(금요일 저녁)]

(1) 전례적 윤곽

이 윤곽은 우리가 방금 본 비유에 나온 인위적인 시간 윤곽과 유사한 세 시간 주기를 기반으로 한 인위적인 구성으로서 과장된 표현 혹은 거짓 없이 설명할 수 있다. 이러한 시간 중 일부는 의심 없이 파스카 식사 시간, 빌라도 앞에서 했던 재판, 무덤에 묻힌 시간 등 사건이 일어났을 가능성 있는 시간과 일치할 것이다.

이러한 윤곽의 기초에는 전례 혹은 교리교육 구조가 깔려 있다고 제안되었다. 이러한 견해에 따르면, 우리는 마르코 복음 수난 시간의 윤곽을 '전례적 윤곽'이라 부를 수 있다. 이러한 시간은 이미 유다인들을 위한 성전의 일반적인 예배 시간이었고, 초기 그리스도인이 전례적으로 하루의 특정 시간에 당연히 예수님 생애의 마지막 사건을 기념했을 것이다. 새벽녘에 사제들의 나팔 소리와 함께 성전의 큰 문이 열렸다(사도 5,21 참조). 성전에서는 사람들을 아침 제사와 기도하는 데 초대하기 위해 매일 두 마리의 어린양을 제물로 봉헌했다. 첫 번째 제사는 세 번째 시간에 이루어졌다. 그 시간에 사람들을 부르기 위해 성전의 꼭대기에서 나팔 소리가 울려 퍼진다. 마르코는 예수님께서 세 번째 시간(9시)에, 즉 성전에서 어린양이 하느님께 봉헌될 때 십자가에 못 박히셨다고 말한다. 아홉 번째 시간(오후 3시)에 오후 제사와 기도하는 데 사람들을 부르기 위해 다시 나팔 소리가 성전에서 들렸을 때 두 번째 제사가 봉헌되었다. 해가 지면 성전 문이 닫히는데, 예수님께서는 해가 지기 직전에 묻히셨다.

특정 전례 행위는 특정 시간과 연관된다. 셰마(Sh⁵ma')는 유일하신 야훼 하느님에 대한 신앙 고백(신명 6,4-5)을 새벽과 일몰에 낭송하는 것이다. 찬양 기도는 하루 세 번, 새벽(마르 1,35 참조)에, 오후 제사 시간(아홉 번째 시간)(사도 3,1 참조), 그리고 일몰에 낭송되었다. 다른 사건들은 초기 그리스도인의 전례 기도 시간에 영향을 미쳤을 것이다. 새벽 무렵 예수님의 부활(마태 28,1-6), 세 번째 시간에 성령께서 오심(사도 2,4.15), 베드로가 여섯 번째 시간에 기도할 때 받은 계시(사도 10,9), 그리고 그 사건과 관련하여, 아홉 번째 시간에 천사가 코르넬리우스에게 나타남(사도 10,3.30), 베드로가 오후 제사의 시간에 기도하러 성전에 올라갈 때, 아홉 번째 시간에 예수 그리스도의 이름으로 기적이 일어났다(사도 3,1.6).

마르코 복음의 수난 시간이 반드시 역사적일 필요는 없다. 마르코의 주된 목적은 정확한 역사적 연대를 기술하는 것이 아니라 전례적 필요와 교리 교육에 적합하도록 예수님의 수난 사건 전체를 질서정연하게, 하루를 일반적으로 구분하여 설명하는 것이었다. 아마도 그것은 이미 초기 공동체가 예수님의 수난을 단계적으로 기념하는 방식이었을 것이다. 마르코는 이 전통을 미래 세대의 신자들에게 전달한 것이다.

4) "어두워졌다."(마르 15,33)

마르코 복음은 예수님의 죽음 장면을 다음과 같은 말로 시작한다. "낮 열두 시가 되자 어둠이 온 땅에 덮여 오후 세 시까지 계속되었다."(마르 15,33) 이 구절에서 "어둠"이라는 단어에 관해 엄청난 추측이 존재한다. 이 모든 추측은 신약 성경에 나오는 그리스어 skótos(어두움, 암흑, 그림자)에 대한 간단한 연구로 피할 수 있었다. 이 구절과 병행 구절들(마태 27,45; 루카 23,44) 외에는, **신약 성경에서 skótos 라는 단어가 결코 문자적이거나 물리적인 의미로 사용된 것을 찾아볼 수 없으며 놀랍게도 오로지 은유적, 비유적, 상징적, 묵시적, 종말론적 혹은 신학적 의미로 사용된 것만 찾을 수 있다**(예를 들어 계시가 없는 인간의 종교적 무지를 상징한다. '악의 상징', 루카 1,79; 사도 26,18. '하느님과의 분리의 상징', 마태 6,23; 요한 3,19. '종말론적이거나 묵시적 어두움', 마태 8,12; 25,30; 사도 2,20. '앞 못 보는 사람', 사도 13,11). 두 가지 예외(skotía, 요한 6,17과 20,1)를 제외하고는 신약 성경에서 "skot"와 동일한 어근에서 온 다른 단어(skoteinós, skotía, skotízesthai, skotoûsthai)에 대해서도 마찬가지이며, 이 경우에도 어두움은 상징적 의미가 있다.

신약 성경의 'skótos'라는 단어에 대한 연구를 통해서 예수님의 죽음 전 어두움을 문자적이거나 물리적인 어두움으로 해석할 필요가 없다는 결론을 내릴 수 있다. 사실, 예수님의 죽음 이전의 어두움을 문자적인 어두움보다는 비유적인 어두움으로 해석하는 것이 신약 성경에서 'skótos'라는 단어의 사용과 더 일치하고 더 옳다고 본다.

마르코가 사용한 이 어근을 가진 유일한 다른 단어는 '해는 어두움으로'(사도 2,20 참조)라고 말하는 묵시적이고 종말론적인 구절인 13,24-25의 동사다. 일부 저자들은 예수님의 죽음 당시의 어두움을 종말론적이거나 묵시적인 어두움이라고 말한다. 그러나 잘못된 해석을 피하려면 문맥을 주의 깊게 살펴봐야 한다. 첫째, 마르코는 해를 언급하지 않고, "어둠"만을 언급한다. 둘째, 어두움은 명확한 제한이 있다. 즉, 여섯 번째 시간(정오)에서 아홉 번째 시간(오후 3시)까지 세 시간이다. 종말론적 또는 묵시적 어두움에 대한 설명에서는 어둠의 명확한 용어나 한계를 결코 찾을 수 없다. 셋째, 어두움은 예수님의 죽음 이전에 있었고, 예수님의 죽음 이전에 끝났다. 아마도 마르코가 계획한 수난의 시간은 인위적일지 모르지만 결정적이고 정확하다고 할 수 있다.

마르코는 예수님 죽음 전의 어두움을 언급할 때 신학적으로 관찰하기를 원하지 대기를 관찰하기를 바라지 않는다. 마르코는 복음사가이고 신학자이지 기상학자가 아니기 때문이다. 이 어두움의 이상한 점은 정오의 어두움뿐만 아니라 딱 세 시간이라는 정해진 시간이 있다는 것이다.

(1) 이집트의 아홉 번째 재앙(탈출 10,21-23)

어두움을 정확하게 해석하기 위해서는 이러한 어두움의 날이 유다인의 파스카임을 기억하고, 다시 한번 구약 성경에서 이 의미를 살펴봐야 한다. 구약 성경에서 특히 종말론적 표징으로서 어두움에 대해 많이 언급하지만, 한 사건에서만 어두움에 정해진 시간이 있다고 언급한다. 이것은 이집트 탈출 전 이집트에 사흘 동안 지속된 아홉째 재앙의 어두움이다. 이러한 어두움을 설명할 때 태양은 전혀 언급되지 않는다.

주님께서 모세에게 말씀하셨다. "하늘로 손을 뻗어라. 그리하여 어둠이, 손으로 만져질 듯한 어둠skótos이 이집트 땅을 덮게 하여라." 모세가 하늘로 손을 뻗자, 사흘 동안 짙은 어둠skótos이 이집트 온 땅을 덮었다 (탈출 10,21-22).

그 진행 과정에 주목해야 한다. 3일 동안의 어두움이 지난 후 장자의 죽음(열 번째 재앙), 이스라엘 백성의 구원, 이집트 탈출이 뒤따른다. 마르코는 예수님의 죽음을 이와 유사한 과정으로 묘사한다. 세 시간 동안의 어두움, 사랑하는 외아들의 죽음, 많은 사람, 모든 민족들의 구원이 이어진다. 어두움의 소식은 예수님의 죽음의 현장을 소개한다. 마르코는 3일의 어두움이 구약 성경에서 하느님 백성의 위대한 구원인 이집트 탈출을 불러온 것과 같은 방식으로, 예루살렘의 세 시간의 어두움이 신약 성경에서 나타난 하느님 백성의 위대한 구원인 예수님의 죽음을 불러왔음을 말한다. 이러한 의미에서 어두움은 긍정적인 상징이다. 이집트 탈출 전의 어두움은 심판이었다. 모든 심판처럼 부정적이거나 긍정적인 의미를 가지며, 죄와 책벌에 대한 심판이라는 의미에서 부정적인 의미를, 무죄와 구원에 대한 심판이라는 의미에서 긍정적인 의미를 갖는다는 점에 주목해야 한다. 이집트 탈출 전의 어두움은 이집트인들이 이스라엘인의 아이들을 학살한 것에 대한 책벌의 심판이었다(탈출 1,15-22 참조). 그 어두움은 이스라엘 백성들에게 책벌의 심판이 아니라, 오히려 구원의 상징이며 구원에 대한 심판이었다.

어두움은 이스라엘 백성들을 괴롭히지 않았다. 성경은 이집트인들에 대해 다음과 같이 말한다.

사흘 동안 사람들은 서로 볼 수도 없었고 자리를 뜰 수도 없었다. 그러나 이스라엘 자손들이 사는 곳은 어디에나 빛이 있었다(탈출 10,23).

이집트 온 땅에 어두움이 깔렸지만 이스라엘 자손이 사는 곳은 그렇지 않았다. 이스라엘 자손의 모든 집에 햇빛이 비치는 것과 대조되는 어두운 광선에 대한 묘사를 보면 알 수 있다. 다른 모든 재앙에도 동일한 상황이 발생하니 그 재앙이 이집트 사람들에게만 내리고, 이집트에 거주하는 이스라엘 자손들에게는 내리지 않았다(탈출 8,18-19[22-23]; 9,4-7.26; 11,6-7; 12,13 참조). **구약 성경은 이미 어두움을 표징**(예를 들어, 탈출 7,3; 민수 14,22; 신명 4,34; 예레 32,20-21; 시편 78,43 참조)**과 상징**(지혜 17,20—18,1; 19,17 참조)으로 보고 있다. 어두움은 이집트 사람에게는 부정적 상징이었지만 이스라엘 사람에게는 긍정적인 상징, 곧 노예에서 해방됨을 알리는 상징이었다. 마찬가지로, 예수님의 죽음 전 어두움은 예수님의 적에게는 부정적 상징, 옛 계약이 끝장나는 상징이었지만, 동시에 예수님과 하느님 백성들에게는 구원의 상징, 긍정적인 상징이었다. 어두움은 예수님께서 죽기 전에 끝나고 예수님께 부정적인 영향을 미치지 않는다. 마르코 복음에서 예수님이 어두움 속에서 소리를 지르며 죽었다고 생각해서는 안 된다. 어두운 세 시간 동안 아무 일도 일어나지 않았다. 예수님께서는 어두움이 지나간 후 빛 속에서 소리를 지르시고 빛 가운데서 숨을 거두셨다.

심판과 다가오는 구원이라는 주제를 도입하는 것이 마르코 복음에 있는 어두움의 목적이다. 물리적 차원에서 당시 어두움은 어떤 것이었는가, 그것이 실제로 물리적 차원에서 있었던 일이었는지 지금은 알 수 없지만, 그 중요성은 물리적 차원에서 판단할 수 없다. 예수님의 죽음 이전에 물리적인 어두움이 있었는지 없었는지 확신할 수 없지만, 한 가지는 확실하다. 마르코가 확신하고 가르친 것은 단순히 대기를 관찰하는 것보다 더 심오한 것이다. 마르코는 일기 예보를 제공하길 원하지 않는다. 예수님의 죽음이 역사 전체를 포함하거나 포괄하며, 구약 성경 역사의 위대한 구원 행위와 병행하여 해석되어야 함을 보여 줌으로써 이 죽음을 소개하고자 한다. 예수님의 죽음은 역사상 가장 위대한 구원 행위다.

5) "저의 하느님, 저의 하느님"(마르 15,34)

어두움이 끝난 뒤, 마르코는 다음과 같이 말한다.

> 오후 세 시에 예수님께서 큰 소리로, "엘로이 엘로이 레마 사박타니?" 하고 부르짖으셨다. 이는 번역하면, '저의 하느님, 저의 하느님, 어찌하여 저를 버리셨습니까?'라는 뜻이다. 곁에 서 있던 자들 가운데 몇이 이 말씀을 듣고, "저것 봐! 엘리야를 부르네." 하고 말하였다. 그러자 어떤 사람이 달려가서 해면을 신 포도주에 적신 다음, 갈대에 꽂아 예수님께 마시라고 갖다 대며, "자, 엘리야가 와서 그를 내려 주나 봅시다." 하고 말하였다. 예수님께서는 큰 소리를 지르시고 숨을 거두셨다(마르 15,34-37).

이는 신약 성경에서 예수님께서 하느님을 칭할 때 "아버지", "아빠"라고 부르지 않으신 유일한 경우다. 예수님께서는 여기서 시편 22[21],2의 말씀으로 기도하시기 때문에 "아버지"라고 부르지 않으신다. 이는 독특한 사실이다. 루카 복음에서 십자가 위에서 하신 마지막 말씀(루카 23,46)을 제외하고는, 복음 어디에서도 기도하실 때 성경 말씀을 인용하지 않으셨다. 예수님께서는 성경을 자주 인용하시지만, 결코 당신이 기도하실 때는 그렇게 하지 않았다. 마르코 복음의 인용문은 고통받는 의인의 기도, 하느님께 구원해 달라고 부르짖는 기도, 고통받는 사람과 하느님의 일치를 보여 주는 기도다. 시편은 다음과 같이 말한다. "저의 하느님, 저의 하느님, 어찌하여 저를 버리셨습니까?" 하느님께서 선포하신 "버리다"라는 단어는 '필요한 도움 없이 누군가를 내버려 두다', '누군가를 적의 손에 맡기다'를 의미한다. 시편은 절망에 대한 외침이 아니다. 구원자이신 하느님에 대한 희망을 보여 주는 기도이기 때문이다(시편 22,4-6.10-12.20-32 참조). 이 시간은 희생의 시간이자 오후 기도의 시간임을 기억해야 한다. 아홉 번째 시간에 성전 꼭대기에서 나팔 소리가 울려 퍼지면 사람들은 오후 기도를 한다. 예수님께서 성전에서 사람들의 기도를 들으시고 함께 기도하시는 것과 같다. 그분은 당신 삶의 마지막 순간까지, 우리에게 제자의 길, 믿음, 희망, 기도의 길을 보여 주셨다.

이때 많은 주석가들은 사람들이 예수님의 말씀을 오해했다고, 즉 말씀을 잘 이해하지 못했다고 말한다. 이 구절이 우리에게 잘 알려진 시편에서 따왔다는 점을 고려하면 이것은 매우 이상하다. 마르코 복음 본문은 이러한 해석을 지지하지 않는다. 단지 예수님께서는 '엘로이'라고 외쳤다고만 하고, 어떤 사람들은 그분이 '엘리야'라고 불렀거나, 혹은 아람어에 따르면 '엘라히 ʾdahí'라 부르고, '에리야후 ʾdîyahû'(혹은 '엘리야 ʾdîyah')라고 불렀다고 말한다. 그것은 오해가 아니라 의도적으로 잘못된 인용이다. 수난 이야기에서 예수님의 말씀을 잘못 인용한 것은 이번이 처음이 아니다(마르 14,57-58 참조). 예수님께서 십자가 위에 계실 때 이러한 장면은 모욕과 조롱의 일부다. "저런! 성전을 허물고 사흘 안에 다시 짓겠다더니. 십자가에서 내려와 너 자신이나 구해 보아라." …… "다른 이들은 구원하였으면서 자신은 구원하지 못하는군. 우리가 보고 믿게, 이스라엘의 임금 메시아는 지금 십자가에서 내려와 보시지." …… "저것 봐! 엘리야를 부르네." …… "자, 엘리야가 와서 그를 내려 주나 봅시다."(마르 15,29-36) 조롱하는 것이 분명하다. 그는 자신을 구원할 수 없다. 그가 정말 그리스도라면, 십자가에서 내려와 자신을 구원할 수 있었다. 엘리야를 부르네! 엘리야가 와서 그를 구해 주나 보자.

그래서 마르코에 따르면 예수님께서는 십자가 위에서 시편 22[21]을 기도했다고 본다. 어떤 사람들은 그분을 조롱하기 위해 하느님께 대한 그 부르짖음을 절박한 상황에 도움을 주는 수호성인, 엘리야에 대한 부르짖음으로 바꾸었다. 그들은 이 신성 모독자가 하느님께 하는 기도를 듣기를 원하지 않았다. 따라서 그분의 말씀은 잘못 전달되고 왜곡되었다. 그들은 예수님께서 이 유명한 시편의 말씀으로 하느님께 기도하시는 것을 분명히 본다. 절망으로 죽는 것이 아니라, 하느님과 일치하여 죽는 것이다. 그것은 쓸쓸함, 즉 홀로 남겨지거나 버림받은 자의 외침이지만, 더 이상 희망이 없는 자포자기식의 외침은 아니다. 예수님께서는 오후 희생 제사의 시간에 성전에서 기도하는 사람들과 일치하면서 기도하신다. 다음 이야기에서도 알 수 있듯이 예수님께서는 하느님과 일치하여 죽으셨다.

6) EXÉPNEUSEN — 예수님의 죽음

예수님 죽음의 독특함 때문에 모든 복음사가들은 그의 죽음을 기술하기 위해 성경에 독특한 단어와 표현을 사용한다. 복음사가들은 '끝에 다다르다', '잠을 자고 있다', '죽다'와 같은 일반적 표현 혹은 몇 가지 다른 단어를 사용할 수 있었지만, 그렇게 하지 않았다. 그들은 이 표현에서 'bíos'(생명), 혹은 'pshchê'(영혼, 생명, 삶의 숨)라는 단어를 사용할 수 있음에도 모두가 '프네우마pneûma'(정신)라는 단어 혹은 이 단어의 어근을 선택했다. 이를 따르는 마르코와 루카는 고전 그리스어로 알려져 있지만 성경의 다른 곳에서는 발견되지 않는 단어, 즉 'exépneusen'(숨이 넘어가다, 마지막 숨을 쉬었다)을 사용한다. 적어도 그들이 예수님의 죽음을 독특하고 특별한 사건으로 이해하고 있음은 분명하다. 틀림없이 '죽음은 없었다'는 선언을 하고 싶었을 것이다. 모든 복음사가들은 예수님의 공생활 시작에 그분에게 성령, 프네우마 Pneûma가 내렸고, 그때 예수님께서 종의 역할을 하셨다고 어떤 식으로든 말한다. 지상 삶을 마칠 때, 골고타에서 모든 사람은 그분의 죽음을 어떤 식으로든 '프네우마', '영, 숨'의 발출로 묘사한다. 종의 지상 사명은 끝났고 또한 이루었다.

모든 복음사가는 마지막 외침이나 마지막 말을 예수님께서 하신 것으로 간주하면서 **죽음의 순간에도 의식이 있었다고 기술한다.** 의식 불명 상태에서 죽은 것이 아니다. 이 때문에 그리고 또한 그분의 죽음을 알리는 데 특이한 표현을 사용했다는 이유로 그들은 **예수님께서 자발적으로 죽으셨음**을 확인하고 싶어 하는 것 같다. 그분은 원하시는 순간에 죽으셨다. 복음 전체에 이에 대한 근거가 있다. 마르코 복음과 마태오 복음에는 예수님께서 죽음 전 마지막 부르짖음(마르 15,37; 마태 27,50)이 앞선 부르짖음(마르 15,34; 마태 27,46)과 거의 같은 단어로 묘사되어 있다. 처음의 부르짖음은 확실하게 의식적이고 의도적인 것이다. 두 번째도 같다. 그 순간에 다가올 죽음을 알리는 것이다. 죽어 가는 남자가 어떻게 큰 소리로 비명을 지를 수 있는지 물리적으로 설명하기는 어렵다. 예수님의 죽음을 서술하기 위해서 그들이 사용한 의도적인 외침과 예사롭지 않은 표현은 예수님께서 자발적으로 자신을 죽음으로 몰고 가셨고, 직접 죽음의 순간을 결정하셨다는 인상을 강화한다. "많은 이들의 몸값으로 자기 영혼(목숨)을 바치러 왔다."(마르 10,45; 마태 20,28)라고 마르코와 마태오에서 예수님께서 말씀하신다. 이 말씀에서 그분은 자신의 죽음이 자신을 위한 선물이고 자발적인 행위임을 선언했다. 마태오 복음은 예수님께서 '영을 놓아두다/주다/나누다aphêken tò pneûma'(마태 27,50)를 언급했다고 설명하는데, 이 표현은 성경이나 그리스 문헌에서 마태오 복음 이전의 죽음을 기술하기 위해 정확한 형태로 사용된 적이 전혀 없다. 요한은 자신의 복음에서 이전에 죽음을 묘사한 적이 없는 독특한 표현으로 예수님께서 고개를 숙이시고 'parédôken tò pneûma', '성령을 주셨다'(요한 19,30)라고 말한다. 마르코와 루카는 exépneusen이라고 말한다. 예수님께서는 간단하고 명백하게 자발적으로 마지막 숨을 거두셨다.

7) 성전의 휘장

예수님의 죽음 이후, 마르코는 다시 한번 그 죽음의 직접적이고 즉각적인 결과에 대해 특별한 말을 한다. "그때에 성전 휘장이 위에서 아래까지 두 갈래로 찢어졌다."(마르 15,38) 우리는 해골산에 있다. 마르코는 그것의 아람어 이름인 '굴굴타Gulgulta'', 즉 "골고타"(갈바리아calvaria, 해골 터)의 한 형태를 언급한다. 요한에 의하면 그곳은 도시 밖에 있었다(요한 19,17-20). 마르코는 갑자기 우리를 골고타에서 성 안의 성전으로 옮기고 성전에 있는 사람들도 볼 수 없었던 휘장이 찢어진 사실을 알린 다음, 바로 다시 한번 성 밖 골고타로 우리를 이동시킨다. 골고타에서 사건을 바라보는 사람에게는 휘장이 찢어진 사건이 아무런 영향도 미치지 못하며, 성전에서 무슨 일이 일어나는지도 전혀 알 수 없었다. 마르코는 단순히 휘장이 찢어진 것을 선포하고 추가적으로 그 어떤 언급도 하지 않으며, 골고타의 장면은 아무 일 없었던 것처럼 계속된다. 갑작스럽고 거의 가혹하게 골고타 장면이 중단된 것은 마르코가 역사적 사건들이 정확한 순서대로 이어지는 것을 중요하게 여기지 않는다는 점을 보여 주는 역할을 한다.

그러나 이러한 선포의 신학적 목적은 매우 중요하다. 골고타에서 일어난 일은 성전의 휘장에 대한 선포 없이는 이해하기 힘들다. 이것이 마르코가 장면을 중단하고 우리에게 말하는 이유다. 성전 휘장이 찢어진 의미를 제대로 이해하려면 예수님 시대 당시 **예루살렘 성전의 신학적 의미와 계획**을 파악할 필요가 있다. 이 성전을 헤로데 성전이라 부르는데, 그 이유는 기원전 586년에 바빌론 임금인 네부카드네자르에 의해 파괴된 솔로몬 성전을 재건축한 즈루빠벨의 성전을 헤로데가 다시 건축했기 때문이다. 그리고 그가 과거의 성전보다 더 웅장하게 건축했을지라도, 성소를 건축할 때는 솔로몬 성전의 선과 형식을 더 정확하게 따랐다.

(1) 거룩함, 분리, 성전

유다인과 그들의 종교 및 문화 체계에 대한 근본 개념은 거룩함 qudesh이었다. 거룩함의 기본 개념은 '분리'였다. 어떤 것이 세속적이거나 일반적인 것에서 분리되었기에 '거룩한 것'이었다. 하느님께서는 가장 높은 수준으로 거룩하셨기 때문에 확실히 분리된 분, 완전히 다른 분, 초월자셨다. 이것은 하느님께서 또한 당신 백성과 가깝고 그들 편에 계신다는 사실(내재적 차원)을 부정하는 것이 아니라, 거룩한 분으로서 분리된 초월자셨음을 말하고 싶은 것이다. 그리고 이스라엘은 주님의 거룩한 백성이었으므로, 다른 모든 국가, 곧 이방인gôyim에서 분리되었다고 생각했다.

유다인의 전통 혹은 가르침을 모아 놓은 미쉬나Mishnah는 **거룩함의 열 단계**(Kelim, 1,5-9), 즉 **분리의 열 단계**를 말한다. 이러한 등급과 그에 수반되는 거룩함을 통해 사람들은 가장 거룩한 장소에 접근할 수 있다.

1. **이스라엘의 땅**은 "거룩한 땅"(즈카 2,16)이며, 세상 모든 땅 중에서 가장 거룩한 땅이었다.

2. **이스라엘의 성벽 도시들**은 더 거룩한 곳이었다.

3. 그 수도인 **예루살렘은 거룩한 도시**(이사 48,2; 마태 4,5)였기 때문에 세상과 이스라엘의 나머지 지역과 분리되어 있었다. 벽은 분리의 상징이었고 따라서 신성함의 상징이었다.

4. 헤로데가 지은 **성전 울타리 안**, 희랍어로 "τό ἱερόν"(tó hierón), "**거룩한 장소**"(마르 13,1-3)라고 하는 이곳은 도시보다 더 거룩했기에 도시와 도시를 분리하는 벽으로 둘러싸여 있었다. 그곳은 도시의 약 5분의 1이고, 둘레가 1킬로미터 반이 넘는 거대한 지역이었다. **누구든지**, 심지어 이방인이라도 들어갈 수 있었다. 모든 사람은 하느님의 피조물로서 거룩하기 때문이다. 여러 개의 문을 거쳐 이방인의 뜰로 들어갔다. 이 뜰 중 가장 큰 것은 큰 열주로 둘러싸여 있으며 남쪽에는 왕의 현관이 있고 동쪽에는 솔로몬의 현관이 있다(사도 3,11). 예수님께서 가끔 가르쳤던 곳은 솔로몬 문 안이었다. 거기에서 "아버지와 나는 하나다."라고 말씀하셨고, 유다인들이 그분에게 돌을 던지려고 했다(요한 10,23.30-31). 우리는 초대 교회의 신자들이 "모두 한마음으로 솔로몬 주랑에 모이곤 하였다."(사도 5,12)라는 것을 읽는다. 환전상들과 동물을 판매하는 사람들이 있었던 곳은 이

방인의 뜰, 아마도 왕의 현관이었을 것이다. 마르코는 예수님께서 성전에서 사고파는 사람들을 내쫓으셨다고 정확하게 기록했다. 그 이유는 "나의 집은 모든 민족들을 위한 기도의 집이라 불릴 것"(마르 11,15-17; 이사 56,7)이기 때문이다. 그러므로 이방인들에게 공개된 성전의 유일한 장소가 기도하는 곳으로 활용될 수 없다. 이것이 바로 예수님께서 그토록 강하게 반응하신 이유인 것 같다.

이방인들에게는 이 뜰을 지나 더 거룩한 곳(지성소)에 들어가는 것이 금지되어 있다. 그들이 율법을 지키는 선택된 민족만큼 거룩하지 않았기 때문이다. 사실, 성전 자체 혹은 성소가 있는 안뜰에서 몇 미터 떨어진 곳에 길이가 1미터 조금 넘는 또 다른 칸막이나 난간, '소렉soreg'이 있었는데, 이것은 이방인의 뜰과 성역 주변의 더 거룩한 공간을 분리했다. 이 벽을 따라 소렉soreg을 넘어온다면 죽음의 형벌을 받을 것이라는 히브리어와 희랍어로 작성된 경고 문구가 붙어 있었다. 에페소 신자들에게 보낸 서간을 쓴 저자(2,14)는 이 난간을 "원수를 분리하고 나누는 벽"이라 부른다. 이 난간이 이방인들과 유다인들을 분리했기 때문이다. 난간 너머 동쪽에는 정문이 있는 벽으로 둘러싸인 연단이 있다. 아마도 거기에는 내부 안뜰로 이어지는 "아름다운 문Porta Bella"(사도 3,2.10)이라고 불리는 입구가 있을 것이다.

5. 이 문을 지나면 **더욱 거룩한 여인들의 뜰로 들어간다**. 그러므로 어떤 문화적 이유로 부정하거나 불순한 유다인들은 이곳에 들어올 수 없었다. 여기에서는 성전의 보물이 발견되거나 성전을 위한 헌

금을 모으기 위한 숫양의 뿔로 만든 나팔 모양shofar의 상자가 있었다(마르 12,41-44; 루카 21,1-3). 예수님께서는 여기에서도 가르치셨다. 그리고 여기서 유다인들은 그분을 돌로 치려 했다(요한 8,20-59).

6. 이 뜰은 또한 **남자들의 뜰** 또는 니카노르Nicanore 문(?) 앞에 있는 계단을 통해 도달하는 **이스라엘의 뜰**과 분리되었다. 남자들이 제사를 지내기 위해 사제들에게 짐승을 바쳤던 이 뜰은 여인의 뜰보다 더 거룩하여 여성들이 들어갈 수 없었다. 성전이 파괴된 이후 현재까지, 이러한 분리는 전통적 회당에서 여성을 위한 별도 구역, 일반적으로 별도의 방이 있는 것으로 관찰된다.

7. 이스라엘의 뜰 너머, 즉 실제 성전 건물을 둘러싼 **사제의 뜰**에는 성소가 있었다. 더욱 거룩한 이곳은 오직 성직자들만이 들어갈 수 있었다. 성소 앞 사제의 뜰에는 큰 제단이 있었는데, 바위 돔 안에 있는 바위 위에 있었을 것이다.

8. **제단과 성소의 현관 사이**는 더욱 거룩하게 여겨졌으며, 예수님께서 율법 학자와 바리사이들에게 상기시키신 신성 모독이 여기서 일어났다. "그리하여 의인 아벨의 피부터, 너희가 성소와 제단 사이에서 살해한 베레크야의 아들 즈카르야의 피에 이르기까지, 땅에 쏟아진 무죄한 피의 값이 모두 너희에게 돌아갈 것이다."(마태 23,35)

9. 그 현관 너머로 사제들은 **더 거룩한 실제 성전인 성소**로 들어갔다. 'tó hierón'이라 불린 전체 성전 울타리와 구별하기 위해 희랍어로 'ὁ ναός'(ho naós), '**성소**'라고 부른다.

'사제'를 뜻하는 희랍어는 'ἱερεύς'(hiereús)이다. 여기서 '교계gerarchia'라는 단어가 유래된다. 사제는 '성전hierón에 봉사하는 사람'을 의미했다. 그 단어는 hier(거룩함)이라는 어원에서 파생된다. 유다교에서, 사제(코헨, cohen)는 태생적이지 선발된 사람이 아니다. 사제직은 레위 지파에서 세습되었다. 예수님께서는 유다 지파 출신(히브 7,14)이셨기에 결코 성소에 들어가실 수 없었다. "만일 그분께서 세상에 계시면 사제가 되지 못하십니다."(히브 8,4)라고 히브리인들에게 보낸 서간의 저자가 말한 것처럼 말이다. 예수 그리스도는 신약 성경에서 오직 이 서간에서만 사제로 불리며, 이스라엘의 사제가 아닌 말하자면 '영적인 사제'로 불린다. "너는 멜키체덱과 같이 영원한 사제다."(히브 5,6; 6,20; 7,17)

이스라엘의 사제들은 큰 휘장이 있는 현관과, 제사장의 뜰과 성소를 나누는 내부 문을 통해 성소의 첫 번째 홀로 들어갔다. 이 '홀'은 건물 자체의 이름인 '성전hêkal'으로 불렸고(1열왕 6,17), 희랍어로는 'ὁ ναὸς', '성소'('70인역', 3열왕 6,17)로 불렸다. 특별하게 'haqqodesh', 'τὸ ἅγιον'(tò hágion), '거룩한 곳'으로도 불렸다(탈출 26,31-35).

그 홀은 길이가 약 22미터, 너비가 약 11미터였으며, 그 안에는 분향 제단과 현존의 빵의 식탁과 일곱 가지의 등잔이 있었다. 사제들은 예배 역할을 완수해야 할 때 여기로 들어왔다(루카 1,8-11).

(2) 지성소τὸ ἅγιον τῶν ἁγίων, 속죄판τὸ ἱλαστήριον

성소 너머에는 측면에 약 10미터 정도의 완전히 어두운 입체적 방이 있었다. 그곳은 높이가 최소 10미터, 너비가 10미터 정도 되는 안정적인 분리의 마지막 상징인 큰 휘장으로 성소와 분리되어 있었다.

너는 또한 자주와 자홍과 다홍 실, 그리고 가늘게 꼰 아마실로 휘장을 만들어라. 커룹들을 정교하게 수놓아 그것을 만들어야 한다. 이 휘장을 아카시아 나무로 만든 네 기둥에 드리우는데 …… 그 휘장 …… 그 뒤에 증언 궤를 모셔라. 그래서 그 휘장이 성소와 지성소를 갈라놓게 하여라. 지성소에 있는 증언 궤는 속죄판으로 덮어라(탈출 26,31-34).

10. 여기 솔로몬 성전의 휘장 뒤에, 그리고 헤로데 성전에는 '밀실', '성소 내실', '더 안쪽의 방'(1열왕 6,16-32)이라 불린 입체적 방이 있었다. 그리고 또한 지성소(qodesh haqqôdashîm), τὸ ἅγιον τῶν ἁγίων(tò hágion tôn hagíôn)(탈출 26,33-34)는, **성전에서 가장 거룩한 곳, 그래서 온 세상에서 가장 거룩한 곳이다.** 여기는 'τὸ ἱλαστήριον'(tò hilastêrion), "**속죄판**"(히브 9,1-7)이 있었던 곳이다. 사실, **성소는 "속죄소"**(1역대 28,11)라 불렸다. 속죄판은 탈출 25,17에 금판이라고 기술되어 있다. 여기에서 "증언 궤"라고 불리는 계약 궤를 상세히 기술한 후, 하느님께서는 모세에게 다음과 같이 말씀하신다.

너는 순금으로 **속죄판**을 만들어라. 그 길이는 두 암마 반, 너비는 한 암마 반으로 하여라[약 115cm×70(130?×80)]. 그리고 금으로 커룹 둘을 만드는데, 속죄판 양쪽 끝을 마치로 두드려 만들어라. 커룹 하나는 이쪽 끝에, 다른 하나는 저쪽 끝에 자리 잡게 만들어라. 그 커룹들은 속죄판 양쪽 끝에 만들어야 한다. 커룹들은 날개를 위로 펴서 그 날개로 속죄판을 덮고, 서로 얼굴을 마주 보게 하여라. 커룹들의 얼굴은 속죄판 쪽을 향해야 한다. 너는 그 속죄판을 궤 위에 얹고, 궤 안에는 내가 너에게 줄 증언판을 넣어라. 내가 그곳에서 너를 만나고, 속죄판 위, 곧 증언 궤 위에 있는 두 커룹 사이에서 이스라엘 자손들을 위하여 내가 너에게 명령할 모든 것을 일러 주겠다(탈출 25,17-22).

이곳은 하느님께서 당신 백성을 만나는 장소였다. 그것이 바로 하느님의 집, 성전의 존재 이유였다. 그곳은 더 거룩한, 지성소였다. 이 히브리어 단어들은 어근 kpr에서 유래되었다. 이 어근의 원래 의미는 확실하지 않다. 그러나 분명히 '덮다, 숨기다'를 의미했고, '진정시키다, 화해시키다, 죄를 속죄하다'를 의미하게 되었다. 'kipper'라는 동사는 '속죄하다'라는 뜻이다. 욤 키푸림yôm kippurîm은 '속죄의 날'이고, 카포레kapporet는 '속죄하는 곳', '속죄소'다. 루터는 이곳을 '은총/자비의 자리 Gnadenstuhl'로 번역했는데, 하느님께서 자비와 용서를 베푸신 곳이기 때문이다. 하느님께서는 옥좌 위에, 커룹들 위에 앉아 계시는 것으로 묘사되고(1사무 4,4; 2사무 6,2), 카포레kapporet는 하느님의 발판으로 간주되기도 하였다(1역대 28,2). '속죄소'라는 번역은 만족스럽지 않다. 구약 성경에서 속죄라는 개념은 주목할 만한 것이 아니며, 종교적인 용어로서 오히려 '하느님을 달래는 것'이라는 이교적인 개념을 표현하므로, 이스라엘의 종교에는 적합하지 않다. 신약 성경에는 속죄의 개념, 즉 예수 그리스도의 희생으로 하느님의 진노가 진정되었다는 개념이 없다. 하느님께서는 우리를 너무나 사랑하셔서 우리를 구원하기 위해 당신의 아드님을 파견하길 원하셨다.

(3) 속죄의 날 YÔM KIPPURÎM(레위 16,1-34)

성소에서는 사제들도 성전의 휘장을 통해 지성소와 분리되었다(탈출 26,33; 히브 6,19; 마르 15,38). 오직 대사제만이 휘장 뒤에 들어갈 수 있었다. 그것도 1년 중 단 하루 '속죄의 날 yôm kippurîm'(레위 23,27-28)에만 말이다. 히브리인들에게 보낸 서간의 저자는 예수님께서 "하느님에게서 멜키체덱과 같은 대사제로 임명되셨다."(히브 5,10)라고 말한다. 예수님께서는 우리를 위한 선구자로서 당신의 죽음을 통하여 휘장 뒤의 지성소에 들어가셨다고 묘사된다(히브 6,19-20; 10,19-20; 9,11-40도 참조). 이것은 신학적 설명이지 예수님께서는 이생에서 결코 성소에 들어가실 수 없었다.

레위 16장에는 속죄의 날에 준수해야 할 예식들이 설명되어 있다. 학자들은 이 장이 여러 시기에 걸쳐서 구성되었다고 판단한다. 그래서 이러한 예식 중에 일어난 모든 일을 간단명료하게 기술하기는 어렵다. 그렇더라도 이는 우리의 문제가 아니며 일반적인 의미를 이해하는 데 방해가 되지도 않는다. 레위 16장에서 우리는 대사제가 지성소에 들어가기 전에 어떻게 세심하게 준비하고, 물로 몸을 씻으며, 신성한 아마포 옷을 입어야 했는지 파악할 수 있다. 동물을 제물로 바친 후 그는 다음과 같은 지시를 받았다.

그런 다음 주님 앞 제단에서 숯불을 향로에 가득 담고, 곱게 간 향기로운 향을 두 손으로 가득 퍼서 휘장 안으로 들어가, 그 향을 주님 앞에서 숯불에 놓아, 향 연기가 증언 궤 위에 있는 속죄판을 덮게 한다. 그래야 그가 죽지 않는다. 그리고 나서 황소의 피를 얼마쯤 가져다가, 손가락에 찍어 속죄판 동쪽 위로 뿌리고, 또 그 피를 손가락에 찍어 속죄판 앞에 일곱 번 뿌린다(레위 16,12-14).

향을 피운 이유는 주님의 거룩한 현존에서 대사제를 더 멀리 떨어지게 하려는 것이었다. 그가 부적격과 부정으로 죽지 않도록 하기 위해서다.

이에 관해 한 가지 추가 설명이 필요하다. 기원전 587년경 솔로몬의 성전이 바빌론에 의해 파괴되었을 때, 속죄판과 함께 계약의 궤도 파괴되었는지 사라져 버렸다. 어떤 사람들은 그것이 숨겨졌다고 하지만 발견된 적은 없다. 우리는 무슨 일이 일어났는지 모른다. 즈루빠벨의 성전과 그다음 헤로데 성전이 재건되었을 당시에는 지성소에 모실 계약의 궤도 속죄판도 없었다. 그래서 휘장 뒤에는 속죄의 날 예식을 위한 속죄판을 대신한 '머릿돌'eben shetiyah'이라 불리는 세 손가락 높이의 돌 외에는 아무것도 발견되지 않았다(Mishnah, Yoma, 5.2). 기원전 63년, 예루살렘을 정복한 폼페이우스와 로마 군인들이 지성소에 들어갔을 때, 유다인이 숭배하는 신, 즉 조각상을 발견할 것이라는 기대를 했다고 한다. 결국 아무것도 발견하지 못하자 충격을 받아 유다인들이 실제로 무신론자라고 믿었다. 그러나 예식을 치르기 위한 목적을 가진 이 돌이 있는 곳은 하느님께서 당신 백성을 만나고 속죄가 이루어지는 장소 hilastêrion로 간주되었다.

그러므로 대사제가 백성의 죄를 속죄한 곳이 바로 이곳이었다. 하느님께서 당신 백성을 용서하신 곳이 바로 이 장소였다. 이 집은 이스라엘 백성 가운데 있던 하느님의 집이었지만, 많은 벽으로 막혀 그들과 분리된 집이었다. 백성과 하느님 사이에 영원한 마지막 분리의 상징은 지성소와 성소를 분리하는 휘장이었다. 그러므로 휘장은 예배에 있어서 성전에서 그토록 심오한 신학적 의미를 지닌 독특한 것이었다. 공관 복음에서는 예수님께서 돌아가시는 순간 휘장이 찢어졌다고 선포하고 있다.

(4) "휘장이 찢어졌다."(마르 15,38)

이제 우리는 마르코의 선언을 통해 예수님의 죽음 직후와 죽음의 결과가 얼마나 특별했고 충격적이었는지 더 잘 이해할 수 있을 것이다. "그때에 성전 휘장이 위에서 아래까지 두 갈래로 찢어졌다."(마르 15,38) 신약 성경 이외에는 이러한 찢어짐에 대한 그 어떤 증거도 없었다. 그리고 물리적으로 찢어졌는지 아닌지는 중요하지 않다. 찢어진 휘장은 언제든지 다시 수선하거나 다른 것으로 대체될 수 있다. 이 찢어진 휘장은 사제들에게만 보였고 골고타에 모인 사람들에게 그 어떤 실제적 영향을 미치지는 않았다. 찢어진 휘장은 단순한 역사적 사건이 아니라 오히려 신학적 의미에서 그 중요성을 발견할 수 있다. 마르코는 휘장이 하느님에 의해 찢어졌다는 의미의 신학적 수동태를 사용하여 그 사건을 설명할 때 이 의미를 강조한다.

여기에도 예수님 죽음 이전 어두움의 경우처럼, 부정적이거나 긍정적인 표징, 혹은 심판이 있음과 동시에 처벌과 구원의 심판, 시작과 마지막이 있다. 휘장이 찢어지는 것은 멸망이므로 부정적인 상징이며, 예수님의 적들에 대한 처벌의 심판이다. 예루살렘 성전의 존재 이유인 지성소의 거룩함과 분리를 나타내는 마지막 영구적 상징이 파괴되었다. 지성소 휘장의 훼손은 성전 예식과 옛 계약 자체가 끝났다는 상징이다. 휘장이 두 갈래로 찢어지자, 더 이상 지성소를 온 백성과 분리하는 기능과 목적을 이룰 수 없었다. 즉 지성소는 더 이상 가려져 있지 않았다. 이것을 선언하면서 마르코는 휘장이 활용되었던 예식과 예배가 끝났고, 옛 계약이나 구약이 끝났음을 말한 것이다. 휘장의 파괴는 문화적 의미에서 하느님의 현존이 더 이상 성전에 있지 않고, 오히려 예수 그리스도 안에서 발견된다는 것을 나타낸다. 예수님께서는 물리적으로 성전을 허무신 것이 아니라, 상징적으로 옛 계약의 성전을 허무시고, 부활하셔서 사람의 손으로 짓지 않은 또 다른 성전을 세우셨다(마르 14,58; 요한 2,19-22). 예루살렘 성 밖 골고타에서 일어난 사건의 의미는 골고타뿐만 아니라 성안에 있는 성전에서도 찾을 수 있다.

휘장이 찢어진 사건은 부정적인 상징만 있는 것이 아니며 옛 계약이 끝났다는 것만 의미하지도 않는다. 훨씬 더 넓은 것, 개방과 시작을 의미한다. 바오로와 루카에 따르면, 예수님께서는 이미 최후의 만찬에서 당신의 피로 새로운 계약을 선포하셨다(1코린 11,25; 루카 22,20; 예레 31,31). 여기, 십자가 위에서 당신의 말씀이 완수되며 휘장의 찢어짐은 옛 계약의 끝뿐 아니라 **새로운 계약의 시작**을 나타내는 표징이다. 이러한 휘장이 인간과 하느님 사이를 영구적으로 분리하는 최후의 상징이었기 때문에, 그 휘장이 찢어졌음은 그 순간부터 인간 외부의 그 어떤 것도 인간을 하느님의 현존에서 떼어놓을 수 없다는 표징이다. 오직 인간의 내적인 태도만이 인간을 하느님에게서 분리시킬 수 있다. 그래서 휘장의 찢어짐은 또한 긍정적인 상징이고 개방이며 시작이라고 하는 것이다. 이는 모든 사람이 하느님의 현존에 자유롭게 접근할 가능성을 의미한다. 성전의 마지막 장벽 혹은 분리의 상징이 파괴되었기 때문에, 다른 모든 분리의 장벽, 즉 사제와 백성, 남성과 여성, 유다인과 이방인의 사이도 없어졌다. 모든 장벽보다 더 중요한 장벽인 이 분리의 장벽이 상징적으로 파괴되었다. 즉 지성소를 백성과 분리하기 위해 존재했던 성소의 휘장이 없어졌으므로, 다른 모든 분리의 장벽은 그 목적과 의미를 잃어버렸다. 이와 비슷하게 바오로는 휘장의 비유를 사용하지 않고 그리스도 안에서 이러한 분리가 더 이상 유효하지 않다는 것을 인정한다(갈라 3,28; 로마 10,12 참조). **하느님께서는 이러한 분리의 장벽을 친**

히 없애셨다. 지성소로 들어가는 문, 하느님의 현존으로 들어가는 이 문은 우리를 위하여 내어주신 예수님의 생명, 즉 피로 세우신 새 계약을 통해서 개방되었다.

이 의미는 마르코가 휘장의 찢어짐(eschísthe, 찢어졌다)을 묘사하기 위해 사용한 단어로 잘 설명되었다. 마르코 복음에서 이 동사의 유일한 다른 용법은 비유적 의미가 있으며 여기의 용법은 셈족 포괄을 형성한다. 요르단강에서 예수님께서 세례를 받으실 때 "예수님께서는 하늘이 갈라지며schizoménous 성령께서 비둘기처럼 당신께 내려오시는 것을 보셨다."라고 읽는다. 여기에도 신학적 수동태가 있다. 성령께서 내려오시고, '하늘에서 음성'이 들리며 하느님에 의해 둘로 찢어진 망토나 차양 또는 휘장으로 하늘이 묘사된다. 야훼의 종으로서 그분의 경력이 시작될 때 하느님과의 직접적인 소통을 허용하기 위해 하늘이 하느님에 의해 찢어진 것처럼, 종으로서의 그분의 생애가 끝날 때 지성소, 즉 하느님이 당신 백성 가운데 현존하시는 장소에서 하느님과의 직접적인 소통을 허용하기 위해 하느님에 의해 성전 휘장이 찢어졌다. 따라서 '찢다'라는 동사의 용법은 모든 복음에서 셈족 포괄을 의미한다.

(5) 신약 성경의 이와 비슷한 가르침들

이것은 완전히 새로운 가르침은 아니다. 에페소 신자들에게 보낸 서간의 저자도 비슷한 말을 하면서, 예수님께서는 죽으심으로 분리의 벽, 유다인과 이방인을 갈라놓은 적개심을 허무셨고, 그 둘을 한

민족으로 만들었다고 언급한다(에페 2,14). 여기서 저자는 성전의 울타리에서 이방인들을 유다인의 내부 뜰과 분리하는 이방인 뜰의 난간인 소렉soreg을 언급한다.

그러나 이제, 한때 멀리 있던 여러분이 그리스도 예수님 안에서 그리스도의 피로 하느님과 가까워졌습니다. 그리스도는 우리의 평화이십니다. 그분께서는 당신의 몸으로 유다인과 이민족을 하나로 만드시고 이 둘을 가르는 장벽인 적개심을 허무셨습니다. …… 그래서 그분을 통하여 우리 양쪽이 한 성령 안에서 아버지께 나아가게 되었습니다(에페 2,13-18; 2,11-19 참조; 로마 10,12; 갈라 3,28).

아마 이제 하느님께서 예수님을 속죄의 제물(hilastêrion, kapporet, 로마 3,25)로 공개적으로 보여 주셨다는 바오로의 선언이 얼마나 놀라운 것인지 더 잘 이해할 것이다. 1년에 한 번 대사제를 제외하고는 아무도 속죄의 제물hilastêrion을 볼 수 없었다. 그리고 바오로는 여기서 하느님께서 공개적으로 속죄의 제물을 드러내셨다고 언급한다. 히브리인들에게 보낸 서간에서 저자는 예수님께서 대사제라고 말한다. 대신에 바오로는 예수님께서 대사제의 역할과 존재 이유인 속죄의 제물이라고 선언한다. 예수님께서는 실제로 속죄의 제물이며, 오직 그분의 피로만 우리의 구원과 죄의 속죄가 이루어진다. 하느님께서 우리 죄를 용서하시는 것은 속죄의 날yôm kippurîm의 예식과 희생 제물의 피 때문이 아니다.

그분의 공정을 보여 주기 위해, 그리고 우리를 위해 자신의 생명을 주신 예수 그리스도의 피로 인해 죄를 용서하신다. 피는 실제로 레위기에서 언급한 것처럼 사람의 생명을 의미한다(레위 17,11.14).

그러므로 바오로는 더 이상 성전이나 속죄의 제물kapporet을 통해 죄의 속죄가 이루어지지 않는다고 언급했다. 더 이상 동물의 피로 죄를 용서받을 수 없다. 그리고 더 이상 하느님께서는 성전에서 당신 백성을 만나시지 않는다. 오히려 예수 그리스도 안에 있는 하느님의 은총을 통하여 죄사함이 이루어지고, 예수 그리스도의 피로 죄를 용서받으며, 하느님께서 당신 백성을 만나시는 것도 예수 그리스도를 통해서다.

실제로, 성전에 더 이상의 속죄판hilastêrion이 없었다는 사실은 예루살렘 성전이 이제 더 이상 존재하지 않는다는 사실이기에 바오로의 진술은 매우 설득력이 있다. 예수 그리스도는 이제 속죄소이시다. 그분 안에서 하느님께서 당신 백성인 우리를 만나시며, 그분 안에서 죄사함이 이루어졌다. 히브리인들에게 보낸 서간에서는 다음과 같이 말한다.

이 희망은 우리에게 영혼의 닻과 같아, 안전하고 견고하며 또 저 휘장 안에까지 들어가게 해 줍니다. 예수님께서는 멜키체덱과 같은 영원한 대사제가 되시어, 우리를 위하여 선구자로 그곳에 들어가셨습니다(히브 6,19-20).

그러므로 형제 여러분, 우리는 예수님의 피 덕분에 지성소에 들어간다는 확신을 가지고 있습니다. 그분께서는 그 **휘장을 관통하는** 새롭고도 살아 있는 길을 우리에게 열어 주셨습니다. 곧 당신의 몸을 통하여 그리해 주셨습니다. 우리에게는 하느님의 집을 다스리시는 위대한 사제가 계십니다. 그러니 진실한 마음과 확고한 믿음을 가지고 하느님께 나아갑시다(히브 10,19-20).

이 모든 이미지와 비유는 신약 성경의 저자들이 사용하여 예수님의 인격과 피와 죽음과 우리를 위해 주어진 생명을 통해 무상으로 하느님께서 우리에게 은총을 베푸셨다는 것을 표현하려 한다.

8) "참으로 이 사람은 하느님의 아드님이셨다."(마르 15,39)

예수님의 피로 인한 옛 계약의 마침과 새 계약의 시작은 **예수님 죽음에 대한 최초의 인간적이고 개인적인 결과인 백인대장의 고백**에 깊이 상징화되어 있다. "예수님을 마주 보고 서 있던 백인대장이 그분께서 그렇게 숨을 거두시는 것을 보고, '참으로 이 사람은 하느님의 아드님이셨다.' 하고 말하였다."(마르 15,39) **37[38]39절에서 '샌드위치 구조'를 주목하라.** 휘장이 찢어지는 장면은 예수님의 죽음 장면에 삽입되었다. 이쯤 되면 루카처럼 생략해도, 텍스트가 중단 없이 잘 읽힌다. 마르코는 옛 계약이 끝나는 것의 상징인 휘장이 찢어지기 전에는 백인대장의 고백이 이루어질 수 없었음을 보여 주기 위해 이 (휘장의) 훼손을 여기에 삽입한다. 백인대장의 고백은 새로운 계약에서 예수님의 죽음이 가져온 첫 번째 결과다. 백인대장은 예수님 죽음의 방식 때문에 고백하게 되었다. 예수님의 인격과 그분 죽음의 방식에만 강조점이 있다. 마르코는 이런 관찰을 하는 유일한 복음사가다.

이교도인, 로마 군인의 입에서 나오는 이 고백은 무엇을 의미하는가? 역사적으로만 고려한다면 이 군인의 프로필, 심리적이거나 종교적인 정보가 없기 때문에 질문에 답할 수 없다. 그러나 마르코는 이러한 순수한 역사적 측면에는 관심이 없다. 그는 오히려 신학적 차원에 관심을 갖고 있으며, 특히 성전(지성소)과 예수님의 정체성이라는 두 가지 측면에 관심이 많았다. 군인이 예수님을 "하느님의 아드님"이라고 말할 때, 마르코는 대사제가 예수님께 "찬양받으실 분의 아들"인지 물을 때와 마찬가지로 이 칭호의 의미를 이해한다.

이 두 가지 측면(성전과 예수님의 정체성)과 병행되는 것은 네 가지 이야기에서 볼 수 있다.

1. 예수님의 종말론적 담론에서

성 전 예수님께서 성전에서 나가실 때에 제자들 가운데 한 사람이 말하였다. "스승님, 보십시오. 얼마나 대단한 돌들이고 얼마나 장엄한 건물들입니까?" 그러자 예수님께서 그에게 이르셨다. "너는 이 웅장한 건물들을 보고 있느냐? 여기 돌 하나도 다른 돌 위에 남아 있지 않고 다 허물어지고 말 것이다."(마르 13,1-2)

정체성 많은 사람이 내 이름으로 와서, "내가 그리스도다." 하면서 많은 이를 속일 것이다(마르 13,6).

2. 예수님에 대한 심문에서

성 전 우리는 저자가, "나는 사람 손으로 지은 이 성전을 허물고, 손으로 짓지 않는 다른 성전을 사흘 안에 세우겠다."고 말하는 것을 들은 적이 있습니다."(마르 14,58)

정체성 대사제는 다시 "당신이 찬양받으실 분의 아들 메시아요?" 하고 물었다. 예수님께서 대답하셨다. "나다."(마르 14,61-62)

3. 십자가 앞에서의 조롱

성 전 "저런! 성전을 허물고 사흘 안에 다시 짓겠다더니. 십자가에서 내려와 너 자신이나 구해 보아라."(마르 15,29-30)

정체성 "우리가 보고 믿게, 이스라엘의 임금 메시아는 지금 십자가에서 내려와 보시지."(마르 15,32)

4. 예수님의 죽음 후 상징에서

성 전 그때에 성전 휘장이 위에서 아래까지 두 갈래로 찢어졌다(마르 15,38).

정체성 "참으로 이 사람은 하느님의 아드님이셨다."(마르 15,39)

병행은 명백하다.

마르 13,1-2; 14,58; 15,29-30; 15,38은 성전과 연관된다.

마르 13,6; 14,61-62; 15,32; 15,39은 예수님의 정체성과 연관된다.

마르코는 셈족 이중 포괄로 예수님께서 하느님의 아드님이라는 정체성을 강조한다. 우리는 이미 예수님께서 세례를 받으신 후 하늘이 갈라지고, 숨을 거두신 후에 휘장의 찢어짐으로 형성된 포괄을 보았다. 백인대장의 목소리 또한 세례 때 예수님을 '나의 아들'이라고 선언하시는 하느님의 음성으로 포괄을 형성한다. 마르코 복음에서 백인대장은 예수님께서 "하느님의 아드님"이심을 고백한 유일한 사람이다. 그래서 그의 음성은 세례(마르 1,11)와 변모(마르 9,7) 때에 '나의 아들', 즉 '하느님의 아들'이라고 선언한 하느님의 음성과 병행한다. 백인대장의 고백에서 우리는 '많은 이들을 위한 몸값으로서'(마르 10,45) 예수님 죽음의 긍정적인 의미와 그리스도교 신앙의 첫 고백을 본다. 예수님 죽음의 즉각적 결과는 이방인에게 믿음과 구원이 효과적으로 확장되는 것이다.

예수님의 죽음 이후 두 가지 상징은 예수님의 기도에 대한 하느님의 응답이다. "저의 하느님, 저의 하느님, 어찌하여 저를 버리셨습니까?" 사실 하느님께서는 우리 구원을 위한 아버지의 뜻을 완수하기 위해 십자가 위에 달린 당신의 아들을 버리지 않으셨다. 모든 것이 인간의 유익을 위한 것이었다. 하느님께서 성전 휘장을 찢으신 것은 이제 우리가 하느님의 현존 앞에 자유롭게 나아갈 수 있다는 것과 이 접근이 새로운 계약을 통해서 모든 사람을 위한 것이라는 사실을 보여 준다.

이방인 세상은 이 새 계약에서 가장 먼저 이익을 얻는다. 모든 사람이 하느님과의 종말론적인 일치에 참여할 수 있는 표징으로, 백인대장은 예수님을 하느님의 아드님으로 믿는 신앙을 고백한다. 예수님께서는 많은 사람을 위해 당신의 생명을 바치러 오셨다. 그 많은 사람들은 예수님 죽음의 결과로 그분 이후 처음으로 휘장 뒤로 하느님의 현존에 들어간 로마 군인으로 상징된다.

9) 돌, 마리아 막달레나와 다른 여인들

마르코에서는 예수님의 제자들인 여인들만 골고타에 있었다. "여자들도 멀리서 지켜보고 있었는데, 그들 가운데에는 마리아 막달레나, 작은 야고보와 요세의 어머니 마리아, 그리고 살로메가 있었다. 그들은 예수님께서 갈릴래아에 계실 때에 그분을 따르며 시중들던 여자들이었다. 그 밖에도 예수님과 함께 예루살렘에 올라온 다른 여자들도 많이 있었다."(마르 15,40-41) 마르코는 골고타에서 예수님의 어머니나 열두 제자에 대해서는 언급하지 않는다. 반면에 마리아 막달레나는 모든 복음사가들에 의해 언급된다. 그녀는 예수님의 죽음과 장례, 빈 무덤에 현존하는 위대한 증인이다(마르 15,40.47; 16,1). 그녀는 위대한 신약 성경의 참회자가 아니다. 마리아 막달레나가 죄인이거나 참회자라는 말은 한마디도 없다. 루카는 "예수님께서는 고을과 마을을 두루 다니시며, 하느님의 나라를 선포하시고 그 복음을 전하셨다. 열두 제자도 그분과 함께 다녔다. 악령과 병에 시달리다 낫게 된 몇몇 여자도 그들과 함께 있었는데, 일곱 마귀가 떨어져 나간 막달레나라고 하는 마리아, 그리고 다른 여자들도 많이 있었다."(루카 8,1-2; 마르 16,9 참조)라고 언급한다. 복음에서 이는 병이 매우 위중했음을 의미하지만 어렸을 때부터 더러운 영에 사로잡힌 소년(마르 9,14-29)의 경우에서 이해할 수 있듯이 그녀의 윤리적인 상태에 대해서는 전혀 언급하지 않는다. 마리아 막달레나는 다른 여인들과 함께 충실하고 용기 있게 예수님을 따른 사람으로 현존한다.

마르코는 돌을 강조하고 세 번이나 언급한다. 예수님의 장례 때 아리마태아 요셉이 "무덤 입구에 돌을 굴려 막아 놓았"(마르 15,46)으며, "마리아 막달레나와 요세의 어머니 마리아는 그분을 어디에 모시는지 지켜보고 있었다."(마르 15,47)라고 말한다. 그러나 안식일 다음 날, 즉 주간 첫날에 마리아 막달레나와 야고보의 어머니 마리아와 살로메는 가는 도중에 돌에 대해 생각하지 않고 무덤에 갔다. 이것은 '무슨 일이 일어나고 있었는지'를 묻게 만드는 마르코의 단서 중 하나다.

주간 첫날 매우 이른 아침, 해가 떠오를 무렵에 무덤으로 갔다. 그들은 "누가 그 돌을 무덤 입구에서 굴려 내 줄까요?" 하고 서로 말하였다. 그러고는 눈을 들어 바라보니 그 돌이 이미 굴려져 있었다. 그것은 매우 큰 돌이었다. 그들이 무덤에 들어가 보니, 웬 젊은이가 하얗고 긴 겉옷을 입고 오른쪽에 앉아 있었다. 그들은 깜짝 놀랐다(마르 16,2-4).

유다인들에게 무덤은 죽은 자의 땅이자 거처인 'Sh^{e}ôl'(저승)로 들어가는 입구였음을 알아야 한다(에제 32,19-32; 욥 17,13-16). 한번 들어가면 누구도 돌아올 수 없고(욥 7,9-10; 10,21; 시편 89[88],49; 2사무 12,23), 'Sh^{e}ôl'의 입구를 막는 돌은 최후의 죽음을 상징하는 것이었다. 하느님이 아니면, 실제로 돌을 굴릴 수 있는 사람은 아무도 없다(1사무 2,6; 시편 16[15],10; 49[48],16; 86[85],13; 116[114],3-9; 욥 2,3-10 참조). 그래서 마르코는 그 돌이 "매우 큰 돌이었다."라고 말한다. 그리고 사건을 묘사하기 위해 '돌이 하느님에 의해서 굴려졌다'는 것을 의미하는 신학적 수동형을 사용한다. 마태오는 "주님의 천사가 하늘에서 내려오더니 무덤으로 다가가 돌을 옆으로 굴리고서는 그 위에 앉는 것이었다."(마태 28,2)라고 분명히 말한다. 천사는 하느님의 대리자로서 'Sh^{e}ôl'의 입구를 열고, 그 돌을 굴리고서는 그 위에 앉았다. 하느님께서는 죽음을 이기시고 예수님께 다시 생명을 주셨다. 마태오 복음의 활발한 형식으로 이 신학적 수동형은 이미 예수님의 부활에서 하느님께서 주도적으로 활동하셨음을 나타낸다. 돌을 굴리시고, 열린 무덤을 통해 당신의 아들을 죽은 자의 땅에서 이끌어 내신 분은 하느님이시다. 이런 이유로 무덤은 비어 있다.

10) "나자렛 사람 예수님을 찾고 있지만
― 그분은 되살아나셨다!"(마르 16,1-8)

그들이 무덤에 들어가 보니, 웬 젊은이가 하얗고 긴 겉옷을 입고 오른쪽에 앉아 있었다. 그들은 깜짝 놀랐다. 젊은이가 그들에게 말하였다. "놀라지 마라! 너희가 십자가에 못 박히신 나자렛 사람 예수님을 찾고 있지만 그분께서는 되살아나셨다(ἠγέρθη, êgérthê). 그래서 여기에 계시지 않는다. 보아라, 여기가 그분을 모셨던 곳이다. 그러니 가서 제자들과 베드로에게 이렇게 일러라. '예수님께서는 전에 여러분에게 말씀하신 대로 여러분보다 먼저 갈릴래아로 가실 터이니, 여러분은 그분을 거기에서 뵙게 될 것이다.'" 그들은 무덤에서 나와 달아났다. 덜덜 떨면서 겁에 질렸던 것이다. 그들은 두려워서(ἐφοβοῦντο γάρ) 아무에게도 말을 하지 않았다(마르 16,5-8).

무덤에 있던 젊은이의 말은 굴려진 돌이 보여 준 진리를 확증해 준다. 즉, 하느님에 의해 그분께서는 "되살아나셨다êgérthê". 그래서 "여기에 계시지 않는다". 예수님의 약속과 예고는 모두 성취되었다. 이러한 이유로 다른 복음사가들은 천사라고 밝힌(마태 28,5; 루카 24,23; 요한 20,12) 젊은이의 말이 반드시 성취될 것이라고 확신한다. 젊은이는 그녀에게 이 소식을 제자들에게 전하라고 명한다. 이것은 명백하게 베드로도 포함된다. 그의 이름을 덧붙일 필요가 없다. (그러나) 하느님과 예수 그리스도로부터 온 메시지가 특별하게 베드로의 이름을 추가했다는 사실은 주님을 부인한 것에 대한 회개가 받아들여졌다는 일종의 인정이다. 이는 베드로가 예수님에 대해 '나는 이 사람을 모릅니다.'라고 말하였지만, 예수님께서는 젊은이를 통해 '그렇지만 나는 너, 베드로를 알고 있으며, 너는 나를 다시 보게 될 것이다.'라고 말하시는 것과 같다. 복음에서 마리아 막달레나에 관한 이야기는 대부분 예수님의 부활을 증언하는 내용이다. 마르코 복음의 긴 결론에서 부활 직후 처음으로 예수님께서 마리아 막달레나에게 나타나셨으며, 예수님과 함께 있던 사람들에게 기쁜 소식을 전하러 가는 사람으로 기술된다(마르 16,9-10). 요한 복음에서 그녀는 사도들에게 기쁜 소식을 선포하라고 파견하신 부활하신 주님을 처음으로 본 사람인 것 같다. "제가 주님을 뵈었습니다!"라고 마리아가 선포한다(요한 20,11-18). 그리하여 그녀는 이방인들에게 기쁜 소식을 선포하기 위해 파견될 사람들에게 부활의 기쁜 소식을 가장 먼저 선포하는 사람이 된다. 토마스 아퀴나스는 이러한 관점에서 다음과 같이 쓴다. "사도들 중의 사도Apostola Apostolorum인 그녀가 주님의 부활을 제자들에게 알리는 임무를 맡았다."

복음에서 자주 일어나는 것처럼, 마르코는 여기서 놀라운 말을 한다. 그는 무덤에 있던 젊은이의 말과 일어난 일을 이야기한 후, 여인들이 "아무에게도 말을 하지 않았다."라고 한다. 분명히 이것은 옳지 않다. 또한 추가된 마지막에 설명한 것처럼, 분명히 그들은 누구와 이야기를 나눴을 것이다. 그렇지 않으면 마르코는 그 사건에 대해 글을 쓸 수 없었을 것이다. 이것은 다시 한번 더 신중하게 읽고, 무슨 일이 일어나고 있는지 묻고, 표면에 머무르지 말고 행간을 읽어야 하는 마르코의 상징 중 하나다.

그 여인들은 이 일을 제자들과 베드로에게 선포하라 명한 젊은

이의 말에 확실히 순명했다. 그러므로 그들은 이렇게 놀랍고 기쁜 사건을 이야기하지 않을 수 없었다. 아무도 그들에게 침묵을 강요할 수 없었다. 그렇다면 마르코는 왜 그들은 "아무에게도 말을 하지 않았다."라고 하는가?

우리는 이미 하느님의 현현, 하느님의 계시에 직면했을 때 성경에 나오는 사람들이 동요하고, 충격받고, 공포와 두려움에 휩싸인 것을 보았다(제1장 10 참조). 또 어떤 상황에서 하느님 현현에 직면했을 때 마르코는 무덤에 있던 여인들과 비슷하게 반응하는 것을 보았다(예를 들어 마르 2,12; 5,42; 6,51; 4,41; 5,15.33; 6,50 참조). 여기서도 마르코는 하느님의 계시와 하느님 현현에 직면한 이들의 정상적인 반응을 알리고 싶어 한다. 그 반응은 적어도 한동안의 침묵, 조용함, 말을 하지 않는 것 중 하나다. 그런 다음 마르코 자신은 침묵하면서 제자들과 베드로에게 기쁜 소식이 전해진다.

아마도 마르코는 독자들이 이러한 계시에 직면했을 때 여인과 동일한 반응, 즉 망연자실하고, 두렵고, 떨리며, 무아의 상태에 놓이기를 바랐을 것이다. 특히 모든 사람들에게 기쁜 소식을 선포하기 전에 신앙에 대한 성찰과 깊은 침묵을 바랐을 것이다. 그러면 신앙의 눈으로 이방인의 갈릴래아에서 우리보다 앞서신 예수님을 볼 수 있다. 그분 자신은 "그곳에서 당신을 보게 될 것이다!"라는 확신을 주신다.